U0811053

Two sources of religion and morality

诺奖得主人文译丛

道德和宗教的两个来源

TWO SOURCES OF RELIGION AND MORALITY

Henri Bergson

[法]亨利·柏格森◎著

彭海涛◎译

Two sources of religion and morality

北京时代华文书局

This book is dedicated to Henri Bergson, great philosopher of France, who left us during World War II which is called human grinder, and to those who are concerned about the lives and fates of mankind.

—— The Translator

谨以此书献给在被称为人类绞肉机的第二次世界大战期间离世的法国伟大哲学家亨利·柏格森，献给所有关注人的生命和未来的人们。

——中译者

目　录

第四章　结语：机械化与神秘主义 /305

中译者序

法国伟大的哲学家、诺贝尔文学奖获得者亨利·柏格森(Henri Bergson，1859-1941)，被誉为生命哲学的重要代表人物。1907年，柏格森发表了权威性著述《创造进化论》。他用诗一般的语言，用具有广博视界和持续力度的哲学分析，向世人描述了一幅生命之流延绵不息地向前进化的生动画卷。他首创“生命冲动”这一生命哲学概念。此后，柏格森的名字和“生命冲动”这一概念成为人们研究和思考生命关怀和人类未来命运不可逾越的一对孪生词语。柏格森认为，生命冲动冲破物质阻碍，推动生命沿着两大路线进化：一条是低于理智的路线，在其末端产生了具有本能的膜翅类昆虫，如蜜蜂、蚂蚁；另一条是高于理智的路线，在其末端产生了具有理智的人。

“为了表彰其丰富而生气勃勃的思想和表述的卓越技巧”，1927年，瑞典皇家学院授予柏格森诺贝尔文学奖。颁奖辞中写道：《创造进化论》是“一篇震撼人心的雄伟诗篇，一个蕴涵不竭之力与驰骋天际之灵感的宇宙论”，“他亲身穿过理性主义的华盖，开辟了一条通路。由此通路，柏格森打开了大门，解放了具有无比效力的创造推进力……向理想主义敞开了广阔无边的空间领域”。这是对柏格森的生命哲学在批判传统哲学的理性主义机械论和决定论，解放人类思想方面巨大贡献的高度评价和充分肯定。

晚年的柏格森又把自己的研究和关注领域由生命科学延伸至社会科学。1932 年，73 岁高龄的柏格森发表了生前最后一部力作《道德和宗教的两个来源》。这部巨著是柏格森“创造的进化”精髓在社会科学领域里的延续，是其生命哲学思想在道德与宗教问题上的折射和运用，也是其探寻生命冲动意义的最后归宿。

如前文所述，生命冲动推动生命之流走向两大进化路线，这两大路线最终分道扬镳。其中一条进化路线的末端催逼出具有理智的人类。从此，人类这条生命进化路线就在理智的环绕下向着理想的彼岸艰难前行。按照柏格森的观点，在人类的进化和发展过程中，理智暴露出使人自私自利、使人恐惧死亡、使人对未来产生忧虑等缺陷。这些缺陷是生命进化和人类发展道路上的巨大障碍和严重威胁。面对这些障碍和威胁，人类应当采取什么样的行动才能重新踏上生命进化之旅呢？在《道德和宗教的两个来源》一书中，柏格森沿着“创造的进化”这一路径，根据“生命冲动”理论提出了克服生命进化和人类发展障碍和威胁的对策，这就是道德的力量和宗教的作用。

根据柏格森的研究和考察，道德的第一个来源是社会义务。这里，义务是指做某事或不做某事的一种强制性和必然性。社会义务源于社会对个体施加的无形压力。社会之所以对个体施加压力，是因为社会就像由细胞构成的有机体一样，是一种有机组织。在社会这个有机组织中，个体之于群体，就像细胞之于机体，蚂蚁之于蚁山，蜜蜂之于蜂房。为了维持社会有机体的存在，个体之间、个体与群体之间的关系必须按照相应的规则进行凝聚和连接。“我们从自我意识的深处所发现的义务，与蚁山中把蚁群的各个成员有序结合在一起的力量，以及有机体中把各个细胞有序结合起来的力量，具有同等性质的凝聚和连接作用”（本书第93页）。也就是说，社会义务是生命进化和人类发展中维持群体团结和凝聚的重要手段。道德的第二个来源是个人抱负。与社会义务不同的是，个人抱负不是由来自外界社会环境的压力造成的，而是由杰出人物或伟大的神秘主义者实现崇高的个人愿望或远大理想这一内在趋向促成的。个人抱负是生命冲动带给人类的一种大爱。它通过忠诚、仁爱、克己等伟大道德行为使爱的温暖和阳光惠及全人类。它“甚至还可以扩展到动物、植物以及整个自然界”（本书第37页）。在柏格森看来，道德的两个来源，不论是社会义务还是个人抱负，都是维持生命进化和人类发展的必要条件，都源自同一种力量的驱使，这就是生命冲力所释放的巨大能量。

在柏格森看来，宗教的来源在本质上也具有生物学的意义。宗教是自然为人类设计的一种防范手段，帮助人类应对理智可能带来的各种危险。柏格森把宗教也分为两种。一种为静态宗教，它产生于社会的本能需要，目的在于维护社会的稳定与发展；另一种为动态宗教，它基于某种神秘之爱而生，是人性所追寻的崇高境界。柏格森认为静态宗教是宗教发展的初级阶段，动态宗教则是宗教发展的高级阶段。处于初级阶段的静态宗教随着生命冲动的发展一直绵延着，努力地冲破物质障碍向着动态宗教这一高级阶段运动进化。由静态宗教向动态宗教的这种持续进化和升华，也体现出柏格森生命哲学的绵延进化思想。柏格森认为，最终能拯救处于困境中的人类的只能是动态宗教，只有动态宗教之舟才能承载着人类重新驶入生命进化之流。

柏格森关于道德和宗教来源的考察，处处闪耀着生命进化的火花，处处迸发出生命冲动的力量，处处体现出他对人类未来的关注。作为全书的结语，这位古稀老人向整个人类发出"生命冲动"的高声呐喊："人类正在痛苦地呻吟，人类正在绝望地等待，人类在等待他曾经创造的进步力量最终把自己彻底碾碎。人类还没有充分认识到，自己的未来就掌握在自己手中。人类的首要使命是决定生命是否继续在地球上延续，决定生命是苟延残喘，还是要付出百倍的努力，充分释放生命冲动的能量，在这个桀骜不驯的地球上，完成宇宙的基本天职：它是一台创造神灵的伟大机器。"（本书第 366 页）。

伟大的哲学家亨利·柏格森用自己所构建的"生命冲动"理论，破解了人类理智的缺陷对生命进化造成的障碍和威胁等难题，从而"穿过理性主义的华盖"，为生命创造力的解放"打开了大门"，"向理想主义敞开了广阔无边的空间领域"。

本书根据阿什利·奥德拉（R. Ashley Audra）和克劳利兹·布里尔顿（Cloudesley Brereton）1935 年的英译本 *The Two Sources of Morality and Religion* 译出。此书乃亨利·柏格森历经 25 年对生命的力量和人类的进化发展进行深刻反思和研究的结果。同时，作者把深邃的思想融入其高超的、永恒不衰的语言表述之中。更难能可贵的是，在英译本的翻译过程中，柏格森先生亲自参与审定校对工作，对于发现的问题，及时帮助翻译人员进行纠正。甚至有的段落在他的特别要求和指导下，经过了反复构思和修改。所有经过重新写作和构思的部分，他都要亲自进行最后审定。这充分体现出这位伟大的哲学家严谨的治学风格。正是他精益求精的学术精神，保证了英译本最大限度地传递他本人的思想观点和语言风格，也为本书的翻译提供了最佳转译版本。

在本书翻译过程中，译者深感伟大的思想火花和卓越的表达技巧可以穿越文字符号，跨越语言障碍，为掌握不同语言的读者带来共同的精神享受。对于像亨利·柏格森这样一位生命哲学巨匠巅峰作品的翻译，本来应当是一次艰难的漫漫爬行之旅，但由于作品本身散发出强烈的穿透力和感染力，整个翻译过程没有给译者带来任何事先所料想的枯燥难挨，而是让译者感到这是一次难得的探幽揽胜之旅。仿佛 70 年前离世的这位伟大先师就站在自己面前，在循循善诱地讲述生命冲动的奥秘。译者为其深邃的洞见、犀利的语言、惊人的妙喻所折服。希望本书也能让每一位读者踏上这样一次美妙的精神之旅。

北京时代华文书局编辑齐玉女士为本书的翻译和出版付出了辛勤劳动。中国社会科学院哲学研究所黄伟博士校阅了本书部分译稿，张培高博士通读了全部译稿并提出重要指导和建议。在此，译者对上述同仁们的付出深表谢意！

诚挚地希望各位读者和关注柏格森作品译介的同行们对本书翻译中出现的纰漏和不当之处给予批评指正。

彭海涛

于北京中国社会科学院研究生院

2012 年 8 月 18 日夜

第一章　道德义务

社会秩序和自然秩序

偷吃禁果的记忆是我们每个人脑海中最早的记忆，这当然也是全人类记忆中最早的印记。如果不是因为我们头脑中有其他事情更需要倾心思考和关注，而把这一记忆覆盖和冲淡的话，我们本来是能够对它加以关注的。如果小时候父母能不加干涉地让我们自由自在地享受生活，那将会是多么美妙和难忘的童年时光啊！我们也许能品味到儿时各种不同的乐趣。但突然间，一堵无形的高墙横亘在我们面前。对于它，我们既看不见，也摸不着。它就是父母向我们发出的各种禁令。我们为什么要遵守这些禁令呢？我们几乎从来没有思考过这一问题。我们已经形成了听从父母和老师的话的习惯。同样，我们也非常清楚地知道，我们之所以听他们的话，是因为他们是我们的父母，是因为他们是我们的老师。所以，在我们的眼里，他们的权威与其说是来自于父母或老师本身，还不如说是来自于他们在与我们的关系中所处的地位。

在与我们的关系中，它们占据了某一种特殊地位，这是他们能对我们发号施令的力量源泉。如果他们到别处去发号施令，而不是冲着我们来，就不会有同样的分量和效果了。换句话说，我们的父母和老师似乎是根据某种授权或代理权而对我们发号施令的，只是我们没有清楚地意识到这一点。但我们好像也隐隐约约地感觉到，在我们的父母和老师身后，有一股摧枯拉朽却又难以名状的力量。是这股力量在通过我们的父母和老师对我们发号施令，给我们施加压力。后来，我们会认识到，这股无形的力量是由社会施加给我们的。当我们反思社会这股无形力量时，可以把它比喻为一种生命有机体。在这个有机体内，成千上万组织细胞通过一种无形的连接方式结合在一起。在一个高度发达的等级序列中，这些细胞各居其位，各司其能。

而且，为了整个有机体的最大利益，所有这些组织细胞都自然地服从某一组织原则。这一原则可能要求部分细胞随时做出牺牲，以自己的死亡为代价，来换取整个有机体的生机与发展。然而，这只能是一个比喻而已。因为，服从于无情的自然法则的有机体是一回事，而由成千上万个体自由意志组成的社会又全然是另一回事。但是，这些自由意志一旦被有序地组织起来，它们就会呈现出类似于有机体的面貌。而在这样一个多少包含一些人为成分的有机体中，习惯所扮演的角色就如同自然法则在自然界中所扮演的角色一样。从这一首要立场来看，社会生活对我们而言，多少有点像是由根深蒂固的习惯组成的系统。这一系统的存在与社会群体的需求相适应。组成这一系统的习惯，有些是发号施令式的，但绝大多数是服从式的。不论我们所服从的人是根据社会授权机构的意旨发号施令，还是根据社会本身的意旨发号施令，我们都能隐约感觉到有一种非人为的强制性力量弥漫其间。所有这些服从式的习惯会对我们的意志产生无形的压力。我们可能会设法摆脱这种压力，但是很快就会被吸引回来。像一只从垂直位置向两侧摆动的钟摆，不知不觉地又被拉回到原位。一切事物的特定秩序都会被打乱，但这被打乱的秩序必须给予恢复。总而言之，对于所有这些习惯，我们每个人都感到有一种不可推辞的义务。

而在这种情况下，我们的这种义务感是无比强烈的。在数学上，当一个数量级远远大于另一个数量级，以至于后者可以忽略不计时，数学家就会说这个数量级是属于另一个序列的。社会义务也是如此。与其他各类习惯相比，社会义务所形成的压力如此沉重，以至于压力程度的差异已经发展成为压力属性的差异。应当注意的是，所有这类习惯之间都有一种相互支持的力量。尽管我们无法探究其本质和来源，但我们可以认识到，它们是相互关联的，是与我们紧密相邻的环境对我们提出的要求，或者是与我们所处环境相邻的更大的环境对我们提出的要求。这种环境扩展到极致，就是整个社会对我们提出的要求了。每一种习惯都直接或间接地与一种社会需求相对应。所以，当所有这些习惯整合在一起时，就形成了牢不可破的社会整体。当这些习惯单独出现时，它们大多是些琐细的义务，但它们是总体义务必不可少的组成部分。这一总体义务，由它的各个部分共同组成，反过来又把它不可分割的总体权威赋予它的各个组成部分。因此，总体可以为它的各个组成部分提供援助。当我们对于如何处理和应付某个具体职责而感到不知所措时，按“各司其职”这一通常的判断行事，问题就会迎刃而解。事实上，我们并没有清楚地意识到，大量的部分或单个职责加在一起，才构成了总体义务。

或许在现实中我们并没有看到这个由各个部分组成的总体

义务。一种义务从所有其他义务中获得的援助力量甚至可以比喻为生命体的呼吸。这一呼吸与发自有机体深处的每一单个细胞的呼吸构成一个完整的、不可分割的呼吸系统，而每一单个细胞都是有机体的一个组成元素。社会在它的每个成员面前，会提出种种要求。这些要求，不论大小，都是社会整体生命力的表现。我再重申一下，这只不过是个比喻而已。社会群体是无数自由个体的集合，这一群体为它的个体成员设置了种种义务，这些义务使群体得以维持。在维持存在的过程中，群体还引入了规则性。这种规则性与生命现象中的固定法则相类似。

但我们周围发生的一切，促使我们相信，社会群体的这种规律性与自然界的规律性是可以相提并论的。这里，我并非仅仅暗示，人类在颂扬或谴责某些行为时具有无可比拟的一致性。我还想说，即使在价值判断中所包含的道德律被违背的情况下，我们也要执意地设想这些道德律并没有被违背。正如当人们逍遥自在地在大街上行走时，谁也不会注意体内是否有疾病在隐隐发作一样；我们也无法测知，在人们衣冠楚楚的外表背后，会发生多么无耻下流、道德沦丧的行为。当我们对人类的本性进行判断时，如果仅仅局限于凭借观察周围人们的所作所为做出判断，就很难在短时间内发现人类本身的可恶之处。只有当我们深入研究和反思自己本身的弱点时，我们才会逐渐认识到人类是可悲的，甚至是令人蔑视的。我们所蔑视和讨厌的人性原来就隐藏在我们自己内心的深处。人类的邪恶本性被遮蔽得如此严密，关于这一邪恶本性的秘密被如此严加封锁，以至于每个人都受到它的蒙骗：不论我们宣称用多么严厉和苛刻的眼光来审视和评判他人，在我们的心底，总感觉他们比我们高尚得多。人类的社会生活很大程度上就是建立在这种乐观的假象基础之上的。

对于上述观点，社会当然应该不遗余力地倡导。从某种程度上说，社会所颁布实施的、用以维持社会正常秩序的各种法律，与自然界的运行法则极为相像。当然，有一点必须承认，在哲学家们的眼里，社会法律和自然法则有着天壤之别。在哲学家看来，用以描述和定义自然秩序的法则是一回事，而用以主导和控制社会秩序的法律又是另一回事。对于后者，我们有时是可以逃避的。遵守社会法律是我们的义务，但并非不可或缺。相反，前者却是无法逃避的。因为一旦有某一自然事实与之偏离和违背，我们再把它称为一条普遍法则，就是错误的。自然界中必定存在另一条真正的法则，这条件法则能够完整地规定我们所观察到的任何事物。即使相互违背或冲突的事实，也能统一到这条法则的框架之下。这是完全正确的。但对绝大多数人而言，要把两者区分开来，并非是件轻而易举的事情。

在他们的眼里，任何法则，不论是自然法则、社会法律、还是道德准则，都是一道强制性命令。自然界的某种秩序也可以用法则的形式表达：所有的客观事物都应服从这些法则，才能保持与自然秩序的一致性。科学家本人有时也不得不相信，就像柏拉图的理念论作为一条法则，成为一切事物效仿和遵守的模型一样，法则能“统帅”事实，因而是领先于事实的。科学家对事物的归纳概括层次越高，就越倾向于把某些必然属性赋予法则。这一点与其自己是否愿意这样做无关。这些法则并没有镌刻在什么超验性法典的不朽条文之中，因而思考和想象客观事物的这些构造原理或法则，需要同我们头脑中固有的偏见做真正的斗争。现代科学法则显然是取自于另一个“西奈山的铭文”之中的。但是，当一条物理法则得到一定程度的归纳概括后，如果我们把它想象成为某种命令形式，随之而来的就是，适用于我们每个人的命令，似乎就与自然法则非常相像了。命令和法则这两种观念在我们的头脑中遭遇，两者相互交流、互为依存。法则借助命令获得强制性权威，命令则从法则那里获得了必然性。因此，违反社会秩序就具有反自然的性质；即便这种违反社会秩序的行为接连不断地发生，我们也会认为这是一种特例或反常现象。虽然对于社会而言，这是一种特例或反常，但对自然而言，这就是惊人之举。

如果在这种社会命令的背后，我们还认识到一种宗教命令，又会是什么情况呢？不论这两个术语之间有着什么样的联系，不论人们以什么方式来理解或解释宗教，对宗教而言，不论社会性是其固有本质还是偶然为之，有一点是确定不疑的，这就是宗教始终扮演重要的社会角色。宗教所扮演的社会角色其实是非常复杂的，它随时间和地点的变化而变化。但在我们所处的社会中，宗教的首要作用是维持和强化社会的种种诉求。宗教也许可以发挥更大的作用，但至少要发挥维持和强化社会诉求这一作用。社会所制定的处罚条款或许会伤及无辜却让有罪者逃脱，它提供的褒奖也少得可怜，但它视野宽广、易于满足。人世间有什么样的标准或尺度可以用来衡量社会奖惩本身所固有的价值和分量呢？然而，正如柏拉图理念论为我们揭示的完美无瑕的客观实在一样，这样的实在，我们只能在拙劣的模仿中见到。因此，宗教把我们带入一座上帝之城。它的最显著标志，大概就是我们随处可见的制度、法律和习俗。从较低层次上来说，秩序还仅仅处于一种近似完美的状态，多少含有一些人为的成分；从较高层次上来说，就是一种完美极致和自我创造。因此，在我们眼里，宗教正好成功地填补了社会命令和自然法则这两个层次之间的间隙。这一间隙已经随着我们观察事物习惯性方式的变化而大大缩小。

我们因此被不断地带回到这样一个相同的比喻中。尽管这一比喻还有着这样那样的缺陷，但对于我们所要说明的问题而言，这一比喻还是十分恰当的。市民团体的成员就像有机体的细胞一样结合在一起。借助于人的智慧和想象力，“习惯”把一种一致性原则引入到市民团体中。在每个团体成员之间所建立起的、相互依赖的关系中，这种一致性原则就好像有机体的连接细胞紧密结合一样，把全体成员凝聚在一起。

同样，所有的一切，又使得社会秩序看起来像人们所观察到的自然秩序的翻版。显而易见的是，当我们每个人只是想到自己时，我们认为自己可以随心所欲地去发挥自己的爱好专长，实现自己的抱负和梦想，而从来不考虑我们的同伴是怎样想的。但是我们的这些念头刚一在脑海中闪现，就会遭遇到一股由全部社会力量聚集而成的反对力量：这股巨大的力量最终会形成一种非常类似于自然现象的秩序，而不像个体动机那样，分别来自不同的方向。自然界中，有机体的组成细胞一旦获得瞬间的唤醒，当它们再次遭遇必然法则的捕杀时，就会奋不顾身地冲破种种障碍，去实现自我解放的抱负。构成群体各个组成部分的社会成员，也可以冲破或改变与有机体细胞遭遇相类似的必然法则。这些必然法则曾经是在他的帮助下建立起来的，但他仍然要毫不例外地按这些法则行事。对这样一种必然法则的意识，以及对人们可以逃避这一必然法则认识，正是人们所说的义务。因此，结合其通常含义判断，义务与必然法则的关系，和习惯与自然的关系其实是一回事。

群体中的个体

但义务并不仅仅来自于外部环境。同属于自己本身一样，我们每个人也都是属于社会的。一个人的自我意识在其内心里埋藏的越深，就越能显示出难以言表和无与伦比的创造性。表面上，我们在生活中都会持续不断地与跟我们相类似的人们打交道。我们与他们之间通过某种统一的原则建立起相互依赖的关系，从而与他们团结一致，互不分离。除了通过这种社会化的角色取得某种位置，我们自己难道就没有其他手段与某一稳固的团体取得联系吗？如果我们没有其他途径逃避生活的冲动刺激、任性不羁和悔恨不已，就只能如此了。

但是，在我们内心的最深处，如果我们知道如何找到这样一种手段，我们或许能找到另一种平衡。相对于我们所获得的表面上的平衡，我们更加迫切需要这种平衡。某些水生植物在长出水面时，会不停地遭到水流的击打：它们的叶子在水面上相遇，并互相交错在一起，这样使它们在水面上获得了一种稳定性。但是比水面上这种稳定性更加稳固的是植物的根部。它深深地扎入泥土中，从下面支撑起整个植物。然而，我们先暂时不要考虑向我们的内心深处进行探究的企图。即使能够进行这种探究，也是特例。只有在表层，在自我置身于各种外在性格特征紧密交织而成的组织网络中，自我才能大体找到它的附着点。它的稳定性就来自于这个紧密结合在一起的组织团体。

但是当处于这一附着点时，它本身也就被社会化了。被我们看作人类之间关系纽带的“义务”，首先约束的就是我们自己。

因此，我们指责某一纯粹的社会道德忽视个人义务，是极其错误的。即使我们只是从理论上对他人负有义务，我们实际上也对自己负有这种义务。因为只有当社会自我被加入到我们每一个个体自我之中时，才能有社会的稳定团结。努力培育这种社会自我是我们所担负的社会义务的本质。如果我们自己身上没有某些社会自我的成分存在，它对我们就不具有约束力了。而且当我们感到我们身上存在这种社会自我时，也没有必要把它找出来，因为我们本身就是一个自足的个体。在不同的人身上，或多或少都能找到它存在的印记。但是谁也无法完全把它从自己身上切除。他当然也不想这样做。因为他清楚地知道，这是他自身绝大部分力量的重要来源。对他而言，多亏有了社会生活层出不穷地对自己提出的各种要求，才使他持续地保持旺盛的精力和持之以恒的追求，从而确保他的行为和活动能获得最大的回报。即使他想把社会自我从自己身上切除，也不可能做到这一点。因为他的记忆和想象就依赖于社会对他们的嵌入；因为社会的灵魂是语言本身所固有的；因为即使没有其他人在场，即使他自己在进行独立思考，他仍然会自言自语地讲话。

如果我们试图想象一个与周围的社会生活完全隔绝的个体可以生存，那将是一件徒劳的事情。即使是独居荒岛的鲁滨孙·克卢索，也要与其他人保持相当程度的联系。因为他从那条破船的残骸中打捞起的那些造船部件，使他没有与文明隔绝，因而也没有与社会隔绝。如果没有这些部件，他可能将无法生存。但是某种道德的联系对他而言更是必不可少的。因为，如果他除了自己心知肚明的有限的个人力量以外，再也没有其他力量援助他克服随时遭遇的一连串困难的话，他很快就会陷入绝望的境地。他从自己在精神上一直保持依赖关系的社会那里获得了力量。他可能意识不到这种力量，但这种力量就在他的周围，时时注视着他。如果个体自我是富有生机的，而且能体现社会自我，即使在与世隔绝的状态下单枪匹马地奋争，他所取得的成果与在整个社会的鼓励、甚至支持下取得的成果将分不出高低来。那些为周围情况所迫需要与外界隔绝，独自生活一段时间，而无法从自身中找到深层内心生活源泉的人知道，“屈服”会导致多么严厉的惩罚。这意味着他们将无法在社会自我所规定的层次上找到个体自我。他们因此会小心谨慎地保持着社会自我，以便它对个体自我的严格约束不会有片刻的放松。必要的时候，他们会设法寻找一种物质的或人为的支持。人们也许还记得吉普林的作品中，那位独居在印第安部落中央地带的草屋里的护林官吧。每天晚上就餐前，他都要把自己打扮得整整齐齐，以保持自己独处时的自尊。

虽然如此，我们也不至于说这种社会自我就是亚当·斯密所说的“公正的旁观者”，或者说它必须等同于道德良心，抑或说我们对自身是否感到满意取决于社会自我所受到的影响是积极的还是消极的。我们应该找到自身道德情感的更深层来源。在这里，我们可以用语言对同一名目下的不同事物进行归类。杀人犯对自己所犯罪行的忏悔，和我们因伤害了别人的自尊或不公正地对自己的孩子粗暴相向，而引发的痛苦难挨的懊悔之间，有什么共同之处呢？对于一颗向生活敞开心扉的纯洁心灵来说，背叛了它的信任就是对某一种良知最邪恶的冒犯。这种良知显然是有所缺失的。确切地说，缺失的原因在于，它没有从社会中借鉴一个标准、尺度和测定系统，所以这种良知就很少发挥作用。但不管怎样，不同的人们对它还是多少有些敏感的。一般而言，良知的评判是由社会本身做出的。

个体中的群体

一般情况下，道德的危机表现在社会自我与个体自我之间相互关系的失调。让我们对一位陷入绝望的犯罪分子内心的懊悔之情进行一下分析。最初，你可能误认为他的这种懊悔来源于对刑罚的恐惧。的确，你会发现他在述说各种细节时都非常谨慎，而且不断地有所增加补充，竭力掩盖犯罪情节，避免暴露出蛛丝马迹。他的脑子里时时刻刻会闪现出一种可怕的念头：是不是自己疏忽了某些重要细节，让当局顺藤摸瓜，查出自己的犯罪实情。但是，再仔细观察一下即可知，这位犯罪分子想要做的与其说是要逃避惩罚，还不如说是要竭力抹去以前的犯罪劣迹，把一切伪装得好像那些犯罪行为从来没有发生过似的。当一件事情不为任何人所知的时候，它就好像根本不存在一样。因此，犯罪分子要抹杀的其实是他的犯罪事实本身。他竭力阻止任何可能获知其犯罪情节的人掌握具体情况。但是他对自己的犯罪行为是一清二楚的，这在他的脑子里永远也抹不掉的。所以人们会注意到，他的内心无时无刻不为自己以前的犯罪情节所萦绕。这使得他本来想通过抹掉原来的犯罪劣迹，而像往常一样生活其中的社会，反而离他越来越远了。因为他现在已经不是从前的自己了，所以社会曾经给予他的一切尊重，现在要给的人不再是他了。

因此，社会现在不再理会他了，而是忙于去和别人攀谈。知道自己已经是今非昔比了，他体会到在同事之间被孤立起来的感觉，这比自己一个人在渺无人烟的荒岛生活还痛苦难挨。即使一个人在荒岛上独处，他内心还可以怀揣着社会的画面。这幅画面能给予他支持、保护和力量。但是，现在他与这幅画面以及其中所有的事物彻底隔绝了。要挽回从前的自我，回到从前的社会，他唯一可以做的就是坦白自己的罪行。这样，他可能会因自己的行为获罪，但社会却可以再次与他的真正自我进行对话，他也就能恢复与周围同事们的正常合作关系。当然，他会受到他们的惩罚，但却可以被重新接纳为他们的一员。从一定意义上说，人们对他的这些惩罚和谴责是由他本人主动发起和提议的。这样，他自我中的一部分，当然是最珍贵的部分，就可以免受处罚。这就是促使犯罪分子主动坦白的力量所在。

有时候，他可能还不至于向社会公开坦白，他或许先向自己的朋友或要好的同事说出犯罪的真相。通过这种方式改邪归正，虽然不是在所有人眼里，但至少是在某一个人眼里，他在靠近社会这条直线的某一个点上，又把自己与它联系在一起了。虽然他还不能完全复原从前的自己，但至少他已经在走向复原、接近复原了。他不再与从前的自己保持疏离，更不会与之完全隔绝或断裂。当然也不会与其中的某些要素或成分完全隔绝或断裂，这些要素或成分本来就是构成他自我的组成部分。

为了清楚地揭示个体与社会的关系，我们硬性打断了开始的话题，插入了犯罪分子对犯罪行为的懊悔这一例子。在通常情况下，我们每个人都会不假思索地履行自己的义务。如果我们每一次履行义务都要首先酝酿和产生想法，接着再阐述其程式的话，这种履行义务就显得过于无聊和乏味了。实际上，我们靠日常行为习惯履行义务就足够了。在大多数情况下，我们仅仅顺其自然地行事，就能履行好自己对社会应尽的义务。而且，通过在我们与社会之间插入各种有益的媒介，我们能够更容易完成自己的义务。这些媒介包括：我们每个人都拥有自己的家庭；我们每个人都就职于某一行业或职业；我们每个人都有自己所属的教区、行政区和国家；当某一个团体被完整地加入到社会中的时候，如果需要，我们可以通过向这一团体履行义务来获得自我满足感，这同时也是我们给予社会的回报。社会占据了圆周，个人则处于圆心的位置。像无数不断从圆心向四周扩展的同心圆一样，在个人和社会之间存在着各种各样的群体，每个人都是其中的一员：从圆周到圆心，随着圆周的逐渐缩小，各种义务也在不断地向圆心叠加。所以，个人最终要面对所有的义务。因此，义务也在不断地发展和壮大。但这种义务越是复杂沉重，就越没那么抽象，因而就越容易被人接受。当它被完全具体化的时候，就会与某一种倾向并存。我们都早已习惯于这一倾向了，所以我们认为，完成自己在社会中被赋予的各种角色是再自然不过的事情了。当我们自觉地服从这一倾向时，我们自己却很少觉察到。如果我们偏离了它，像很多根深蒂固的习惯一样，它就会呈现出顽固不化的本性。

对抗拒的抵抗

社会为每个人设计好了日常行为的规范和程序。如果不遵守这些规范和程序，不履行相应的义务，我们就无法享有正常的家庭生活，无法从事相应的职业，无法处理成千上万的生活琐事，也无法从容地去逛商店、外出散步或安静地待在家里。每时每刻我们都要做出选择，并决定哪些事情是符合规程的。而我们自己却几乎没有意识到这一点，也没有特意顾及这些。社会已经为所有的人设计和标记出一条生活的康庄大道，而且这条大道就在眼前向我们敞开着，我们只要沿着它往前走就行了。而要在荒郊野外，披荆斩棘地去开辟一条路，没有无比强烈的开拓意识和创新精神，是根本不可能的。从这个意义上讲，义务几乎始终是一种自动完成的行为。如果我们只把自己定位和局限于大多数中的一员的话，服从义务就可以解释为某种形式的懒惰消极和被动沉默。那么，为什么恰恰相反，这种服从表面上看起来好像是一种负担沉重的状态，而义务本身也显得如此威严和决绝呢？

显然是因为在有些情况下，服从则意味着要克服和战胜自我。这只不过是一些例外情况，但却引起了我们的注意。因为，随之而来的是一种强烈的意识。这种强烈意识产生时，同时伴有各种形式的犹豫不决和不知所措。在这里，意识和犹豫不决本身实际上是一回事。因为一个自动发生的行为，会在不知不觉中完成。由于我们所承担的各种责任是相互依赖的，还由于义务作为一个整体内涵于它的各个组成部分，所有的责任都会伴有其他责任特地呈现出来的情形。从实践的角度来看，这也没有为我们带来什么不便。用这种方式来观察事物，反而具有某些优点。因为，不论我们多么想当然地尽职尽责，我们也会遭遇来自自己内心的抗拒。预料到这一点是明智的。能够不把生活中的一切都认为是理所当然的也同样是明智的。不要以为我们能够轻而易举地成为一位好丈夫、好公民，成为一名有良知的工作人员。一句话，不要以为自己能轻而易举地成为一名善良人。这一观点包含相当大的真理成分。因为即使我们能相对容易地把自己保持在社会秩序中，我们还要设法参与其中。而这种参与需要深度的融合，需要付出艰辛的努力。儿童对大人的管束天然地具有抵触和抗拒心理，需要从小对他们进行教育就是很好的证明。对总体义务的一致赞同和遵守取决于社会的每一个体，尽管这个个体不需要再对每一项义务进行认真的考虑和思索。虽然骑手可以任凭自己的坐骑带着向前走，但他依旧需要马鞍啊。个体与社会的关系也是一样。如果说每个人的责任可以自动地得以履行，从某种意义上说，这是不真实的；从全部意义说，这是极其危险的。我们可以把“服从义务意味着对自我的抗拒”这一格言确立为一条实用的准则。

但确立准则是一回事，而对所确立的准则进行解释和说明又是另一回事。当我们为了解释义务及其本质和根源而把服从主要界定为对自我的抗拒时，也就是把它界定为一种自身内在的张力和冲突时，我们就犯了一个严重的心理学错误。这一错误违反和破坏了许多已有的伦理道德学说或理论。这就会导致种种人为的困难和问题。虽然这些困难和问题会让哲学家们争论不已，但当我们对表述这些困难和问题的术语进行分析时，它们却早已消失得无影无踪了。义务绝不是什么无可比拟的特例，也绝不是像神秘的幽灵一样，笼罩在一切事物之上。如果说许多哲学家，尤其是康德的追随者们，都坚持这一观点的话，那是因为他们混淆了义务感，和人们在履行义务时，为冲破各种可能的阻力和障碍而持之以恒地付出的巨大努力。这里所说的义务感指类似于人的内心倾向的一种平和心态。

假如我们得了风湿病，如果在疾病发作后活动自己的肌肉和关节，我们就会感觉有些不舒服，甚至感到非常疼痛。这种不适和疼痛，是我们全身的器官对于疾病发作建立起来的一种常见的抗拒性知觉反应。它会逐渐减弱，最终彻底消退。最后，我们对于活动肢体的意识和感觉又和往常一样了。现在，我们可以自由地想象这一不适和疼痛照样存在，处于刚开始发作或已经开始减轻的阶段，也可以想象这种不适和疼痛有伺机加重的可能。如果我们患过风湿病，肯定会料想到这种病发作时的情形。如果换成一位哲学家，他会怎样想呢？如果在我们活动四肢时，他仅仅从我们习惯性知觉的反应中看到了痛苦的减轻，就把我们的运动神经机能解释为身体做出的一种努力，来抵抗风湿病造成的不适和痛苦，这种解释是否合适呢？在最初的时候，他或许会放弃对运动神经活动习惯和规律进行解释的企图，因为运动神经的每一活动习惯和规律，均意味着多种运动器官的特定联合运动。因而只能通过这种特定联合运动才能对其进行解释。人体通常的机能，如行走、跑步、身体的移动等，只不过是各种基本运动习惯和规律的综合协调活动。每一种机能都可以在它所参与的特定运动中得到解释。但如果仅仅把人体机能作为一个整体来考虑，而且把它解释为人体抗拒抵抗的一种力量，那么，把与这种人体机能无关的风湿病确定为一种独立的存在现象，就是很自然的事情了。许多对义务的含义进行过认真反思的人似乎也会犯同样的错误。我们每个人都担负大量的特定义务，每一种义务都需要进行单独的解释，遵守全部这些义务对人们来讲就是自然而然的事情了。或者严格地说，遵守全部这些义务也就是人们的一种习惯了。假若我们偶然违背或偏离了这些义务，我们就会遇到强烈的抵制。如果我们对这些抵制进行抗拒，就会产生一种紧张或冲突的状态。当我们把义务看得如此庄严和神圣时，我们就把这种庄严和神圣具体化了。

当哲学家们试图把义务归结为各种理性化因素时，他们心里也是这么认为的，即他们也同意把庄严和神圣具体化这一观点。在面临种种欲望、激情或利益的诱惑时，为了有效抗拒各种抵制，使自己保持在正确的轨道上，我们必须让自己明了实施各种行为的正当理由。即使我们以另一种欲望来抵抗现有的非法欲望，这个由人的意愿所唤醒的另一种欲望，只有在某一种意念的召唤和驱使下才能产生。简而言之，拥有理智的个体往往通过理智作为媒介来对自己施加影响。但是，尽管我们都要通过理性的方式回归义务，这并不意味着义务本身具有理性法则的属性。这一点我们在下文中还会详细讨论。我们现在还不想讨论道德伦理的学说或理论。在这里，我们只想强调，人的内心倾向是一回事，不论这一内心倾向是自然赋予的还是后天习得的；而一个理性个体借以恢复自身力量、抗拒各种抵制的理性化方法则是另一回事。在后一种情况下，被各种复杂行为所掩盖的个体倾向有可能重新表现出来。一切都似乎毫无疑问地表明，我们通过这一方法已经成功地建立起一种全新的内心倾向。事实上，我们只不过是清除或阻止了某些通往这些内心倾向的障碍。我敢说，这在具体实践中也同样是这么回事：不论我们用什么方式来解释某一事实，事实毕竟还是事实。从这个意义上说，我们已经成功了。但是为了取得成功，我们设想事情是按照前一种方式发生的，也许会更好。如果我们宣称实际情况就是这么回事，这将是对整个义务理论体系的极大破坏和违背。绝大多数哲学家所面临的情形难道不就是这样的吗？

在这里，不要产生什么误解。即使我们把自己局限于某种道德的层面上——事实上我们也一直是这么做的——我们也会发现，人们对于义务的态度是多种多样的。他们在两种极端的态度或习惯之间的交叉地带画出了明确的分界线：一种情形是在自己几乎没有任何觉察的情况下，沿着社会所设定的道路自然而然地向前走；或者另一种相反的情形是犹豫不决、谨小慎微地考虑自己选择哪一条道路、沿着这一条道路要走多远；或者如果接二连三地尝试几条不同的道路，这些道路来回的路程是多少。在第二种情况下，可能会出现一些新问题。即使在我们的各种义务都被完整地规划好的情况下，在履行这些义务的过程中，也会产生各种各样的差异。但在第一种情况下，这里所指的态度跟绝大多数人的态度是完全一致的。而且这种情况一般指的是比较落后的群体所出现的情形。最终，不论我们如何对某一具体情况进行理性化的分析和论证，不论我们多么理性地设定准则、阐述原理和推导结果，我们也很断定，讨论中是否夹杂着欲望和激情、诱惑力是否过于强烈、我们是否面临跌倒的危险，如果我们突然间又恢复了意识，那是一股什么力量促使我们再次苏醒呢？

有一种力量是确定不疑的，这就是我们所说的“总体义务”。在这里，总体义务是对于人们所遵守和服从的各种习惯进行集中抽象和高度概括的结晶。这些习惯是由社会生活的无数特定要求决定的。总体义务这股力量实际上并没有什么特殊和神奇之处。如果能说出来的话（不过它更倾向于行动），它会说："因为你必须这样做，所以你必须这样做。"因此，理智和理性在判断原因、比较准则和回归第一原理方面所发挥的作用就是，把更加符合逻辑法则的一致性引入到人的一系列行为活动中。这些行为活动本质上还要服从于社会所提出的要求，而这一社会要求正好是义务的真正根源。在面临诱惑的时候，我们绝不会仅仅为了符合逻辑一致性的要求而牺牲我们原有的兴趣、激情和名利。因为在一个富有理性的个体中，理性分析实际上的确会作为一个调节尺度而介入到他的行为中，以确保各种义务条令和准则之间的一致性。而哲学已经被引向视理性为一种义务原则这一轨道上。我们也不妨这样认为：飞速运转的齿轮可以驱动整台机器的运行。

再者，社会的各种要求是相互交织的。即使个人的正当行为根本不是建立在理性分析的基础上，或者可以这样说，即使最能按照传统习惯行事的人，也会通过遵守和服从逻辑上密切联系的种种规则，把理性法则引入他的个人行为当中。我坦率地承认，想用这样一种逻辑来主导和占有社会为时已晚。追求逻辑上的一致性在本质上是十分简单易行的。它首先从整体上抽象概括出某些原则，然后排除掉所有不符合这一原则的事物。这样就保证了原则上的一致性。而如果一切服从自然，相比较而言，就麻烦得多。一个群体的习俗越接近自然状态，这个群体所设置的规则中，难以理解和缺乏一致性的成分就越多。我们发现，在一些原始种群里，许多禁令和规则最多只能通过模糊的意念联想、迷信或无意识行为来理解。但这样的禁令和规则并不是一点作用也没有。因为每个人对于这些法则的遵守，能最大限度地保证整个群体的团结一致。虽然这些法则难免有些荒谬，却不会影响这一作用的发挥。但是，在这种情况下，规则的作用仅仅是凭借某种反作用而不断累积起来的。这种反作用来自于我们每个人都服从这些规则这样一个事实。只有为整个社会的长治久安和繁荣幸福而明确设计的禁令和规则，才能发挥其本质作用。无疑，这些禁令和规则是逐渐从所有其他禁令和规则中分离出来的，而且最终存在下来。因而各种社会要求之间是相互协调的，它们都服从于统一的原则。但这没关系的，逻辑理性实际上已渗透到当今所有的团体中。即使对自己的行为从不进行理性化分析的人，只要他遵守这些原则，他就能够理性地生活下去。

绝对命令

但是，义务的本质在于它不同于理性分析这一要求，这一点是我们目前要试图提出并加以说明的。当人们逐渐地应对一些欠发达的群体或面对这些群体中个体知觉意识的初级阶段时，我们认为，我们的描述会更加符合现实情况。只要我们把自己的行为规范限制在正常的道德良知范围内，我们所做的这种描述就只能是一个大体的轮廓。这里所说的正常道德良知，指的是普通的、善良人的道德良知。确切地讲，是因为我们在这种情况下，面临着陌生复杂的情感、思想和内心倾向，这些情感、思想和内心倾向之间相互渗透、相互交错。只有当我们掌握了能反映出其本质特性的总体轮廓时，我们才能避免做出任何虚假的分析推理和专断的综合判断。这就是我们所要试图找到的总体轮廓或一般性概括。如果认为义务会像习俗一样对人的意愿施加压力，而且认为每一种义务的背后还牵扯着一大堆其他义务，这些其他义务也都是用来给人的意愿施加压力的话，那么，这种义务所施加的就是一种总体压力。这样，就使原本非常简单的基本道德良知具有了总体义务的属性。这就是义务的本质；这就是在必要的时候，义务经浓缩而形成的精髓。即使在义务变得高度复杂的情况下，也是如此。

这就表明了什么时候、在何种意义（这多少有点康德哲学的味道）上，义务在其初始阶段采取了“绝对命令”的形式。我们会发现，在日常生活中，要找到这种绝对命令的实例是非常困难的。比方说，一道军事命令的确是既不容许对方分析争辩，也不需要对方做出回答。这一军事命令实际上就意味着“因为你必须执行命令，所以你必须执行命令”。但是，虽然你在发出命令时，没有向士兵们说出任何理由，但是他们可以想象出各种理由。如果我们需要找到一个纯粹的绝对命令的例子，我们必须构想一个先验的情况，或者至少对以往的经验进行任意的抽象概括。让我们设想一只蚂蚁被突然到来的一束反射光线惊扰的情形。最初，她会断定，如此没完没了、不辞辛苦地为其他成员效命是错误的。她要变得懒惰的意念和想法的确会在她的脑子里持续一段时间，但最长也不会超过几分钟。这和她的智慧之光在头脑中闪现的时间一样长。到最后时刻，当她的本能再次恢复时，这种本能的主宰力量会全力把她拉回到她原来的工作状态中。在理智回归本能的一刹那，它或许会说出这样的告别辞：“因为你必须为别人效命，所以你必须为别人效命。”“因为你必须为别人效命，所以你必须为别人效命”这句话，只不过是蚂蚁在受到一股无形力量的牵拉时，产生的一种瞬间知觉意识。这股无形力量是一条无形的绳索在试图把它拉回原来的工作状态时所施加的。这条绳索可能偶尔也会有松动的时候。

一位梦游者在刚要醒来时，耳边也会听到同样的命令声。或者，在他实际上已开始从梦境中清醒过来时，他同样会听到自己的耳边响起了这种命令声。如果他要瞬间内再退回到刚才的梦境中，他会感觉到有一道无形的强制命令也在告诉他，他必须无条件地返回到梦境中去。这道无形的强制命令代表了他瞬间即逝的一种内心反应。总而言之，这里所说的绝对命令，是一种本能的或梦游似的命令。它以正常状态来颁布实施，表现为一种内在反应。这一反应所受刺激的时间恰好能保证形成一个完整反应，但又不足以对其进行理性分析，以找到发生反应的原因或理由。对于一个理性个体而言，尽管他所实施的各种行为活动含有一定程度的理性或理智成分，但伴随着这些行为活动逐渐倾向于本能化，相应地，这道无形命令也在倾向于绝对化，从而产生了前文所说的“绝对命令”。这个事实难道不是已经很明显了吗？但是，个体的行为活动，虽然起初都含有理性的成分，可在经历了无数的反复后，它就发展成为本能模仿了。这样的行为活动恰好就是人们所说的习惯。最强有力的习惯必然是在最佳的本能模仿中产生的。这种习惯的力量，是由全部基本的社会习惯合力组成的。这样的话，如果说在很短的瞬间内，义务就变成了“因为你必须这样做，所以你必须这样做”这类的绝对命令形式，还有什么值得惊讶的吗？虽说是在很短的瞬间内，但两种义务却被截然分开了：一种是仅仅作为生活力量来实施的义务；另一种则是根据各种原因和理由进行全面判断和认识后而实施的义务。

让我们设想两种截然不同的社会进化类型，每一类型代表一种极端的进化情形。更接近自然属性的社会类型显然是属于本能型的。蜂房里能把成千上万只蜜蜂凝聚在一起的群体类型，与有机体内能把无数的组织细胞结合在一起的细胞群体类型极其类似。这些细胞之间的结合能做相互作用、相互协调。我们再设想一下，大自然想要创造一个第二种极端进化情形下的社会类型。在这种社会类型里，个体被赋予某种程度的选择余地。她或许能做出这样的筹划：个体理智和理性在规定性方面所取得的成果，与本能在其他方面所获得的成果是可以相媲美的。为了验证这一点，她或许会求助于习惯。每一种这些可被称为道德的习惯，起初都应是偶发性的。但这些偶发性习惯积聚起来所产生的力量，在强度和规定性两个方面，都不亚于本能的力量。这些偶发性习惯积聚实际上是指，在具备一定的社会基础和必要的存在条件的情况下，自然而然地染上这些习惯。这正是我们所说的"总体义务"。或许会有人说，这种总体义务仅仅适合于刚刚摆脱了自然界束缚时的人类社会，仅仅适合于原始的或初级的社会。然而，不论人类社会如何进步与发展，也不论人类社会变得多么复杂化和精神化，表现大自然意旨的原创设计会原封不动地保留和持续下来。

现在我们看一下实际情况是怎样的呢？在先不对曾经讨论过的其他情况进行深入研究的情况下，我们可以简单地得出这样的结论：理智和本能是两种意识形式。这两种意识形式在产生的最初阶段是相互渗透、相互影响的。随着它们的发展，它们开始逐渐地彼此分离。这一发展沿着两条主要的生命进化路线展开。这两条生命进化路线分别是节肢动物和脊椎动物。节肢动物的进化最终产生了昆虫本能，其中最典型的是膜翅目昆虫；而脊椎动物的进化最终产生的则是人类理智。动物本能和人类理智都把使用工具作为自己的根本目标。其中，人类理智发明了工具，而且自身不断地进化发展，发展到什么程度难以预料。而动物本能在接受了大自然所赋予的组织器官以后，就止步不前，再也没有什么发展了。进一步讲，工具是为完成某一特定工作任务而设计出来的。工作任务的专业化程度越高，工作效率也就越高。而且，当工作任务的专业化程序越高时，能胜任各种不同工作任务的劳动者之间的专业分工也就越精细。因而，从事不同岗位的劳动者在工作技能和劳动经验方面可以相互取长补短。

所以说，社会生活就像一种抽象模糊的理念，内化于本能和理智当中。这一抽象模糊的理念最完整地表现，一方面是蜂房里的蜂群或蚁山上的蚂蚁构成的动物群体；另一方面是人类社会中不同人群构成的各种团体。不论是人类还是动物，一个群体就是一个组织，它意味着这个群体的各个成员之间要相互协调、相互服从。因而社会将提出若干法律和规则。这些法律和规则要么直接蕴涵在日常生活中，要么是另外专门制定。但是在蜂房里或蚁山上，每个成员按各自的组成结构被分配和固定在某一项工作任务上。因而，这类组织是相对固定的。但人类的群体组织形式却是不断变化的，是向各种进步和发展敞开的。结果就是，在动物的群体中，所有的规则都是由大自然设定的，而且是动物生存必不可少的。而在人类社会的群体中，只有一件事取决于大自然，这就是对于规则的需求。因此，在人类社会中，为了触及总体义务，我们对义务的根源探究得越深，义务变为需求的倾向越大，它与本能之间的距离也就越近——这种本能具有强制性命令的特征。

然而，如果我们不分青红皂白地把任何特定义务都归因于本能，那将是一个极大的错误。我们必须时刻牢记的是，可以这么说，如果人类社会不是被长期稳固地赋予了可变性和理智性的话，总体义务就应该是本能。但事实上，没有任何一个义务是本能的。这是一种虚拟的本能，就像人们的语言习惯背后所隐藏的本能成分一样。人类社会的道德实际上可以比作语言。如果蚂蚁之间发生信号交流，这种可能性当然是存在的，那么，这些信号就是由它们之间进行相互沟通和交流的本能提供的。相反，人类的语言却是社会习俗的产物。人类语言中，没有一个单词或句法是由大自然赋予的。人类语言是一种自然而然的现象。但是，如果大自然在赋予我们语言机能的时候，没有同时给予我们发明创造或我们所说的理智这一功能的话，这些固定不变的信号也能表达我们人类要传递的信息。人类能够进行发明创造并具有理智，是因为能制造和使用工具。这些固定不变的信号则来源于大自然，有人认为它们最初是用于昆虫之间的交流和沟通的。如果人类社会是本能的，而非理智的，那么，我们的脑海里所浮现的，也许就是义务的本来面目了。但是话虽然这么说，我们却无法这样去解释任何一种特定义务。如果我们就此止步不前的话，就会对总体义务的理解产生错误的观点。然而，在对道德的基础进行研究和探索时，如果我们最初着手研究时多少还有些其他线索的话，我们就必须把本能的社会看作理智的社会的对立面。

义务与生活

从这一观点来看的话，义务就失去了它的具体特性。这时，义务就变成了一种最普遍的生活现象。当构成有机体的各个要素或成员都服从于某一严格的统一规则时，我们还能够说他们对于履行各自的义务具有责任感吗？还能够说他们都在遵守一种社会本能义务吗？显然不能。但是，鉴于这样的有机体几乎无法构成一个群体，而蜂房和蚁山实际上又都是通过无形的关系或力量把它们的全体成员团结在一起的有机体，蚂蚁的社会本能与它们的各种群体动机就不可能有根本性区别。这里，蚂蚁的社会本能是指一只蚂蚁，比如说工蚁，完成其自身结构决定的、它必须承担的任务所依靠的力量。群体动机是指每一个组织成员或有机体的每一个细胞，为了整个有机体或整个组织利益的最大化，而辛勤劳作所依靠的力量。实际上，严格说来，无论在何种情况下，这都不是义务的问题，而是需要的问题。我们在道德义务的基石上所能感知到的就是这种需要。这种需要好像多少蒙着一层透明的薄纱，是虚拟的而非现实的。一个人只有在他获得自由的时候，他才能感觉到自己承担的义务。每一种义务，单独来看，都意味着自由。但尽管如此，义务的存在还是必要的。我们越是能够远离那些表面上具体或特定的义务，而深入到最深层的一般性义务，或者深入到我们曾说过的总体义务，义务就更能以需要的形式在生活领域呈现出来。这时，它要求完成或实现某些目标、理智、抉择甚至自由。

这里，也许同样会有人说：这只能适合于简单的人类社会，即人类社会的原始或初级阶段。诚然，正如我们后面还要指出的，文明人终究不同于原始人。因为从人类意识最初觉醒的时候起，文明人就从周围的社会环境中吸取了大量的知识和习惯。社会环境正是这些知识和习惯的宝库。人类的自然成分在很大程度上被从社会环境中吸收的这些知识和习惯所覆盖。它虽然被覆盖，却并没有被彻底湮灭，而且它仍然几乎毫无变化地保留了若干世纪。正如人们所认为的，习惯和知识对有机体的渗透和影响程度，远远比不上先天性遗传因素的渗透和影响。在我们对义务进行阐述分析时，如果自然的成分已经几近被几百年的文明进化过程所积聚的既有习惯打碎或熄灭，那么我们就可以把它忽略不计。这一点是正确的。不过虽然忽略不计，这些自然成分仍然完好地保存下来了。而且在大部分文明社会里，它们甚至有时还表现得非常活跃。因此，对于这些自然成分，我们必须还原其本来的面目。我们不能试图对这样那样的社会义务进行解释，而应该对我们所说的总体义务进行解释。

封闭式社会

实际上，不论文明社会与自然预定的社会有多么大的差别，二者之间都存在一些根本的相似性或一致性。文明社会与自然给定的社会之间之所以存在根本相似性或一致性。因为它们都是封闭式社会。与一些我们凭本能被纳入的小型团体相比，这两种封闭式社会也许显得广阔无边。但是，如果我们已经获得的物质文明或精神文明遗产从它们赖以存在的社会环境中全部消失的话，我们也许会凭本能再次回到这些小型团体中。这些小型团体的基本特征就在于它们能随时接纳一定数量的个体成员，也可能随时排除其他一些个体成员的加入。上文中我们提到过，在道德义务的深处，潜伏着一种我们所说的社会需要。那么，这里的社会是一种什么样的社会呢？是不是一种只有全人类才能代表的开放式社会呢？和一个人说某人对其同伴负有责任一样，说些不着边际的空话是解决不了什么问题的。虽然一个人在说到这一问题时，常常谨小慎微、含糊其辞，虽然他竭力避免做出明确的断言，但是他想让人们相信，“人类社会”已经是一个既成的事实。

我们的确应该让人们相信这一点。因为，实际上我们每个人都负有两种义务，即我们对于作为人类的人负有的抽象义务和对于我们的同胞们负有的具体责任。在我们能够对自己所承担的两种义务概念进行明显区分的情况下，如果我们再无可置疑地对于作为人类的抽象的人担负责任（尽管这些责任的来源不同，下文还要讨论这一点），我们将面临给它们造成巨大破坏的危险。就人的具体行为活动而言，这一点是非常正确的。但是，道德哲学家往往不重视这两种概念的区分，因而也就与真理擦肩而过。他所做出的各种分析也就不可避免地会歪曲事实。事实上，当我们规定，尊重他人生命和财产的义务是社会生活的根本要求时，这里的社会指的是一种什么样的社会呢？为了回答这一问题，我们仅仅对战争状态下所发生的一切进行一下思考即可。杀戮、抢劫、背叛和欺诈、谎言等行为不仅成为合法，而且受到追捧。交战国能借《麦克白》中女巫之言说出这样的话：“公正就是肮脏，肮脏就是公正。”如果这就是当时社会一直强令人们应该持有的、人对于人的态度，这种事情真的会发生吗？它会不会在短时间内轻而易举地发生普遍性变革呢？

哦，我能够知道社会在说什么（这里我再重复一下，它自有它这样说的道理）。但要想知道它在想什么和它想要什么，我们就不能太过于看重它所说的，而应该注重它的所作所为。社会所理解的义务，原则上是指对于人类负有的义务。但在一些特殊情况下，这种对于人类负有的义务暂时还不能适用。这的确令人遗憾，但却无法避免。如果社会确实要这样表达义务的含义，就会阻挡另一种道德的发展。这种道德不是由社会衍生出来的，但社会却竭力把这种道德引向一种内在心境。另一方面，我们通常把任何一种相对少见或特殊的情况，如染上病症，都看成是反常现象。这一点是符合人的心理活动习惯或规律的。但是疾病和健康一样，是再正常不过的事情。甚至从某一立场观点来说，生病的过程也是人们为预防和避免疾病而不懈努力的过程。同样，不管在任何情况下，和平到目前为止始终是战略防御和战略进攻的最佳备战手段。

我们履行社会义务的目标，是保持社会的稳定团结。不论我们自己是否愿意，社会义务为我们构筑了一种内心态度，这就是在大敌当前的时候，我们都自觉服从统一的纪律和原则。这就意味着，不论社会为人构筑什么内心态度，也不论它如何用几个世纪的文明遗产来对人进行熏陶和教育，教育人们自觉按照自己的内心态度和取向行事，社会仍然需要那种原始本能，只不过它为这一原始本能涂上了一层厚厚的色彩。总之，我们这里以社会义务为基础所探讨的社会本能，其着眼点始终是一个封闭式社会。不论这个社会的地域范围多么广阔，照样还是一个封闭式社会。在这样的封闭式社会里，本能的作用是相对稳定不变的。毫无疑问，这种社会本能会被另一种社会道德所掩盖。正是由于这个原因，社会本能才会对它提供支持，给它提供力量。这种力量具有强制命令的特征。但是这一社会道德本身与人类没有什么关系。因为不论一个国家有多大，在这个国家和人类之间都始终存在着一整段从有限到无限、从封闭到开放的遥远距离。我们很高兴地说，我们从家庭中学习和懂得了公民道德。同样的道理，在对自己祖国的热爱中，我们学习和懂得了热爱全人类。我们的这种爱心还会连绵不断地扩展，而且会在扩展的过程中保持其一致性。最终我们会以自己满腔的激情，拥抱和热爱全人类。当然，这只不过是一种先验性推理，纯粹是由唯理性主义的精神理念得出的结论。

当我们发现，我们可以依附的三个团体组成成员数量不断增加时，我就会得出这样的结论：事物连续扩大对人感官的刺激，与人们所热爱的对象的规模扩大是同步的。我们之所以产生这样的错误认识，是因为，由于偶然的巧合，我们所谈论的第一部分话题正好与事实完全相符。家庭道德的确与公民道德紧密相连。由于同样简单的原因，家庭与社会也是紧密相连的。这两者起初本来也没有什么差别。然而，我们再重申一下，我们所生活的社会和整个人类社会之间的对比，非常类似于封闭式社会与开放式社会两种截然相反的情形之间的对比。这两者之间的差别是种类和属性的差别，而不仅仅是程度上的差别。现在把话题再转到情感方面。如果我们把热爱祖国和热爱全人类这两种情感进行相互对比，它们之间的差距会是多么大啊！人们或许会不由自主地这样想：社会团结在很大程度上取决于一个群体防御和抵抗外界攻击的需要。进一步讲，我们之所以热爱与自己共同生活的人，最初也是出于我们反对共同的敌人这一本能需要。这就是原始本能。尽管这一本能已经被幸运地埋藏在文明沉积的下面，它仍然在那里存在着。

但即使今天，我们仍然会很自然地直接表达对自己父母和同胞的热爱。然而，对全人类的爱却是间接的，是通过后天学习才能懂得的。对父母和同胞的爱，可以直来直去，但对全人类的爱，却只能通过迂回的方式进行。因为只有通过上帝，只有在上帝那里，宗教信仰才能要求人们爱全人类。同样，只有通过理智，只有通过我们人人享有的理智，哲学家们才能引导我们来正确审视全人类，让我们明了人类的伟大尊严，让我们明了每一个人都平等地享有获得尊重的权利。不论在什么情况下，我们的爱都无法通过区分程度大小来触及全人类，也无法通过把家庭和祖国区分为爱的不同阶段来触及全人类。我们必须迅速地跨越人类这一范畴，而不能把它作为我们的终极目标。所以，我们必须通过超越它来触及它。除此之外，不论我们用的是宗教的语言还是哲学的语言，也不论是爱的问题还是尊重的问题，实际上还有另一种道德，或者说另一种义务同时存在。这一种道德或义务高于或超出了社会压力的范畴。到目前为止，我们所讨论的还只是后一种道德，即社会道德。现在我们开始讨论前一种道德，即下面要说的绝对道德。

对英雄的呼唤

实际上，我们一直在探寻纯粹义务。为了找到它，我们不得不把道德缩减到最简洁的表达形式。这样做的优点是表明了义务的存在范围，缺点是严重缩小了道德的存在范围。实际上并不是被我们抛下的这部分道德不属于义务。难道还存在不是义务的道德责任吗？可以想象，这种义务应该从我们所阐明的、起初最纯粹和简单的原始义务这一基础上，不断地发散、扩展，以至于最终被吸纳为一种道德。这种道德实际上已经彻底改变了义务的本来面目。现在让我们来看一下一种完美的道德到底是什么样子。我们还是使用同样的分析方法，再一次向最终极限探寻。但这一次我采取自下而上探寻的方法，而不再采用到目前为止我一直采用的自上而下探寻的方法。

现实生活始终会涌现出一些能体现这种道德的杰出人物。早在基督教圣徒出现以前，人类就有了希腊圣贤、以色列先知、佛教阿罗汉等古代先贤。对于到底什么是完美的道德这样的问题，人们总是乐于向这些先贤们求教。我们最好把这种完美道德称为绝对道德。这样做的典型特色和启发意义很快就会呈现出来。这样做实际上向我们暗示：在我们到现在为止一直讨论的道德和我们将要讨论的另一种道德之间，也就是在最低限度和最高限度之间、在两种极限之间，所存在的差别是种类和属性上的差别，而不仅仅是程度上的差别。依据前者更易于被归结为一种非人格化规则的程度来看，前者显得更加纯粹和完美。但对第二种道德来说，要充分表达其内涵，我们就必须借助某一杰出人物作为榜样或典型化身。杰出人物榜样作用的普适性在于能够使某一法则被普遍接受，在于使其他人都模仿杰出人物行事。

那么，为什么圣贤们会有追随者？为什么伟大的道德领袖们能把普通民众引导到他们的轨道上来？他们并没有要求别人来追随，但却得到了如此的拥戴。他们不需要做出什么努力去讨好民众，只要有他们的存在就足矣。这正是第二种道德的本质所在。自然义务给人带来的只是压力或动力，完美极致的道德给人的却不是这样的压力或动力，而是令人难以抵挡的吸引力或无穷魅力。

只有对高尚的道德品格有所接触和了解的人才能完全理解和认识它的魅力。但在接触和了解高尚品格这样一个关键和难忘的时刻，我们往往会觉得自己平常的各种行为准则都是非常不妥当的。这时，我们都想弄明白具有如此高尚品格的英雄人物，会对我们寄予什么期望。他可能是我们脑子里记起的一位亲戚或朋友，也可能是我们从未见过面的一位陌生人。我们只不过对他的生平事迹有所了解，却想象自己的所作所为都会由他评判。如果他对我们的行为表示出不满和责怪，我们会感觉非常不安。但如果我们的行为得到他的嘉许和认可，我们就会感到莫大的骄傲和自豪。我们甚至可以说，这样一种品格也许是从人的内心深处被不断向上提升的结果。它最终发展成为人的一种理性之光，并融入我们的日常生活中。我们或许会认为这一高尚品格早晚有一天会遍布到我们所有人的身上。就像徒弟对于师傅的依赖一样，我们也会在短时间内对这种品格产生一种强烈的依附心理。事实上，每当我们树立起一种榜样或典型的时候，这种品格就已开始形成了。从理论上讲，当每一个人都渴望效仿榜样人物时，这一品格就形成了。不过这还只是一种初级的模仿，也是这一品格形成的初级阶段。他们所说的话语会不断地在我们内心中回荡，最后成为我们每个人所说的话语的一部分。然而，榜样人物本身却并不那么重要。这里，我们只是想指出，虽然对第一种道德而言，它越是能够被清晰地分解成各种非人格化的义务，它的效力也就越明显，但恰恰相反的是，第二种道德变得越来越令人信服，是与各种准则日益呈现出的多样性和普及同时产生的，也是与随之而来的人的个体性和统一性同时产生的。第二种道德最初分散在我们的理智所恪守的一般准则或戒律中，但这些准则和戒律还不至于促使我们把自己的想法和抱负付诸行动。

那么，它的力量来自哪里呢？是什么行为原则取代了这里的自然义务，或最终吸纳了这类自然义务呢？为了弄清这一点，我们首先看一下，我们自己被默默地强加了哪些要求。到目前为止，我们所讨论的责任或义务都是社会生活所强加给我们的。这些责任或义务的限制范围只不过是一城一地，不会涉及全人类。如果我们执意要区分出两种道德的话，人们也许会说，第二种道德与第一种道德的区别在于它是一种指向全人类的道德，而不只是一种社会道德。人们这样说，其实也并非完全是错误的。因为我们已经逐渐明白，不论我们如何把城市范围无限放大，最终都不一定能达到囊括全人类这一极限。社会道德和人类道德之间的差异不是程度的差异，而是种类和属性的差异。前者是当我们意识或感觉到自然义务时，头脑里产生的一种义务感。我们往往喜欢再想象出另外一些界限相对比较模糊的义务，强加在这些界限明确的义务感之上。像忠诚、自我牺牲、克己、仁爱等都是我们想到这些义务时的常用术语。但是，在一般情况下，当我们想到义务时，我们头脑里除了想到用词语表达以外，还是否会想到其他事情呢？或许不会。这一点我们能完全认识到。我们说，有这些行为准则在那里就足矣，这些行为准则就能表达它的全部含义。在相应的场合，能够不断地填充这些含义的各种观念和想法，却是可以进行具体操作的。当然，实际情况可能是，对许多人而言，这种可以进行具体操作的场合可能永远也不会出现。或者说这些具体操作行为即使有机会出现，也可能要拖延到很远的将来。对于某些人而言，这种抱负可能的确曾经有过微弱的萌动。但这种萌动如此微弱，以至于他们所感受到的一丝惊讶，事实上也被归结为社会义务的扩展。这些社会义务最终被扩展、弱化为人类义务。仅此而已。

但是，我们需要做的，只是给这些抽象模糊的行为准则注入一些实际内容。这些实际内容会变得异常积极，会变成一种强大的活力。这时你再看啊！一种全新的生活映入我们眼帘。我们为这一全新生活的到来而欢呼喝彩！这时，我们会意识到，我们感觉到一种全新道德的来临。因而，这里在谈到对人类的爱时，毫无疑问，我们指的就是这种道德感。但我们将无法表达它的真正实质，因为对于人类的爱不是一种自足的力量，我们无法看到它的直接效力。儿童的老师也能清楚地知道，人们无法通过宣传利他主义思想来战胜和克服人自私自利的思想。人们甚至会发现，即使他们本来具有宽宏大量和自我献身精神，但在想到为全人类工作和服务时，他们也会感到被突然浇了一盆冷水。为全人类服务这一目标太过远大了，因而实际效果就显得非常散漫而无法集中。我们可以因此而推断，如果对于人类的爱可以构成一种道德，那么用这种方式构成的道德，就像人们要到达某一预定地点必须穿越一个中间地带一样。从某种意义上说，道理是完全一样的。但从另一种意义上说，这又完全是两码事。如果只考虑中间间隔地带和无数将要逐一通过的地点，我们从一开始就会像齐诺的箭头一样陷入绝望。而且，我们永远也找不到具体的穿越对象，永远也无法接近这最终的诱惑。但是如果穿越中间地带时，我们心里想的只是终极目标，甚至能想到如何超越这一终极目标，我们就能很容易地完成每一个具体行为，同时完成无数日益增多的其他具体行为。这些新增具体行为和我们完成的具体行为实际上是一样的。那么，在这种情况下，终极目标到底是什么呢？也就是说，我们的努力方向到底指向哪里呢？一句话，确切地说，这个目标对我们到底有什么具体要求呢？

封闭式心灵和开放式心灵

让我们首先明确解释一下人的道德态度的定义。实际上，到目前为止，我们一直在探讨人的道德态度。人是社会的一个组成部分，是构成社会的一颗微粒。人和他所具有的道德态度密切结合在一起，共同完成维持并保护个体和社会这一任务。个体和社会都是以自我为中心的。个人利益和公共利益能否始终保持一致，这一点的确是令人质疑的。我们知道，实用主义的伦理道德已经遭遇到多么难以克服的困难啊！因为它试图确立这样一个原则，即个体只有在保证不贪图和觊觎其他人利益的前提下，才能追求个体利益。一位致力于追求个体利益的理性个体，通常会做出一些与普遍利益的要求截然不同的事情。然而，如果实用主义伦理道德不断地以这样那样的方式出现，这就意味着这种实用主义伦理道德并非毫无根据，也并非根本站不住脚。如果说它能够站得住脚，那原因恰好在于，在人实际上要被迫从个体利益和他人利益之间做出某种选择这一理性行为和活动下面，存在着一个本能的行为和活动层次。

这一层次最初是由大自然赋予并植入的。在这一本能行为和活动层次里，个体和社会实质上几乎没有什么严格区分。有机体的细胞为自己而生存，但它的生存同时是为了整个有机体的生存。它可以给有机体赋予活力，同时从有机体那里得到自己生存所需要的活力。需要时，一个细胞可以为整个有机体的生存而牺牲全部自我。当然，我们也可以毫无疑问地说，如果它存在意识的话，它做出这一牺牲也是为了自己的利益，为了自身生命活力在整个有机体上得以延续。当一只蚂蚁在思考自己的行为活动时，她可能也是出于同样的心理状态。她可能会认为她的行为活动是其自身利益和整个蚁穴利益之间的纽带，事关两者的生死存亡。现在，我们也把义务和这种基本本能如此联系起来。在最初的时候，义务指的是事物的一种状态。在这一状态下，个体与社会没有什么根本性区分。据此，我们就可以说，与义务相应的态度也是个体和群体专注于自身的态度。因而，我们这里所说的心灵要同时专注于个体和社会，它要处于这种永无休止的循环往复中。这就是我们所说的封闭的心灵。

另一种态度指的是一种开放式心灵。那么，在这种情况下，什么能够被允许纳入到这颗开放式心灵之中呢？假如我们说它包含整个人类也并不十分过分，我们也不可能十分过分。因为这颗开放式心灵所蕴含的爱，甚至还可以扩展到动物、植物以及整个自然界。然而，在被纳入到其中的所有这些事物中，没有一个能足以明确界定这颗开放式心灵的态度取向。因为，严格来说，即使没有这些事物，它的态度也依旧如此。这种开放式态度的外在形式并不取决于它的内容。我们刚才用各种具体内容把这一心灵给充实起来了，但我们还可以很容易地把它彻底清空。如果某人拥有一颗仁爱之心，那么，即使这个地球上只剩下他自己，而没有任何其他生物了，他照样会永久地保持善良的本性。

情感及其推动力

再重申一次，我们不可能通过对自我的系统解释来从第一个阶段过渡到第二个阶段。心理学含有的纯理智主义的成分太多，经常凭借话语的暗示，根据密切相关的事物，来确定无疑地对情感做出解释。它经常从对家庭的爱、对祖国的爱、对人类的爱这三种态度取向，来推断出某一种情感。这种情感所涉及的人的数量范围不断地扩展，最终包含的人数就越来越多了。这三种情感都是以相同的态度和取向对外界表达，而且都使我们倾向于某一种情感意念这一事实，促使我们把这三种情感都归结为“爱”这一概念上，而且用同一个词语来表达它们。然后我们通过命名三种不同的对象来区分它们，每一个对象都比与它接近的另一个对象的概念范围广。用这种方法，我们的确能对他们进行实际的区分。

但是，用“爱”这一个词能足以对他们进行描述或分析吗？我们的知觉意识马上就觉察到，前两种情感和第三种情感之间的差别是种类和属性的差别。前两种情感指的是可选择的情况，因而是排除在外的情况。它们或许会引发冲突，也可能包含着憎恨；第三种情况则是全方位的爱。前两种“爱”可以直接地落脚到具体对象上，这些对象不停地散发出种种诱惑力；第三种爱却不会屈从于任何对象的吸引。它不指向这样的对象；它的视线已经远远超越了这些具体对象，它的这一视线通过跨越全人类而最终触及并到达全人类。那么，严格说来，它到底有没有一个具体对象呢？我们可能会提出这样一个问题。但在目前的条件下，我们还只能把自己局限于注意到这一心理态度或心理取向是我们内心的一种自足现象。

然而，在这一点上还会产生一个问题，这个问题有待在其他方面得以解决。因为前者是自然注定的，我们已经清楚自己是如何产生“必须接受它”这种想法的，也清楚自己必须接受它的原因和理由。但是，后者是经过学习而获得的。这种获得要求人们付出艰苦的努力，而且这种要求是始终如一的。那么，榜样人物是如何得到其他人的追随的呢？这些榜样人物有一种什么力量能相当于社会压力产生的推动作用呢？对于这些问题的回答，我们没有任何选择余地。除了本能和习惯以外，能对人的意志产生如此作用的力量就只剩下人的情感了。情感产生的推动力与义务的作用极为相似。我们分析一下“爱”这种激情，尤其是在其最初阶段，它的目的是不是为了获得欢愉呢？难道我们不可以说，这也包含痛苦吗？或许悲剧就在前面：整个一生为之断送、大好时光为之耗费、青春梦想为之破灭。对于这些，我们都清楚，我们都感觉到了。但这又怎样？不管发生什么情况，还是这句话：因为我们必须爱，所以我们必须爱。

实际上，激情在萌发时，最大的虚伪和不忠就在于它把自己伪装成义务。这里我们指的只是激情在萌发时的情形，我们还不至于把所有的激情都说成是虚伪的。当激情进入最平和的情绪状态时，就会产生某种行为要求。但这种行为要求不同于上面提到的义务。因为，这种行为要求不会遇到任何抗拒，而且这种行为要求已经被人们默许和接受。但是，在的确含有某些强加的成分这一点来说，这种行为要求与义务还是有相似之处的。最能体现这一点的状态和情形是在这种行为要求已经不再产生什么实际后果的时候。这时，我们可以悠然自得地对这种行为要求进行反思，也可以悠然自得地分析我们的心情和感受。这种情形的一个典型事例是我们对音乐的感受。在欣赏音乐的时候，我们感到，自己的全部欲望和要求仿佛只是音乐带给我们的启发。除此之外，我们无法再产生任何其他的欲望和要求了。我们还感到，只要没人硬性阻止我们“听”这一行为，我们就必然会不由自主地去听。音乐可以表达喜悦或悲恸、悲悯或热爱。每时每刻，它都在表达我们自己，它都在表达我们的切身感受。而且，它表达的不只是我们自己，还包括许多其他人。不，实际上包括全部其他人。当音乐表达哭泣的情感时，整个人类、整个自然界都随着它的音符而哭泣。事实上，音乐并没有强行把这种感受带给我们，而是引导我们走进了音乐所表达的世界。这就像一位旁观者被不由自主地吸引到沿街舞蹈的行列里一样。道德楷模作用的发挥也是这样一个自然而然的过程。对他们而言，生活就像一首新创作的交响乐，包含许多未知的情感音符。这些音符引导我们追随它们，走进我们可以用自己的行为来表现的音乐世界。

情感与创造

情感之所以被强行与具体对象联系起来，是过分的理智主义使然。所有的情绪之所以都被认为是人的感官机能对理智主义表现手法的反应，也是过分的理智主义使然。我们还是举音乐这个例子。我们都知道，音乐能激发我们产生一些明确的情绪反应，像喜悦、悲伤、怜悯、热爱等。我们当然还知道，这些情绪表现得非常强烈；尽管与具体对象无关，但对我们而言，它们却能表现生活的全部内涵。你是不是会说，由于我们是在谈论艺术领域，而不是现实生活，因而就可以游戏情感，因而我们的情感是纯想象性的？再者，你是不是还会说，如果我们在现实生活中没有经历过这种情感，音乐家无论如何也没办法使我们产生这种情感；如果他无法使我们产生这种情感，也就不会给我们什么启发？我们的情感是由现实生活中的具体对象引发的，而像音乐这样的艺术实际上已经与现实生活中的这些具体对象分离了呀？

如果你真的这样说的话，你就忘记，喜悦和悲伤、怜悯和挚爱都是表达一般性情感的词语。我们必须想起这些词语来，才能表达音乐带给我们的感受。然而，每一部新的音乐作品都会给我们带来各种新的感受。这些感受是这部音乐作品本身的创造，它是借助于乐谱明确、清晰地在音乐作品中表达出来的。这些乐谱具有独特的属性、旋律及和声效果。因而，这些乐谱就不可能是艺术对生活的抽象。而是我们听众，为了用言语表达自己的感受，不得不把艺术家所创造的这些感受与现实生活中与之最为类似的感受加以对比的结果。现在我们想象，把由具体事物或对象实际引发的情绪状态假定为自然所预设好的。自然预设好的东西都是有限度的，也就是说，在数量上是有限制的。它们之所以被认识到，是因为它们注定会刺激我们采取行动，来回应各种需要。相反，其他的情绪感受都是真正的发明创造物，这与音乐家给人带来的情绪感受形成了鲜明对比。音乐家带给人的情绪感受说到底还是来源于音乐家这个人本身。因此，山峦自始至终都能给欣赏和围观的人们带来某种感受。这一感受与人们常说的感动形成对比，而且，这种感受已经与山峦本身发生分离。但是卢梭创造出与这些感受相关的、另一种新的情绪原型，这一情绪原型现在已经成为人们的流行说法，但我们知道，是卢梭让这种情绪原型流行开来的。即使在今天，卢梭的创造照样使我们感受到这一情绪原型。它带给我们的感受和山峦一样，甚至远远超过了山峦。

的确，从卢梭内心涌现出的这一情绪原型之所以只与山峦紧密地联系起来，而不是什么其他物体或对象，是有原因的。由山峦所直接引发的、类似于感动的这些基本情感，必须与这一新的情绪原型和谐一致。但卢梭把它们结合在一起，并给予它们各自的位置。这些位置就像音调中的泛音，通过实际创新，卢梭为它们提供了主调。对自然的普遍热爱也是一样。自然曾经引发人们的各种感受，这些感受和感动几乎类似。人们在一直欣赏舒适的树荫、凉爽的水面等等。总之，人们一直欣赏“amoenus”一词所表达的所有事物或对象。“amoenus”曾经是罗马人用来描绘美丽诱人的乡村景色时使用过的一个词。但这时，一种新的情绪感受已经产生，这种情绪感受当然是由某个人或某些人创造的。而且，在产生的过程中，它把这些既有音符作为泛音，创作出新的音调。这一新的音调可以与用一件新乐器演奏的音调相媲美。这就是在我们各自的国家被称为自然感受的情绪原型。

这样引入的基本音调可能会是多种多样的。比如，在东方，尤其是在日本，就会有显然与其他地方迥异的音调。类似于感动的各种情绪体验既可以引发先前既有的情绪，也可以触发一种全新的情绪。这些情绪体验与引发它们的具体对象之间有着密不可分的联系。挚爱这种情绪体验就是如此。自远古以来，女子始终会激发男子一种不同于欲望的内心倾向。但是在直接接触中，他会感到自己好像与这一内心倾向“焊接”在一起，再也挥之不去。这既是一种感受，也是一种感动。但是，浪漫主义爱情的出现有明确的日期可追溯。这种浪漫主义爱情在文艺复兴时期开始萌芽。在当时，某个人或某些人想象把爱引入到一种超验的情感里，引入到宗教情感中。这种宗教情感由耶稣创造，由新教带入世界。当批评家们谴责神秘主义用和炽热的爱情一样的术语来表现自我时，他们忘记了，是这种炽热的爱情首先剽窃了神秘主义。它从神秘主义那里剽窃了热情、销魂、狂喜等词语。神秘主义在使用激情这类词语表现自我时，对这些词的意思做了一些改变，但它只不过是重新使用原本就属于自己的语言。

在此，我们可以再补充一下。这种挚爱越是接近爱慕，它与具体对象之间关系的失衡就会越严重。因而，这种挚爱的当事人遭遇的失望就越大。除非他决定，他将永远不再透过情绪这层烟雾来查看具体对象，而且他将再也不会接触这些具体对象。一句话，除非他还决定把它作为一种宗教来看待。请注意我们的先人早已谈到过“爱的错觉”这一问题。但这些错觉只不过类似于感官的错误。它们所涉及的是对方的面目、体形、举止和性格。这里我们可以思考一下卢克莱修[①]的描述：这种错觉仅仅涉及所爱的人的品质，而不像现代的错觉一样，涉及我们当代人对爱所寄予的期望。这种爱的旧式错觉和我们施加给爱的现代错觉之间的区别，类似于来自爱的对象本身的这种原始错觉和从外界唤起的宗教情感之间的区别。这种从外界唤起的宗教情感已经把爱全部浸染，而且最终把它彻底淹没。两者之间的差距的确令人沮丧，而且差距如此之大。这是“上帝之城”和“人间之城”之间的差距。

一般而言，一种新的情感体验是伟大的艺术创新、科学创新和文明创新的源泉。这一点，人们现在似乎不再有什么怀疑了。不仅仅是因为情感体验是一种刺激，而是这种刺激可以引燃人们理智的火焰，激励人们勇于承担风险，坚持不懈地担当到底。对于人们不再怀疑这一点的原因，我们还应当探讨得更深刻一些。有些情绪可以促使人们产生新思想。发明尽管也属于理智的范畴，但从实质看，它有点强调情感能力的味道。在这里，我们必须统一理清一下“情绪”、“情感”和“情感能力”这三个词的含义。情绪是内心情感的激发。但是对这种情感的表面激发是一回事，而从内心深处对这种情感的激发则是另一回事。第一种情况产生的情感效果是分散的，而第二种情况产生的情感效果则是集中的。在第一种情况下，只发生了情感的部分波动，而没有引发

① 编者注：罗马共和国末期的诗人和哲学家，以哲理长诗《物性论》著称于世。他继承古代原子学说，特别是阐述并发展了伊壁鸠鲁的哲学观点。

情感的整体波动；而另一种情况却引发了整个情感的向前驱动。我们还是先不要讨论这些比喻了。我们必须区分两种情绪、两种情感以及两种情感能力。它们有一个共同特征，这个共同特征就是，它们都是不同于感动的一种情绪状态。他们也不能像感动那样简化为物理刺激下的一种心理位置变换。

在第一种情况下，情绪是思想意念的结果，或者说是一幅精神画面的结果。而情感实际上是一种心智状态的结果，这种心智状态与意念或精神无关，它是一种自足的心理状态。这种自足的心理状态在受到情感刺激时，造成的精神损害远远大于所得。这种刺激一直是通过一种偶然的表示，来激发起情感能力。但是在另一种情况下，情绪不是伴随着一种表现产生的，这种表现与这一情绪也是截然不同的两回事。甚至说，对于随后发生的心智状态而言，这种情绪是诱发原因，而不是结果。它包含各种各样的表现，但是这些表现都不会真正形成刺激。这种情绪通过自身发展，从各种表现相应的实质内容中把它们概括或提取出来。第一种情况是低于理智的一种心理活动。通常来说，心理学家们所重点关注的就是这种心理活动。当我们把情感能力与智力进行对比时，以及当我们对情感表现做出模糊的反应时，我们脑海里所产生的思维活动就属于这种较低层次的心理活动。但是，关于第二种情况，我们往往把它称作“超越理智的心理活动”。即使“超越理智”这个词不会立刻让人产生“超级价值”或“绝对优势”的想法，至少在时间顺序上，它是绝对优先的。而且，在引起和被引起之间的关系方面，它具有绝对优势。实际上，第二种情绪可以单独产生新的观念或思想。

批评家们用轻蔑的口吻把心理学描述为有些“女人气”时，

正好忽视了这一点。心理学往往赋予情感能力广阔和显赫的地位。首先我们应当谴责这样的批评家如此轻易地凭个人之见，来迎合当前流行的这种对于女子的偏见。这里，我也不想为了纠正一个词的不当用法，来进行一番两性之间的比较研究。我们这样说就足够了：女性和男性一样充满智慧，只不过女性在情绪方面的反应不如男性快捷；如果说在心理机能的发展上，女性有些方面不如男性的话，那也不是智力上的差异，而是女性在情感能力方面稍差一些。当然，这里我所说的情感能力指的是内心深层方面的，而不是表面上的情绪激动。① 但这还无关紧要，这样的批评家还有更应该被谴责的地方。他认为，如果把人类最高级的心理功能与情感能力联系起来的话，他就低估了人的价值。这种想法就更应当受到谴责了。因为他没有明确认识到“理解、讨论、接受、拒绝”这类理智与“发明创造”这种理智之间的区别。正是“理解、讨论、接受、拒绝”这类理智自身的局限才使它们招致如此严厉的批评。

创造性不仅仅表现为一种文学或艺术的发现，它首先表现为一种情绪反应。我们都知道科学发现中所蕴含的专注和努力。

---

① 我们几乎无须说，这里会出现多种例外情况。比如，宗教狂热对女性的影响，可以说已经深入到无法想象的地步。但是自然也许给女性设定了这样的规则：女人应该专注于生儿育女，而且要把自己最佳的情感能力限制在一个很小的范围内。在这一方面，女性的确是无与伦比的。对她来说，情绪是一种超级理智，因为它已经变成一种先见之明。当一位母亲满怀惊奇地注视着自己养育的小生命时，她眼前能浮现出多少美妙的景象啊！这或许就是幻觉！这种幻觉当然是无法确定的。我们进一步说，现实中会出现各种可能性。这位母亲从她养育的小生命身上所看到的，不仅仅是他会长成什么样子；她还看到了，如果在他日后生活的每一个环节中，没有什么力量强迫他去选择什么或排斥什么，他又能自由地发展成什么样的一个人呢。

天才往往被解释为一种艰苦求索的能力。的确，我们通常把智慧看作与众不同的天赋。同样，我们通常也把全神贯注的能力视为一种与众不同的天赋。当这种全神贯注的能力有一定发展时，它就会产生一定程度的智慧方面的集中和专注。但是，这种最初与智慧没有任何关系的未知专注是如何从智慧中进行发掘和创新的呢？我们可能会不由自主地想，心理学又一次扮演了语言欺诈的角色。它使用同一个词来表达人们在任何条件下专注于某一事物所付出的全部努力，而且欺骗性地认定这些努力都具有同样的性质。实际上，心理学所看到的只是专注程度的差异。

实际情况是，在不同的情况下，专注都呈现出与众不同的色彩。这种专注似乎是因它所关联的具体对象的不同，而具有个性化表现。这就是为什么心理学都热衷于使用像“专注”一词一样，频繁地使用“兴趣”一词，因而又含蓄地引入“情感能力”一词。“情感能力”这个词可以根据不同的具体情况，更加形式多样地表达情绪反应的变化。然而，这种多样性却没能得到充分的坚持。它设定一种通常的兴趣能力。这虽然始终是同一种能力，但其多样性只有通过与它关联的具体对象，才能再一次表现出来。因此，我们不要笼统地谈论兴趣。我们还可以说，能激发兴趣的问题就是由情绪所复制出来的一种表现，而且，这种情绪类似于这一表现，但更具有独特性。这里，这种情绪同时又表现为好奇心、欲望，和期望已久的、解决某一既定问题所带来的欣喜。这一情绪，能驱使人的理智即使在遭遇困难和挫折的时候，也勇往直前。这一情绪尤其能给它注定要与之融合的各种理智要素注入活力，或者说甚至能使它们重新焕发生机。它不断地聚集一切可以与之协作的力量，最终由阐释和说明问题上升为彻底解决问题。

那么，文学和艺术又是一种什么情形呢？在绝大多数情况下，一部杰作都是一种情绪反应的结果。这是一种独特的情绪反应类型。这种情绪反应似乎非常难以表达，但又不得不进行自我表达。然而，所有的文学和艺术杰作难道不都是如此吗？不论这样一部作品存在什么缺陷，它肯定含有某种程度的创造性。任何一个从事写作的人都会意识到，本能的理智与伴随着独特的创造性情感火焰而燃起的理智之间的区别。这种伴随着独特的创造性情感火焰而燃起的理智，源于作者与他所表现的主题之间所产生的共鸣。也可以说，这是一种直觉反应。在第一种情况下，人的大脑只对创作材料进行生硬的处理和推敲，并把一些早已诉诸语言表达的观点或想法拼凑起来。这些观点和想法在现实社会中已经有了固定的表达形式。但在第二种情况下，通过理智得到的固定死板的材料首先要进行融合，然后再凝结成新的观点和想法。这些新的观点和想法的形式是由头脑的创造性理智本身决定的。如果人们能找到一些现成的词语来表达这些观点和想法，对它们而言，这似乎是意想不到的幸运。事实是，为了使这些观点和想法形成一种新的思想，人们常常需要设法促成一些意外幸运，甚至还需要对某个词的意思做一些改动。这时，人们往往需要付出艰辛的努力，而且有时最终结果还出现这样那样的问题。但是，只有在这个时候，人的心智才会感觉和认识到自己的创造性。这一过程不再是从大量既有的理智要素开始，通过对原有要素的重新安排和组合，构成一个新的整体。而是，它一跃跨入了一种全新的情形之中。

这是一种独特的情绪体验。这种情绪体验能够充分利用多种常见的概念，进行自我表达。这些概念在所使用的语言中早就存在了。

情绪与表现

总之，还有另一种情绪与作为表现结果的情绪并存。这种作为表现结果的情绪是附加于表现之上的。这里所说的另一种情绪先于表现的意象，它实际上就包含这一意象。从某种程度上说，它也是这一意象生成的原因。虽然有人认为短剧几乎不属于文学作品，但它却让我们的内心深受折磨，从而引发第一种情绪体验。毫无疑问，这一情绪体验会非常强烈，但它还属于常见的情绪体验。它来源于我们的日常生活经历，不管怎样说，都非常缺乏精神内涵。但是，一部伟大的戏剧作品带给我们的情绪体验却具有完全不同的性质。这样一部作品性质独特，它产生于作者的内心深处；而且，在打动和感染我们观众以前，它只埋藏于作者一个人的内心深处。这部作品来源于作者的这种情绪体验。而在整个作品的创作过程中，作者不断地把自己的记忆带回到这种情绪体验中。这一情绪体验不过是一种创造性应急行为，但它是一个特定过程，一旦作品圆满完成，它也就得到完全满足。这种情绪体验不可能通过完成其他作品的创作来得到满足，除非它与这部伟大作品存在意义深远的、内在的相似之处。比如，两者在观点的表达和形象的刻画方面，同样令人满意，而且两者演奏完全相同的旋律。

这就等于说，虽然在树立良好道德风尚方面，我们赋予情绪很大的作用，但这并不意味着我们要阐释“情感道德哲学”。因为我们所讨论的情绪能够被具体化，形成各种不同的表现，最终甚至成为一种伦理规范。从这一特定伦理规范中，我们无法引申出道德。当然，从任何其他伦理规范中也一样无法做到这一点。不论我们如何绞尽脑汁地思索，我们也无法想出义务或类似于义务的伦理规范。任何理论说起来都是很完美的。但是，我可以发誓，我永远也不会接受它。即使口头上接受它，在行为上，我照样会我行我素。但是如果存在一种情绪氛围，如果我能感觉和呼吸到它，如果它进入到我的内心，我就会按照它的要求行事；而且我的整个自我被它提升到一个新层次。这种提升不是出于强制或需要，而是出于一种我无法抗拒的内在倾向。我可能不会用情绪本身来解释我的这种行为。这时，我也可能从理论中进行演绎和推理，这种理论是在情绪被引入到思想观念的累积中形成的。

现在我们看一下对这样一个重要问题有没有可能的答案。这个问题我们以前偶然遇到过，以后可能还会遇到。人们都乐意说，如果某一宗教要带给人们一种新道德，它就把这一道德强加给人们。强加的手段是它安排人们都接受形而上学；还有一种强加手段就是通过宣扬关于上帝、宇宙以及上帝与宇宙两者之间关系的观念，来让人们接受它的教义。实际上，这个问题的答案已经有了。这个答案就是，与这种强加恰恰相反，宗教是通过它所宣扬的道德优越性赢得人们心灵的，它向人们揭示关于世间万物的某种理念。但是，人的理智能认识到这种宗教道德的优越性吗？未必。因为理智只能通过把某种价值与一些既有的规则或理念进行比较来区分它们之间的不同。而这些规则或理论是从哪里来的呢？它必然是由既有的道德提供的。另一方面，关于世界万物宇宙秩序的一种新理念，最多也只不过是与我们已知理念并存的另一种哲学或另一种翻版。即使我们的理智被征服，我们从宗教中所看到的也只能是对宇宙秩序的一种阐释，这一阐释在理论上似乎优于其他阐释。即使宗教能按照它本身更加和谐一致的精神，责令我们接受它的某些行为准则，但在理性认同这些准则和把它们转化成行为意志之间还存在很大的差距。然而，实际情况是，宗教教义也做不到，像纯理性表现那样，确保它所宣扬的相应道德被采纳，尤其是确保它的实施，能够使得它的教义彰显理性方面的优越性。

这一点和被理智公认为行为准则系统的某一特定道德没什么两样。在一种新的道德或新的形而上学出现以前，就存在人的情绪体验了。这一情绪体验在意志方面发展成为意志动力，在理智方面发展成为一种阐释性表现。比如，基督教以仁爱的名义所引发的情绪体验：如果它能赢得人的心灵，接着就会产生某种相应的行为，而且某一教义也会随之得到传播。但是，不但它宣扬的形而上学没有使这种道德行为得到加强，而且，这一道德行为也没有促使人们产生接受形而上学的内心倾向。这里，形而上学和道德表达的是完全相同的事情。只不过，形而上学涉及的是理智方面的问题，而道德涉及的是意志方面的问题。当一个事物得到表达时，这两方面就被融合在一起了。

绝大部分道德义务的强制性特征应当主要通过社会对个体施加的压力来解释。这一点人们会很容易接受。因为这些义务都是当前正在发生的行为，因为它们都有明确的行为模式。因此，我们能很容易地在完全清晰可见的情况下掌握它们，继而深入挖掘它们的根源，最终找到作为义务根源的社会需要。但是，许多人可能不会轻易地承认，除此之外的其他各种道德，都要表现出某种情绪状态，而且，在这一情绪状态下，我们不是屈从于一种社会压力，而是被这一道德义务深深吸引。人们不愿承认上述观点的原因在于，一般情况下，我们无法重新回到自己内心深处的情绪原型中。伴随着这一情绪原型内部一种新的生活观念的形成，或者更进一步说，伴随着某种新的生活态度的形成，作为这一情绪原型残余物的各种行为模式就成为一种客观存在。这些行为模式已经深植于我们所说的社会良知中。正因为我们发现自己不由自主地被一种本能情绪的余烬所包围，而且这一情绪的驱动力量来自它内心熊熊燃烧的情绪火焰，保持下来的行为模式往往就无法激发我们的行为意志。除非，表达基本社会生活需要的原有行为模式能潜移默化地向这些行为模式传递某种具有强制特征的义务。

现在，两种并存的道德似乎合二为一了。前者为后者提供了某些强制性特征。另一方面，作为交流，它也从后者那里得到了社会性相对淡化、人文性更加浓郁的暗示。然而，如果我们现在把这些灰烬搅动一下，会发现里面还保存着一定程度的热量。那些零散的火星还能点燃起火焰，熊熊烈火会重新燃烧起来。如果的确如此的话，熊熊烈火会逐渐蔓延成燎原之势。这里，我是说，第二种道德的准则不像第一种道德那样单独发挥作用：一旦有一种准则脱离了抽象，被赋予实际意义并获得行为能力，其他的行为准则也往往随之而动。最后，它们融入早已把它们抛弃的温暖的情绪体验中，融入经历过这一切的人当中，这些人就重新焕发了生机。在日常生活中，我们会接触各种英雄人物：宗教的创立者和宗教改革家、神秘主义者和圣徒以及鲜为人知的道德英雄。这些道德英雄虽然常常作为普通人与我们擦肩而过，但在我们眼里，他们同那些最杰出的人物一样伟大。在他们的精神感召和激励下，我们像心甘情愿地加入一支征服大军一样，争先恐后地去追随他们。从某种程度上说，他们的确是一支征服大军。他们已经冲破了重重自然障碍和阻隔，把人类命运提升到一个新的高度。

因此，当我们驱除表面的假象而获得客观真实时，当我们借助两种道德在思想观念和语言表达方面的交流碰撞，抛弃既有的寻常行为模式时，我们在一种道德的两极，发现了压力和抱负。当压力变得越接近客观时，它就越完美，它也就越接近我们称之为习惯或本能的自然力量。当我们的内心抱负越明显地受到某些具体人物的行为或事迹激励时，它就愈加强烈，它也就越能明显地战胜自然。的确，如果我们深入探究自然本身的根源，我们会发现，有同样一种力量，为了驱动人类向前发展，在不断地表现自我。首先，它在既有的人类种群中，围绕自身的轴心旋转，在这一过程中，它直观地表现自我。随后，它通过一些特殊人物的中介作用，来间接地表现自我。

但我们不必依靠形而上学来确定压力和抱负之间的关系。再次强调一下，我们要通过形而上学对这两种道德进行比较是有一定困难的，因为我们无法在一个纯粹的状态下发现它们。第一种道德把某些强制性力量输送给第二种道德，而第二种道德也把它的独特气息传递给第一种道德。伴随着我们在道德的两种极限的支配中徘徊，我们发现自己又不由自主地陷入了接连不断的进退两难之中。至于这两个极端之间的界限，主要只是理论方面的关注，现实中很少真正到达这种极端界限。现在我们还是把压力和抱负进行单独讨论吧。社会的种种不同表现是前者固有的。这时，社会的唯一目标就实现自我保全。当它围绕着同一个中心点进行旋转运动时，携带着无数的个体同时参与这一循环运动。这一循环运动是它通过习惯和顽固性本能这一中介力量而进行的、模糊不清的模仿活动。如果这些纯粹义务得以完成，体现义务意识的情感将成为一种个体和社会的幸福状态，这种幸福状态类似于伴随正常的生活过程而来的幸福感。它更像是溢于言表的愉悦，而不像是发自内心的欣喜。

与之恰恰相反的是，作为抱负的道德则隐含着一种情感过程。我们前面所谈到的情绪是一种勇往直前的热情。通过这一热情，这种作为抱负的道德赢得了一些人的支持和赞同。然后，通过这些支持和赞同的人，它就传播到了世界各地。我们甚至可以说，在这种情况下，“进步”与“前进”这两个词与热情本身没有什么严格区分。为了明确认识进步与前进，我们没有必要勾画一个我们要尽力实现的具体目标。当然，我们更没有必要设定一个我们要坚持不懈地向它挺进的完美状态。能做到这样就足矣：热情的欣喜中能蕴涵超越一般幸福感的情绪体验，而发自内心深处的欣喜中必然包含溢于言表的愉悦。当我们认识到这一点时，我们所获得的这种确定性能对它提供最强有力的支持。而且，这种确定性远远不同于对形而上学理论的纠缠不休。

心灵的解放

但在这种形而上学理论之前，与我们的直接经历最为接近的，是各种更加简单的表现。伴随着我们对情绪体验的深度思考，这些更加简单的表现就从这些情绪体验中产生。我们前面谈到了宗教创立者和宗教改革家，还谈到了神秘主义者和圣徒。让我们倾听一下他们的语言。在他们的语言表现中，仅仅表达出一颗开放的心灵特有的情绪体验。这颗开放的心灵与自然彻底决裂，它把自然包含在自我之中，同时也把它包含在整个人间城池之中。

他们开始的时候说，他们所经历和感受到的是一种获得解放和自由的感觉。幸福、愉悦、富有，所有这一切对普通人来说，意义非同小可。但对他们来说，却是无关紧要的。在脱离了这些低级趣味的东西后，他们最终获得了真正的解放。而且，他们也感受到这种真正的解放给他们带来的兴奋和欣喜。不是自然错误地把我们与她为我们预先设定和安排的生活强行联系起来，而是我们必须有更进一步的认识。我们如果把在家中用起来舒适、惬意的生活设施或用品带到我们的外出旅途中，它们就变成了我们外出旅行的障碍和沉重拖累。如果人的活动是相对停滞的，也就是他只在一个封闭的社会内进行循环往复的活动，而不是基于这样一个事实，即自然在构造人类种群时，把人类区分成各种各样的个体的话，那么，说这个正准备做出行为反应的人更有可能被吸引着去对其他人表示同情，甚至是对自然表示同情，这也许有点像奇谈怪论。和某一种群产生的所有行为反应一样，这只是一种暂时的道路阻塞。通过恢复前进运动，人可以打消这种要停止的决定和念头。当然，为了获得完美效果，享有特权的人应当带领其他人一起前进。但是，如果只有少部分人立即跟随特权者前进，而其他的人都认为自己在以后条件允许时，才可以加入到前进的队伍里，这也是很大的成功和胜利。以后，随着这一前进运动开始走向最后成功，也可能有人会希望这一循环运动会最终停下来。不管怎样，有一点我们再强调也不过分，这就是，我们不能通过口头上片面地宣扬多么爱我们的邻居来实现前进的目标，我们也不能通过片面地扩展狭隘的个人情感来拥抱和热爱全人类。

前进运动

不论我们的理智如何让自己相信这就是一条勇往直前的路线，在具体实现过程中，我们必定会遭遇各种不同的困难和挫折。从认识和理解的角度看，非常简单易行的事情，对于完成这件事所需要的意志品质来说，就未必如此简单易行了。有时，我们凭逻辑判断可以认定某条道路是最佳捷径，但当我们真的沿着它向前走时，却会发现，沿着这一方向，走着走着，就无路可走了。事情的真相在于，我们通向爱的唯一道路或许要依赖于英雄主义。这里，英雄主义不能只停留在口头宣讲上，它必须通过具体的英勇行为表现出来，只有这种英勇的行为表现才能激励其他人采取同样的行动。这种英雄主义本身也是对我们所说的勇往直前运动的一种回归途径。它产生于一种情绪体验——这种情绪体验与所有其他的情绪体验一样具有感染力——它类似于一种创造性行为反应。宗教以自己特有的方式来表达这一真相。它说，只有在上帝那里，我们才会爱所有其他的人。所有伟大的神秘主义先驱们都会宣称，他们感觉到一股暖流从自己的心灵通向上帝的心灵，这股暖流最终又从上帝那里流回到全人类。

谁也不要说在通向这颗如此自由奔放的心灵的道路上，横着一道道物质障碍。上帝不会回答说，我们可以绕过这些障碍，或者说我们可以冲破这些障碍。它将宣称，在通向这颗自由的心灵的道路上根本就不存在任何障碍。我们也不要说有能够移山填海这样的道德信念。因为对上帝而言，前面根本不存在山和海这样的障碍。如果你只是为了这些障碍吵来吵去，你就永远无法消除它们，它们照样还会阻挡你前进的道路。但如果你能正视这些阻碍，你会把它们分解成若干不同的部分，这样你就可以把它们一一克服。你所面临的困难和障碍可能不计其数，你可能永远也无法把它们穷尽。但如果你直接否认它们的存在，就等于一下子把它们全部彻底解决了。

哲学家在通过行走证实运动的存在时，就是这样做的：行走这一简单行为，就是对所谓运动需要人们付出艰辛努力这一观点的全面否认。这种努力需要人们持续不断地为之付出，却又很少真正见到成效。而齐诺却认为他在穿越自己所面临的中间地带的各个不同阶段时，付出这样的努力，去征服一道道难关，是必不可少的。当我们深入探究到道德的这一新的层面时，我们会发现，不论是客观存在的，还是自己想象到的，我们会偶然遭遇到生活中生成的这类努力。从外表上看，生活中的每一项活动，都可以进行一定的具体分析。这样的分析，也可能没完没了地进行下去，却不会有什么最终结果。比如，如果对我们的眼睛构造进行分析和描述的话，可能永远也没有结束的时候。但是，我们所说的采取了一系列措施和手段，实际上是指我们克服了无数的障碍和困难。而自然所采取的行为其实是非常简单的。为了使人获取视力，它通过一点点累积，为眼睛构造起来的、这种无限复杂的机制，只不过是由各种对抗力量所编织起来的一张没有边际的大网。这些对抗力量之间实际上在不断相互碰撞，相互消解，从而确保眼睛这一器官功能通道的畅通。同样，一只无形的大手突然插入到铁粉中，这一简单行为所引发的反应过程，也能体现出类似的道理。如果我们只考虑所观察到的情况，这就像无数的作用力与反作用力在铁粉中相互交织、相互作用、相互消解，最终达到力量的平衡。如果我也这样来对比分析实际生活过程和这一过程对于理智和感官产生的作用，对实际生活过程的分析最终也是依赖这些理智和感官才能得以进行，那么，下面这样一个事实还有什么值得大惊小怪的吗？这个事实就是：当一个人不再认为生活中会有种种物质障碍时——姑且不说这是否正确——他就会感到自己找到了生活的真谛。

不论最初我们会发现结果与原因之间的差异有多大，而且尽管行为准则和自然力之间的确存在很大的距离，一个人只有通过不断地接触人类种群的生成原则，他才能感到自己真正获取了热爱人类的力量源泉。当然，我这里所说的爱，是指能够吸纳和点燃整个心灵的爱。但是，如果这种爱不够富有热情，如果这种爱是微弱的，是转瞬即逝的，那么，它要么是前一种爱的更加弱小和冰冷的反射画面，要么是它的一种远端辐射。它只能留在人们的记忆中，或沉淀在人们的话语中。因此，道德包括两个不同的部分：其中一部分来自人类社会的原初结构或状态，而另一部分则可以从阐释这一原初结构或状态的原则中得到解释。在第一种道德中，义务表示社会各部门为了维持整个社会的稳定状态，相互施加给对方的压力。对于这一压力的后果，我们每个人都可以通过应对这一压力的习惯系统而预见到。这一习惯系统是由自然所事先预设好的，它的每个单独部分都是一种习惯，但这一习惯系统的整体可以被比喻为一种本能。

在第二种道德中，如果我们愿意这么说，我们就可以说，在这种道德中仍然存在着义务。但这种义务是一种抱负或冲动力量，是一种在习惯系统、社会生活和人类种群中，达到顶峰的冲动力量。这里所说的习惯系统，从某种程度上来说，非常类似于本能：这时，原始的冲力会直接发挥作用，而不再通过它所确立的习惯系统这一中介发挥作用。而且，它已经暂时止步于这一习惯系统。简而言之，总结一下我们前面所论述的观点，我们可以说，自然规定了人类种群的进化路线，它希望人类种群能像蚁穴和蜂房里的群体那样具有社会性。但是，因为人类存在着理智，社会生活的维持就不得不几乎完全依赖于人的理智系统。这一理智系统既有理智的一面，也有本能的一面。理智的一面表现在于，它的每一个细节部分都应当按照人的理智进行重新塑造；本能的一面表现在于，人类无法在不退出人类种群的情况下，拒绝所有行为规范部分，拒绝这一维持机制或系统。这时，本能暂时让位于习惯系统。但是每一次这样的让位，都是偶然的、有条件的，它们最终会聚在一起，必然地共同指向整个社会的维持。在社会的必然维持过程中，必定又带回一些本能的成分。那么，维持整个社会的必然要求就是我们所说的总体道德义务。

这里先不考虑各个部分的偶然因素。人们可以这样理解，部分只有在整个社会的眼里，才是偶然因素；在个人眼里，部分和整个社会一样，是必不可少的，因为社会已经把它的各种习惯灌输到每个个体之中。现在，我们看到，自然所设定的机制是非常简单的，和它最初构造社会时一样简单。它当时是否预见到我们所处的社会如此巨大的发展和永无止境的复杂变化呢？让我们首先对这一问题的含义统一一下看法。严格说来，我们并不能断定自然已经设计和预见到了今天所发生的一切，但我们有权像生物学家那样对待这个问题。每当他要为生物的某一器官设定一种功能的时候，生物学家都会谈到自然的意图：他所要表达的意思是，生物的器官应当迎合功能的需要。尽管人类已经进入文明社会，尽管社会已经发生了重大转型，但是，我们始终坚持认为社会生活原有的一些生机和结构趋向还保持着它最初的形态。我们可以对它们进行追溯和研究。这一研究的结果是显而易见的：人类社会原初的基本道德结构是为适应封闭、简单的社会形态而产生的。我敢说，我们很多人没有清晰地认识到社会的这一原初结构趋向。然而，这些结构趋向构成了义务的最稳固和强大要素。不论我们的道德变得如何复杂，而且，尽管我们的道德已经与各种各样的社会趋向相互结合，这些趋向不仅仅是自然趋向的变体，它们不会按照自然的进化方向演变，但是，当我们想得到这个流动的社会整体中所包含的纯粹义务的积淀时，我们最终还是要回归到这些自然趋向上来。这就是道德的第一部分内容。

道德的另一部分内容不属于自然的规划之列。我们这样说的意思是，自然预见到理智会造成社会生活某种程度的扩展，但是，这只不过是一种有限的扩展。它不可能故意使这种扩展继续下去，以至于最后危及其原初结构。的确存在无数人类骗过自然的例子，人类是如此的博学、聪明，然而，又是如此的头脑简单。自然确实曾想让人类按照其他生物的繁衍规律无限繁衍下去，但它却最严重地忽视了如何通过个体的无限繁殖，来确保人类种群的保全和维持。因此，它没有预见到，当赋予人类理智时，这一理智会立即找到一种方法来把人的性行为与其后果分离开。人类可以在不失去播种的乐趣的情况下，抑制对果实的收获。从另一种意义上说，人类的智慧胜过了自然。因为他把社会的稳固团结延展成为人与人之间的手足之情。不过，从另一方面说，人类又一次欺骗了自然。因为人类的社群要求群体内部必须保持紧密团结，同时群体之间应该存在一种可能的敌意。这些人类社群的构成设计在人类灵魂的原初结构中就已经预设好了。在现代人基本的内在倾向中，我们仍然能感觉到这种原初设计和规划。群体之间的这种敌意，使得人类始终处于备战和防御状态。当然，自然为人类设定战争的原初目的并不是为了战争。人类当中的领袖人物们靠自己的英雄魅力吸引着普通大众前赴后继地追随他们去攻城略地。在不断的征战中，这些英雄人物实际上沿着生命冲动的方向，重新找到了自己的位置。

但是，生命中固有的生命冲动与生命一样，是有限度的。它所经历的道路布满了重重障碍。地球上先后出现的各种物种，实际上是生命冲动中各种作用力与反作用力联合作用的结果。前者驱使我们奋力向前，其他的各种力量则迫使我们在原地徘徊。刚刚摆脱了自然束缚的人类，是一种既具有理智性、又具有社会性的存在物。他的社会性被设计用于在小型群体中认清边界与范围；他的理智性则被设计用于扩展并且丰富个体和群体生活内容。但是，人的理智，在经历了长期不懈的扩展努力后，已经获得了出人意料的巨大发展。人的理智已经把人类从各种各样的束缚中解放出来。由于自然的限制，以前他们不得不屈服于这样的束缚。如果这样的话，这样一个事实就不是没有可能发生：他们中的一些人，尤其是那些极富天分之人，就会重新开启他们过去被关闭的创造性，至少为他们自己，完成自然过去不可能为人类完成的事业。他们的榜样力量最终会引领所有其他的人沿着他们的方向勇往直前。至少，在人们的想象中，他们的榜样力量能发挥如此的作用。和人类中存在智慧方面的天分一样，人类中同样存在着无数意志力方面的天分。这些天才们敢于藐视和抗拒一切预期或未知的东西。通过这些具有顽强意志的天才，生命冲动可以穿透一切事物，从中获取人类未来的希望和承诺。在自然最初构造人类的时候，这些希望和承诺是根本不可能存在的。因此，在由社会的稳固团结向手足情谊过渡的过程中，我们摆脱了某一特定自然的束缚。但我们并非摆脱了所在的自然束缚。荷兰唯物主义哲学家斯宾诺莎曾经说过“回到创造自然的自然”这样的话。在这里，我们可以对斯宾诺莎“回到创造自然的自然”这一术语，稍加修改。我们可以这样说：我们摆脱了“创造自然的自然”。

因此，在第一种道德和第二种道德之间，存在着从静止状态到运动状态的一整段距离。第一种道德被认为是稳定不变的。它即使发生了变化，自己也会立刻忘记这种变化曾经发生过，或者，它根本不承认这种变化曾经发生过。它在任何特定时间里所呈现出的形态都被宣称为最后形态。但相比之下，第二种道德是一种向前的推动力，是一种前进运动的要求，这就是它的可变性本质。这一点能够证明，与第一种道德相比，它占据更多的优势。而且，仅凭这一点，也能说明它所具备的优势。假使我们能够认可第一种道德，那么，根据第一种道德，我们也无法推演出第二种道德来。这和我们无法从一个或几个可移动物体的位置，而得出它们是否处在运动状态的道理是一样的。但与之相反的是，运动之中却包含着静止。运动物体所经过的每一个位置都可被想象为、甚至被直接视为一个虚拟的停止点。不过，对于这一问题，我们还需要进行更为详细的说明。早在被表达和说明以前，第二种道德的优势就已经被人们经历和体验过。而且，如果它不能首先被感觉到，事后，它也就无法被表达出来。这里存在着一种语气轻重的差别。那些经常践行城市道德的人，对幸福感这一术语再熟悉不过。这一幸福感是个体和社会所共同享有的，是各种重要的抵抗力量之间相互作用、相互消解的外在表现。但是，一颗开放式心灵会完全沉浸于绝对的欣喜之中。在它的面前，一切物质实体都将消失得无影无踪。愉悦和幸福感是一回事，但欣喜却与其大不一样。内心的欣喜无法包含在这些外在的愉悦和幸福感之中，但这些外在的愉悦和幸福感却可以实际包含于内在的欣喜之中。这些外在的愉悦和幸福感指的是一种情感状态的停止，或者说它们是一个标志性时刻；而内在的欣喜则又向前迈进了一步。

开放式道德和封闭式道德

这就是第一种道德相对容易阐述，而第二种道德阐述起来就困难得多的原因——我们的理智和语言实际上都是用来表现和描述具体事物的。我们用它们来表达事物形态的转变或进展情况的时候，感觉就没有那么得心应手了。《圣经》福音书里所提到的道德，实质上是开放式心灵的道德。我们难道不能正确地指出这样一个事实：在福音书看似明确的告诫中，它所宣扬的道德本身也是充满了悖论甚至是矛盾的。如果如它所说的，财富是魔鬼的话，那么，当我们向穷人们施舍钱财时，岂不是在伤害他们吗？如果一个人被打了左脸，他再把自己的右脸转过来让人打，那还有什么公正可言？如果没有了公正，也就根本不存在什么“仁爱”之心了。可如果我们仔细考虑一下这些告诫或准则的意图，这些悖论和矛盾就会立即消失不见了。这些告诫或准则的意图不过是为了帮助人们树立一种内心倾向。富有的人舍弃自己的财产其实并不是为了穷人能有好日子过，而是为了自己的一种心理满足感而已。这样做，也是让贫穷的人们得到精神上的庇佑。这一施舍行为的美好之处不在于富有之人的财富被剥夺，也不在于剥夺财富这一行为本身，而是在于富有的人们根本就没有产生一种被剥夺的感觉。打开心灵这一行为，把原来在既有的规则框架内封闭实施的道德，拓展和提升到纯粹精神的高度。与纯粹精神相比，这种封闭实施的道德就仿佛成了一种运动状态的快照视图或抓拍镜头。这就是在《山顶布道》这部作品中连续出现的体现二元对立思想的这句台词的深层内涵：“你已经听到我说过这句话了……我将告诉你……”前一句预示着话语的结束，也就是过程的闭合；后一句则预示着话语的开始，也就是过程的开启。

现行的道德并没有被废除，但它看起来有点像实际进展过程中的虚拟停止。旧的方法也没有被放弃，但它被嵌入了一种更具综合性的方法中。这就如同，当动态的物体重新吸收静态的物体时，后者只不过变成了前者的一个特例而已。严格说来，我们需要一种能直接表达运动及其趋势的手段。但是如果我们还想把它们转换成表达静止不动状态下的语言——这一点当然是不可避免的——我们就会面临各种充满矛盾的语言表达方式。因此，我们可以把福音书中某些无法实施的戒律比作对不同积分运算最初的解释中不合逻辑的部分。实际上，我们能够发现古人的道德和基督徒的道德之间的关系，与古代算术和现代数学之间的关系是完全相同的。

古代几何或许已经为我们提供了某些特定的解析方法。这些解析方法，可以说，是对现代综合解析方法的一种预期应用。可是，古代几何却永远也无法把这些综合方法带给我们，因为当时不存在驱使他们由静态思维转向动态思维的生命冲动，但它可以尽最大可能带给我们"通过静态思维来模仿动态思维"这一思维方法。比如，当我们把斯多葛学派[①]的信条与基督教的道德信条进行比较时，我们也会产生同样的感觉和认识。斯多葛学派宣称自己是世界公民。而且，他们还补充说，世界上所有的人与人之间的关系，都是兄弟姊妹关系，都充满了手足之情，因为大家都同样是上帝的儿女。两者话说得几乎一样，却没有引起同样的反响，原因在于它们的侧重点不同。斯多葛学派提供了很多典型事例。如果说他们在吸引人们追随方面并没有取得成功，是因为禁欲主义实质上只是一个哲学流派。对这

① 编者注：因在雅典集会广场的廊苑聚众讲学而得名。

一信条如此迷恋以至于不能自拔的哲学家，无疑会通过把它付诸实施来激发其活力。这一点跟皮格马利翁[1]的爱促使爱神把生命赋予了刚刚雕刻而成的雕像完全一样。

但是，从这一情绪体验，发展到人的心灵之间永不停息地传递着的热情，还有段遥远的距离。这种热情就像熊熊燃烧的烈火，在人的内心中燃烧不止。这样一种情绪的确可以发展成为构成某一学说的思想观念。甚至说，不同的学说之间也只是类似于一种精神上的近亲关系。这一近亲关系的产生，早于思想观念，而不是在思想观念之后产生。要想在古典古代找到诸如此类的关系，我们一定不要考虑斯多葛学派，而应该去找苏格拉底。是苏格拉底在没有构建任何学说系统、没有留下任何文献记载的情况下，用自己的思想激发和孕育出所有希腊伟大的哲学家。他实际上把理性的运用，尤其是人脑的逻辑思维功能提升到高于一切的水平。他对讽刺的表达，意在清除任何未经理性反思检验的想法。也可以说，他通过让这些想法陷入不断的自相矛盾，来使它们相形见绌。按照他的见解，是对话催生了柏拉图的辩证理念，最终又催生出哲学方法。这实质上就是理性思维方法，这种理性思维方法我们今天还在沿用。这种对话的目标是得出一些能用定义进行区分的概念，这些概念将构成柏拉图理念。这些理念的理论，反过来，又可以充当传统的形而上学理论体系的模型。

---

① 编者注：希腊神话中的塞浦路斯国王。他用神奇的技艺雕刻了一座美丽的象牙少女像，并把全部爱心奉献给这雕像，最终打动爱神。雕像被赋予生命，二人结为夫妻。

这实质上还是一种理性思维体系。苏格拉底实际上研究得更为深入。他认为善本身就是一门科学，他把善的实施等同于我们对其知识的掌握，这就为“把道德生活吸纳到思维的理性功能之中”这样一种学说铺平了道路。理性从来没有被提升到如此高的地步，至少我们是第一次知道这一事实。但是，我们还要观察和研究得更仔细一些。苏格拉底之所以这样教导他的学生，是因为特尔斐神晓谕过，他接受了这一使命。他的生活实际上非常穷困潦倒，但他必须这样甘于贫穷。他必须和普通人打成一片，他必须成为他们中的一员，他所说的话也必须回到他们说过的话上来。他没留下任何可用文字记载的东西，这反而使他的思想可以作为一种活着的、具有生命力的理念，留传给后人，再经过后来的人一代接一代地传递下来。尽管他并不是一位禁欲主义者，但对于生活中的冷暖，他却从来不表示丝毫的关心。原因只在于，他已经从物质需求的枷锁中获得解脱，他当然也已经从自己的躯体中被解放出来。他的身后，有一种无形的力量伴随着他。当需求发出警示时，这种无形力量就设法让人们听到他的声音。他如此笃信这一背后的无形力量，以至于他宁可失去自己的生命，也要捍卫和服从这一力量的指使。

如果说他拒绝在世俗法庭上为自己的行为辩护，如果说他敢于直面任何谴责，那是因为他背后的那股无形力量没有劝阻他。总之，按照今天人们对这些话的含义的理解，他所执行的使命实际具有宗教命令或神秘主义法则的性质。他的教学方法达到了高度完美、高度理性化的程度。但是，这些教学方法似乎依赖于某种超越纯粹理性的力量。难道我们不能直接从他的教学方法本身发现这一点吗？如果柏拉图对话中那些鼓舞人心、热情洋溢的语录不是全部出自苏格拉底，而是柏拉图本人所说的话，或者如果这位哲学大师的语言都是色诺芬赋予他的，我们还能理解这一令信徒们热血沸腾、世代相传的热情吗？正如人们一直认为的，斯多格学派、伊壁鸠鲁学派、犬儒学派等所有的古希腊道德学家们的思想之所以来源于苏格拉底，不仅仅因为他们从各自不同的方向发展了大师的思想和教学方法，更为重要的，是因为他们从大师那里学到了一种态度。这种态度几乎不是从古希腊精神中传承下来的，而是大师本身所独创的。这就是先贤的态度。每当哲学家以及他所拥有的智慧突出于人类的常规之外时——他可能给常人以教导、做他们的榜样、甚至帮助他们完善自我的内心世界——都有苏格拉底在场陪伴着他。苏格拉底的精神依然活着，苏格拉底的精神依然在凭借其无与伦比的权威发挥着作用。

我们可以讨论得更深入些。据说，是他把哲学从天堂带入了人间。但是，如果柏拉图在《斐多篇》中赋予苏格拉底的精神理念不是苏格拉底本人的，我们还能够理解他的生活，甚至他的死亡吗？推而广之，我们在柏拉图对话中发现的神话传说，除了确立一种创造性情绪体验以外，还有没有其他作用呢？这些神话传说，触及人的灵魂、根源，及其本质。这里所说的创造性情绪体验，是柏拉图使用的术语，但它实际上存在于苏格拉底的道德训谕中。这些神话传说，和苏格拉底的精神理念与柏拉图的对话一起被流传了下来。这些神话传说与苏格拉底精神理念的关系，如同一档解说节目和一首交响乐之间的关系。他们通过古希腊形而上学探寻自己不为人知的荫蔽道路。而在亚蒙尼（Ammonius）和普洛丁（Plotinus）这里，又重新由荫蔽走向公开。而且，普洛丁宣称是苏格拉底的传人。他们为苏格拉底的精神提供了一种学说体系：它类似于一种吸收福音精神而形成的学说体系。

尽管苏格拉底精神和福音精神这两种形而上学存在许多相似之处，或者说，因为这两种形而上学存在许多相似之处，两者在各自把对方的最佳长处吸收到自己的学说体系以前，曾经历了激烈的冲突和斗争。曾经有一段时期，世人在为自己是成为一名基督徒还是成为一名新柏拉图学派成员而犹豫彷徨。这是苏格拉底和耶稣之间的对立。如果我们把自己局限于苏格拉底的立场来看，问题就在于，如果这位真正的伟大天才处于另一种社会中，如果他处于其他的环境条件下，他会创造出什么样的学说体系呢？比方说，如果他根本就没有遭遇到当时的道德实证主义的危机，也没有遭遇到当时雅典民主造成的人的思想混乱；如果他不是被迫首先通过确立理性的权威，去应对当时最迫切的社会需要；如果他没有把直觉和灵感植入当时的社会背景之中；如果他作为其成员之一的希腊民族在他内心里还没有征服即将形成的东方世界，他的这些伟大思想和理念还会产生吗？现在我们可以搞清封闭式心灵与开放式心灵之间的区别了。有人愿意把苏格拉底的精神置入一颗封闭式心灵吗？“讽喻”贯穿苏格拉底教学法的始终，而热情洋溢的情感迸发或许并不多见。但是，在为一种新精神的产生扫清道路方面，它对人类的未来具有决定性的作用。

在封闭式心灵和开放式心灵之间，存在着一种正处于走向开放进程的心灵。在一个人坐着不动的时候和他开始跑步行进的状态之间，必然存在他从座位上站起来的动作，以及他站起来时呈现出的态度取向。总而言之，在道德方面也一样。在静态道德和动态道德之间，我们还可以观察到一个过渡阶段。如果我们处于静止状态，能产生一种直接付诸行动的冲动，这一过渡阶段或许在不经意间就流逝过去。但当我们在行动过程中突然停止时，它就会吸引我们的注意力——这当然是冲动力量不足的一般表现。让我们换一种方式来看待这个问题。我们在前文中说过，纯粹静止的道德可以被称为低于理智的道德，而纯粹动态的道德可以被称为超越理智的道德。其中一种是由自然预定的，而另一种则是人类才智的结晶。第一种道德是整个人类的群体习惯所特有的，它相当于动物的本能，它与理智绝不是一回事。后者是指灵感、直觉和情绪，这种灵感、直觉和情绪可以解析成各种理念。这些理念为它们提供知性标记，从而使它们再继续往下分成无数的详细分支。因此，就像一个能包含和超越一切多元性的统一体，第二种道德涵盖了一切知性，它远远超越了一般层面上的理智。位于两者之间的，才是理智本身。

当人类精神还处于从低于理智层次的道德向超越理智层次的道德发展，但尚未达到后者的状态时，它就在理智这一层面上确立了下来。此时的人类精神能够控制和支配封闭式心灵的道德，但它无法达到开放式心灵的道德，或者说，它无法创造出开放式心灵的道德。作为其提升的结果，它的态度取向将上升到知性的水平。与它刚刚脱离的状态水平相比——这当然是一种消极描述，因为在刚刚脱离的这种状态水平下，那只是一颗冷漠和麻木的心灵——它已经处于伊壁鸠鲁学派或斯多葛学派的“平静”和“淡定”的状态之中了。从积极的方面考虑，如果它脱离过去的状态，而致力于对一种全新状态的依赖，那它的生活就会充满沉思和冥想。这就与柏拉图和亚里士多德的理念一致起来了。不论我们从什么角度看，它的态度都是积极向上的、崇高的和令人羡慕的。这一态度将为少数精英所持有。不同的哲学派别可以从中找出共同的目标。其原因在于，只有一条道路能够从原地踏步的行为活动，走向在自由开放的空间内不断发展的行为活动；从无限的重复运动走向不断创新的运动；从低于理智的层次走向超越理智的层次。任何一个在这两者之间进行停留的人，都必然会陷入一片纯粹沉思冥想的地带。不管在什么情况下，当一种道德处于脱离了它本身、但还未发展为另一种更高层次的道德状态时，它自然就处于一种半道德的超然状态之中。

我们现在讨论的是纯理智问题，这实际上是退回到理智本身了。而且我们认为，生活的目标就是古人所说的“科学”或沉思。总之，我们现在讨论的，实际上是古希腊哲学家道德的主要特征。但是，如果把理智仅仅认为是物质生活的阐释或协调手段，其中有些属于我们本章所讨论的低于理智的层次，有些则属于超越理智的层次，那么，这就不再是一个古希腊哲学或东方哲学的问题了，我们就应该讨论每个人的道德。为了明确说明义务的本质，我们事实上已经区分了作用于我们自身的两股力量。一股力量叫作推进力量，另一股力量叫作吸引力量。这些讨论和区分都是必须做的。正因为哲学没有对这两股力量进行认真区分，而是一味地把自身局限于对知性的研究和讨论。知性今天可涵盖上述两种力量，所以才造成哲学所做的这些努力很少有成功的。尤其是在解释道德动机如何约束人的心灵方面，更是如此。但是，正如我们所暗示的，我们对这个问题所做的描述也仅限于一种概括性说明。作为抱负的道德往往通过呈现出某种形式的严格义务来具体表现出来。作为严格义务的道德则往往通过吸纳一部分抱负，来使自己得到壮大和扩展。这就实现了一个共同的目的，压力和抱负在大脑形成观念的区域相会，结果就产生了各种精神意象，其中许多带有综合意象的性质。这是作为压力来源的道德，和作为抱负归宿的道德的混合体。但还有一个结果就是，我们无法看到对我们的意志力发挥实际作用的纯粹压力和纯粹抱负了。我们看到的只是两种不同的对象混合以后而形成的观念。压力和抱负也要分别依附于这一观念。

作用于我们的力量也被认为是这样一种观念：这实际上是一种谬误。这一谬误可以解释严格的道德知性系统的失败原因。换句话说，就是用它可以解释绝大多数关于义务的哲学理论失败的原因。当然，并不是纯正的观念对我们的意志就没有影响力，而是，只有在它保持相对独立的时候，它的影响力才能有效发挥。这种纯正的观念在抵制各种不利影响时，遇到了重重困难。即使它能勉强取胜，也是各种压力和抱负不断再现的结果。这些压力和抱负再现时，虽然各自独立地发挥出它们的全部力量，但是它们最终被融合为一种观念而表现出来，因而它们独立发挥作用的权利和机会也就丧失了。

自尊

如果我们要对下面这两种力量进行充分的论述，这里，就要插入一段很长的文字对相关问题进行说明。这两种力量分别是社会力量和超社会力量。其中一种属于向前推进的力量，另一种属于主动吸引的力量。这两种力量给每一种道德动机提供驱动力。举例来说，一个诚实的人会说，他在实施某一行为时，是出于自尊，出于人的一种自我尊严感。显然，他无法按他所说的来表现自己，除非他一开始就把自己分成两个自我：让自己随波逐流时所具有的品格，以及使自己得到提升和完善时所具有的品格。尊重他人的自我和使自己得到他人尊重的自我完全是两码事。那么，后者到底指的是什么呢？其尊严感体现在什么地方呢？它所引起的敬意来自何处呢？我们先不急于分析尊重他人的自我所表达的敬意。在这种敬意中，我们首先会发现一种自我谦逊的推进力量。这类似于诸如徒弟对师傅的态度，或者，用亚里士多德的话说，这类似于偶然性在面对本质性时所呈现的态度。

我们要重点分析的是让每个人都崇拜的较高层次的自我。当然，毫无疑问，我们每个人内心首先拥有的是“社会自我”，这一点我们前文中已经谈到。如果，仅仅为了从理论上澄清问题，我们假想一种“原始”心理状态，在这种原始心理状态中，我会发现，自尊心与个人和团体之间的团结凝聚感同时存在。个人和团体之间的这种团结凝聚感如此强烈，以至于团体的影响力始终伴随着独立的个体，给予他关注、鼓励、甚至威胁。总之，团体不断地要求个体向它请示，对它服从。那么，在社会的背后，存在着团体所依赖的一种超自然力量。这种力量要求群体对每个人的行为负责。社会自我的压力就是凭借所有这些力量的集聚而得以发挥的。而且，个人并不是仅仅出于一种原则习惯或担心受到惩罚才遵守和服从团体的。个人所属的团体当然必须把自己的影响力提升到所有成员之上。只有这样，它才能激发个人的斗志。个人对团体这一压倒性力量的意识，使他对其产生强烈的自豪感，这种自豪感为他带来更大的满足。所有这一切确保了他能产生更大的力量。如果一个人想要保证自身具有这种力量，他就必须具备一种更加成熟和完善的心态。

让我们想一下，“我是罗马公民”这句话为当时的罗马帝国的公民所带来的自豪感和道德力量。在罗马公民当中，自尊就相当于我们今天所说的民族主义。但是，我们倒没有必要回到古代的历史或史前时代去寻找自尊与团体自豪感并存的例子，我们只需观察一下我们眼前发生的情况就可以了。比如，观察一下在一个较大的社会团体中形成的小型社会团体的情形。在这些小型社会团体中，所有的成员都被某种特殊的象征或徽标所吸引并团结在一起。这一特殊象征或徽标彰显出一种实际或表面上的压倒性优势，因而把他们与芸芸众生区分开。在作为人类一员的、每一个人所声称的自尊中，又加入了另外一种尊重。对于人类中突出鲜明的自我而言，这种尊重就不仅仅限于人类自我尊重的范畴了。所有的团体成员都作为一个团体而统一行动。渐渐地，这些团体成员就开始遵守共同的行动命令，一种集体荣誉感由此产生。这种集体荣誉感就相当于我们常说的团队精神。这些是自尊的首要组成要素。

从这一角度，我们看一下今天我们试图通过抽象概括来对其进行单独研究和考虑的这一观点，它一直通过本身特有的社会压力优势和权威来束缚我们。显然，推动力有时能够变成一种自发的吸引力。但条件是，自己的这种敬仰之心是对一位令人羡慕和尊重的人的敬意。我们心里会永远记住他的形象，而且我们每个人都渴望把他看作一种崇拜原型。但现实生活并不是这么回事。因为，即使“自我”这个词能让人产生一种自我态度的想法，尊重这种情感在其演变过程中，自始至终都是指一种社会情感。但是，在历史上留下突出印记的伟大道德英雄人物们，在我们普通人的“人间之城”的上方，携手跨越了几个世纪。他们紧密团结在一座“上帝之城”里，而且，还要求我们一起进入这座城市。我们可能听不清他们的声音，但是这一声音仍然在四处传播。我们每个人会从自己内心的深处，对其做出回应。我们往往在思想上，从自己所生活的现实世界，转向这样一种理想社会。当我们敬畏人类的尊严时，当我们宣称我们出于自尊而行动时，我们实际是在对这一理想社会顶礼膜拜。特定的人们对我们产生的影响往往是客观的、不以人的意志为转移的。当哲学家向我们解释，我们每个人所具有的理性如何构成人的尊严时，他更加强调的还是这种影响的客观性。我们必须注意这句话的含义。谁也无法否认，理性是人类区别于其他动物的最明显标志。同时，人们承认，理性是一种具有超级价值的东西。正是从这个意义上来说，一件艺术作品才具有其真正价值。

但是，我们还必须解释清楚，为什么理性发出的命令就是绝对的、必须遵守的。理性只能提供给我们一些理由。我们显然在日常生活中，能随时碰到这些理由。当然经常是，我们在碰到这些理由的同时，也会碰到其他的理由。我们先不要肯定，我们人人具有的理性，凭借自身的巨大价值，就能迫使我们具有敬重之心，而且命令我们臣服于它。我们还必须补充一点，这就是，在理性的背后，有这样一批人，他们使人类变得神圣起来，他们为理性打上了神圣的烙印，使它具备了神圣的性质。当然，理性是人的本质属性。正是这些人把我们引向一种理想社会，而我们却不得不同时服从于现实社会的各种压力。

公正

所有的道德观念都是相互渗透的，但其中，最具有指导意义的是公正。首先，因为公正能够囊括绝大多数其他道德观念；其次，因为它可以用比较简洁的形式进行表达，尽管其含义之丰富非同一般；最后一点，当然也是最重要的一点，因为通过公正这一种道德观念，两种不同的义务可以相互渗透，相互融合。公正经常能激发人们的平等、均衡、补偿等观念。“考量”一词的意思就是权衡利弊，我们从中派生出“补偿”、“赔付”等词。公正可以被表述为掌握平衡；对等就意味着平等。直尺、校准、直线、平直等词都可用来表示一条直线。在其历史演变过程中，借鉴参考数学和几何术语，是公正这个词的特点。早在物与物交换的远古时期，公正这一观念就已经开始形成。不论一个部落群体是多么的落后和不开化，它也必须有交换。如果它不首先弄清被交换的货物是否价值对等，它就无法进行货物之间的交换。也就是说，两种交换货物的价值都和某一确定的第三方等价物相同。如果人们把这种等价交换设定为一种规则，使这种规则在团体的习俗中占有一定的地位，我们所说的总体义务就可以增加它在规则中所占的分量。这时，我们就拥有了公正。这种公正具有清晰明确的形态和强制执行的特征；而且，这种公正还含有平等互利的观念。这种公正不仅仅适用于物与物之间的交换，还会渐渐扩展到人与人之间的交往。

但在相当长的时间内，它不可能完全摆脱物与物之间等价交换的观念。它主要存在于自然冲动的法则中，这种自然冲动的法则是通过引入一些同样的自然互利观念而产生的。比如，人们在受到伤害时，可以设想一种与所受伤害相当的预期伤害。在原始社会，个人所受到的攻击只有在个别特殊情况下，才会伤及整个部落群体。这时，这种对个人的伤害行为有可能是因为惹怒了上帝，从而迁怒于整个部落群体，结果整个部落群体都受到严重伤害。受伤害的一方及其家人只能按照本能，做出一些自然反应，进行自我复仇。如果这种以牙还牙的复仇行为明显不符合等价交换这一一般法则，与所受到的伤害相比，这种复仇行为就会变得完全失衡。的确，如果冲突的一方不能同意接受以现金的方式来对其伤害进行补偿，双方的争执可能就永远无法停息，两个家庭之间的世仇可能就会无休止地延续给子孙后代。这时，物与物交换观念中所蕴含的等价补偿的观念就会应运而生。

如果让共同体来承担实施处罚的任务，以制止各种暴力行为，在个人和家庭解决争端所参照的规则已经按相应的处罚条件制定好的情况下，共同体就会按公正的原则把解决争端的权力分配下去。而且，共同体会按照伤害的强度，来评定处罚等级。否则的话，双方的争端及对彼此的伤害一旦开始，就没有停止的时候了。我们不会冒更大的危险，让双方的争执和伤害发展到极端程度。经常有这样的说法，“以眼还眼，以牙还牙”，所受到的伤害和所施加给别人的伤害必须始终对等。但是，一只眼睛的价值始终就值那只眼睛，一颗牙齿的价值始终就值那颗牙齿吗？质量因素应和数量因素一并考虑在内。那种以牙还牙的报复法则只适用于同一阶层内部。如果受害方属于较高阶层，在受到同样的伤害、同样的冒犯时，他可能要求的赔偿数额会更大，要求加害方受到的处罚也会更加严厉。总之，平等可以意味着当事双方之间的利害比例，平等也可以变成一种双方达成平衡的手段。因此，尽管公正可以包含的事物种类越来越多，但人们始终可以用一种方式来对它进行解释和定义。即使在下列情况下，对它的解释和定义的准则或形式也不会发生变化：在一个文明程度较高的国家，公正可以延伸至统治者与被统治者之间的关系。

更笼统一点说，就是它可以延伸到不同社会阶层之间的关系；它实际上还可以延伸至事物的一种存在状态。这时，它可以引导人们把平等和均衡作为考虑的因素。这种平等和均衡因素有助于对事物的状态进行数学上的定义和解释，这些定义和解释似乎指的就是一些数学上的定理。毫无疑问，早在古代等级社会产生的时候，公正的力量就开始产生了。古代社会根据统治者和被统治者之间的隶属关系被划分成上下不同的等级。但这种习惯性的隶属关系似乎可以自然而然地结束，或者说，这种隶属关系也可能在它为自身寻求一种合理性解释的过程中结束。如果下等阶层已经长时间默认和接受自己所处的地位，当它的实际力量变得稍微强大时，它可能继续默认和接受这种处于下等阶层的地位，因为它认为这种优势地位是统治阶级本身所具有的属性。如果统治阶级的成员利用自己所占有的设施和资源优势来提高自己的认知能力和道德水准的话，它所拥有的优势就是实际存在的。但是，那也可能仅仅是一种精心伪装的表面优势。不论属于哪一种情况，不论是实际存在的优势，还是表面伪装的优势，只要这种优势能够得以继续保持，就能让人感觉它是统治阶级与生俱来的。因为存在着世袭特权，所以人们相互之间会说，世上肯定存在一种固有的优势或特权。原本想为人类构造一个有序社会的自然，竟然促使人们产生了这样一种倾向和错觉。

但柏拉图在他的理想共和国里分享的是这样一种公正。如果一种阶级制度可以这样来理解和认识，责任和特权就会被看成是一种公共股份。这一公共股份可以根据每个社会成员的自身价值，在他们中间进行平均分配。最终还是根据他们对社会提供的服务的多少进行分配。这时，公正仍然保持着它的衡量标准、检测手段和平衡措施。我们这里所说的公正，尽管无法用一些实用性术语进行表达，它实际上仍然忠实于它的商业性起源，也就是它还没有摆脱物与物交易这一原初意义。那么，我们如何从这种意义上的公正，过渡到另一种意义上的公正呢？这里的另一种意义上的公正是指，它既不是所进行的交易，也不是所提供的服务，而是对神圣权利的完全确定，也是对个人与其自身价值对等关系的完全确定。

在回答上述问题前，我们先暂停下来欣赏一下语言表达的非凡功能。这里我指的是，语言表达赋予新近产生的观念的一种非凡功能。在某种语言表达方式已经适用于某一业已存在的客观事物后，它的使用范围就扩展到能够表达与这一客观事物相关的观念。这时，这种新近产生的观念就具备了一种非凡功能，即它能够使原来的客观事物发生改变，从而对过去的事物产生回溯性影响。不论我们从什么角度来看待由相对公正到绝对公正的转变，不论这一转变是分阶段发生，还是突然间发生，这期间必然蕴涵着创新因素，某种创新性事件必定会伴随着这一转变过程发生。但是，在这一过程中，如果不是具备了某些条件、受到某些人的影响，或者具体地说，受到某一特定人物的影响，这一创新性事件可能根本就不会发生，以后永远也不会发生。我们往往认识不到某种新事物已经来临，而且在占有了过去的事物之后，把它吸收到一个以前从未预见到过的、新的整体之中。我们通常更喜欢把这一过程看作，好像新事物一直就存在，当然这种存在不是真实的存在，而是一种虚拟的存在；好像即使到那时，过去的事物仍然是新事物的一部分，是这种从未发生过任何变化的、新事物的一部分。

由此看来，在古代社会接连产生的各种公正概念，仅仅是公正的完整概念部分的、不完整的情形。这里所说的公正的完整概念，也就是今天我们所知道的公正的概念。我们没有必要对这一特例进行详细分析。这其实是一种常见的错觉。这一错觉很少被哲学家们注意到，但它对许多形而上学原则造成了破坏，而且为认知理论带来了许多难以解决的问题。我们可以简单地这样说，我们的部分习惯把所有前进运动看作起点（这是实际存在的）与目标之间距离的持续缩短。只有当运动的物体选择在这一目标停下时，这一目标，作为一个物体运动的中止点，才能形成。但我们并不能因此就说，由于当物体到达目标时，我们可以对它进行这样的解释，所以运动就存在于物体向目标移动的进程中。只有一个端点的间隔不存在逐渐消失这一说法，因为它还根本就不是一个间隔。只有当运动物体通过实际的或虚拟的停止，产生另一个端点时，或者，只有当我们回顾这一运动过程或在跟踪物体运动过程的同时，预先对它的返回过程进行重构时，我们才会感觉到这一间隔在逐渐缩小，直至最后消失。不过，在大多数情况下，我们认识不到这一点。我们往往在一层外衣的掩盖和伪装下，把回顾性预见引入到客观事物本身，这层外衣就是现实中某种可能业已存在的情况。

这一错觉存在于许多哲学问题的根源之中，齐诺的两分法为我们提供了典型例证。当相对公正在形式上的日益扩展被解释为在不断向绝对公正靠拢和接近时，我们可以在社会伦理中发现同样的错觉。我们最有资格说的可能就是，一旦后者被明确下来，前者就可以被认为是一条前进道路上的许多中止点。这些中止点是我们用回溯的方法在脑子里勾画出来的，它们最终通向绝对公正。我们还应当再补充一点，即使那个时候，不会存在什么渐进的过程，但在某一特定时刻可能发生突变或飞跃。确定突变或飞跃发生的确切时刻是一件非常有趣的事情。同样有趣和具有启发意义的是，我们可以发现下列情况是怎么一回事：一旦被人们设想出来（当然只是一种大体形式），绝对公正若没有条件被付诸实施的话，它就只能长期保持在一种高贵的理想状态。我们可以简单地说，就第一点而言，长期的阶级之间的不平等已经遭受到来自下层阶级越来越多的批评。毫无疑问，这种阶级之间的不平等，最初是上层阶级凭借强制性力量施加给下层阶级的。它后来被承认为人的价值的不平等和享受到的服务的不平等。而且，统治阶层的问题也不断恶化和加剧。当初他们太过于自信了，现在他们开始对其内部原有紧张有序的局面的日益松懈而感到愧疚和不安。为了保持这种局面，他们需要在理智和意志方面做出巨大的努力。也正是这种局面，才使他们至高无上的地位得以巩固。如果他们能团结一致，实际上他们这种至高无上的地位是可以保持的。由于他们每个人都有保全个人地位和利益的倾向，总有一天，他们中间会产生一些野心巨大的人，他们将试图在整个阶层中占据支配地位。

为此，他们还会设法寻求下级阶层的支持，尤其是当后者在各种事务中已经具有一定的发言权的时候。在那一刻，人们对于上层阶级控制国家最高权力的信仰将被彻底打碎，它原有的所谓魅力也就此破灭。因此，贵族阶级往往也积极融入民主洪流之中。原因只在于，政治上的不平等是一种动荡不稳的事情。实际上，就像在政治平等被确立以后，还允许例外和特权存在一样，这样的政治平等照样存在动荡不稳的隐患。比如，它虽然声称实现了政治平等，却允许某个城市存在奴隶制度，这实际上还是一种政治不平等。但是从这样一个例子中涉及的均衡概念，到我们今天所说的公正之间，存在着相当遥远的发展路程。因为这个案例所涉及的均衡，就像古代的公正所持的均衡准则一样，是机械地得出的，而且这种均衡始终处于过渡和变换状态。而我们今天所说的公正是指人类权利的公正，这种公正不再让人们只想到相对和均等的观念。相反，我们今天所说的公正让人想到的是绝对的和无与伦比的观念。如果我们像数学家们所说的那样，把公正的概念进行无限延伸，我们所形成的就是一个完整的公正概念。这样的公正概念只能在某一明确的时间，通过各种禁令，进行确切地、直截了当地描述。但是，从其积极的方面来说，它可以通过不断创新而得以推进。

每一次创新都使民众人格和人性比以前得到更加圆满的实现，这种实现只有借助法律的手段才能成为可能。这就意味着它要得到全社会的一致赞同。这时，坚持下面这样一种观点是徒劳的。这种观点就是，这种完整的公正只能作为某一特定历史阶段的一种社会心态，逐渐地、自发地形成。实际上，这种完整公正是一种跨越。只有当社会大胆决定进行这一试验时，它才有实现这一跨越的可能。而且，这一试验要想得以进行，社会就必须允许自己被征服或打败，它至少也要承受因这种试验而造成的社会混乱局面。

这一试验的最初开启始终要由某一个人来完成。“这一跨越并不意味着它背后隐含着一种创造性努力，我们没必要像艺术家那样进行发明和创新”，说这样的话也是没用的。谁如果这样说，他就忘记了，所有的重大改革最初看起来都是行不通的。事实上，也的确是这样。所有的重大改革只能在这样的社会发生：这个社会的心态已经做好充分的准备，它随时准备迎接改革的到来。同时，在这个社会里，还应当有这样一个社会集团：当其中的一个或几个特权人物，由于社会自我的内在膨胀，在不打破现有集团的情况下，引领整个社会来追随这个集团时，这个集团的所有成员没有一个逃之夭夭的，而是大家齐心协力拥护和支持他们的改革。艺术创作中的奇迹就是这样发生的。一部极富天赋的作品，最初可能是令人困惑难解的。但它可以根据自己本身的存在这一简单事实，逐渐地创造一种我们可以理解和接受的艺术概念和艺术氛围。当人们再回顾起它来时，它就变成了一部天才作品。不然的话，它就只能保持最初的状态，只给人带来困惑和烦恼。

从经济的角度考虑，只有成功才能使人产生具有完美人生的想法。在某种程度上，艺术创作也是同样的道理。如果一部最初并不给人们带来什么好感的作品最终能征服人们，其成功的要诀在于，这部作品促使人们的艺术鉴赏品位发生了转变。这时，艺术作品就成为一种影响力量或根源。它本身具有了某种冲动力量，这一冲动力量来自于艺术家，或者说它直接就是艺术家本人的冲动力量。虽然人们无法用肉眼看到艺术家的这一冲动力量，但它蕴涵在其作品之中。我们也可以用上述对待艺术创作的分析方法来看待道德创新，尤其是那些能够不断地发展和丰富人们的公正观念的道德创新。最为重要的是，它们能对公正的实质内容产生较大影响，但它们也可能会使公正的形式发生某种程度上的改变。这里，我们首先谈一下道德形式的问题。我们可以确定，公正始终以义务的形式出现。但在相当长的时间内，它和其他各种各样的义务并没有什么不同。同其他义务一样，它也要满足社会的需要。实际上，是社会施加给个人的压力使得公正的形式变成了义务。这样的话，一种待人不公的行为就跟任何其他违法行为一样，是令人震惊的和完全不能接受的。比如，对于奴隶来说，就没有什么公正可言。如果能从这些奴隶中解救出一位自己的亲属，这也算是选择了一次主持公正的行为。

尽管公共安全一直被宣称是最高法则，但实际上这不仅仅是最高法则。今天，即使我们能够接受公共安全这一最高法则造成的任何具体后果，我们谁也不敢确定这样一个原则，即公共安全能让不公正行为成为合法的。对于这一点，我们要认真反思一下。现在我们思考一下这样一个著名话题：如果，为了人类共同利益，为了人类的生存，在某个地方，有一位善良无辜的人被宣布遭受终生折磨，那么，当我们听到这样一件事情时，我们会做出什么样的反应和行动呢？如果有某种非凡的力量能使我们把这件事彻底忘掉，如果我们以后再也不会听到有人谈论这件事了，我们也许会对上述行为表示支持和赞同。但是，如果我们将来还会对这件事有所了解，还会对它有所思考，如果我们认识到我们的存在是以这位善良无辜者终生忍受可怕的残忍折磨为代价的，如果我们认识到这一代价是人类普遍生存的基本条件，那么，我们绝对不会再支持和赞同上述行为。我甚至还不如承认整个人类都根本不应该存在，干脆把整个地球炸成碎片算了。

那么，实际情况到底如何呢？公正是如何从社会生活中产生，并最终上升到绝对超越社会生活这一高度的呢？在社会生活中，公正始终无法与特权并存。让我们回忆一下以色列先知们的话语：当某一严重不公行为发生并得到宽恕时，我们就会听到他们的声音。他们发出了在内心深处埋藏了几个世纪的抗议。的确，从他们所处的时代开始，公正就开始超乎寻常地发展起来。他们所宣扬的公正首先是针对以色列的。他们对不公正的愤慨也就是耶和华对他的不孝子民的愤慨，或者说是耶和华对他的这些选民的敌人的愤慨。如果他们当中有人，比如以赛亚，也想到过普遍公正的问题，那是因为，以色列人在上帝面前的地位远远高于其他人类，以至于它注定迟早要成为其他民族效仿的榜样。以色列是上帝从所有民族中选出的最优秀代表，它曾立誓效忠上帝。另外，这些先知们赋予公正一种绝对必然性，它也一直在保持这种绝对必然性，并给正在无限扩展的公正的实质打上这种绝对必然性的烙印。但这些扩展不可能自发地进行。杰出的历史学家可以为每一个扩展指定一个合适的名字，每一个扩展都是一次重大创新。实际上，通向前所未有的创新的大门始终是敞开的。同先知们所处的时代对公正形式的决定意义一样，对公正的实质起决定作用的社会进步突出表现在，它主张用一个能拥抱和热爱全人类的普遍共和国取代原有的城市共和国。在这个城市共和国里，公正从未跨出过城市的大门。即使在其内部，公正也仅限于自由人。所有其他民族所效仿它的，也正是这一点。

一旦创新的大门被打开，它就有可能一直保持这一敞开状态。事实是，这一大门肯定早已被打开了。毫无疑问，就像公正的第一次发展是由犹太教先知们的努力而促成的，它的第二次发展，也就是从封闭状态向开放状态发展，似乎是基督教使然。它有没有可能由哲学单独促成呢？在这一点上，最能让人受到启发的是，我们看一下哲学家们是如何对公正这一问题故意回避、轻描淡写、甚至直接错过的。这里，我们应该把柏拉图撇开。在他的超越性理念里面，的确包含了人本理念。难道我们不可以说，所有的人都具有相同的本质吗？从这一点到这样一种观念只有一步之遥。这种观念就是，所有的人，所有具有人的属性的人，都具有同样的价值；而且，人的共同本质赋予他们同样的基本权利。但那仅有的一步之遥却没有被跨越。跨越就意味着人们应当谴责奴隶制度，抛弃希腊人所持有的陈旧观念，即所有的外国人都是野蛮人，他们不能享有任何权利。这事实上真是希腊人特有的基本观念吗？我们发现，在任何基督教没有普及的其他地方，也存有这种观念。无论是在现代，还是在遥远的古代，情况都是如此。比如，在中国，曾经出现过很多非常高贵的学说，但是这些学说并没有致力于确立人类的生活法则。尽管他们没有公开这样表明，但他们实际上是对整个中国社会感兴趣。

的确，在基督教以前，我们就知道存在斯多葛学派。这一学派的哲学家们主张，所有的人都是兄弟姐妹关系。而且，他们主张，所有的智者都是世界公民。但是，这些主张只是表达了一种理想，这些理想都是哲学家们所设想的。而且，极有可能，哲学家们在设计这些理想时，就认识到它是不可能实现的。没有任何证据表明，有哪位伟大的斯多葛派哲学家，甚至包括曾做了帝王的斯多葛派哲学家会认为，自由人和奴隶、罗马公民和野蛮人之间的障碍是可以被缩小的。人类只有苦苦等待，到基督教问世时，博爱的观念才变得切实可行。这一观念的含义是人与人之间权利的平等和人的神圣性。有人可能会说，这一过程显得也太过缓慢了。的确，人类在缓慢地走过 18 个世纪以后，才终于迎来美国清教徒向世界公开宣布人与人之间权利的平等。随后发生的法国革命，也发出了同样的宣言。然而，这一平等理念实际上最早始于福音书的教义之中。而且，它注定会沿着这条道路永不停息地向前发展。一种观念被令人敬仰的先贤们首先提出来是一回事，但它被传播到世界各地却完全又是另一回事。在传播过程中，它向人们传递一种充满爱的信息。同时，作为回报，它也会在得到这一信息的人的内心激发起强烈的爱意。当然，这其中肯定也存在一种可以简洁清晰地表达的智慧。它完全可以简化和浓缩为一些准则，它甚至还可以指明方向，暗示一些实现手段。

但它最多也就能指出努力的目标。这一目标实际上是暂时的，要求人们不断地向更高的目标努力。至少对于某些人来说，这肯定是一种创造性的努力和付出。这一创新努力的方法，在于把某一特定社会实际不可能实现的事情假定为可能；在于想象一旦这样的事情发生，它对社会的心理会造成什么影响；然后，通过宣传和一些典型事例，对某些心理条件进行说明和介绍。这类事情的效果一旦得以实现，它会反过来完善和充实促使它们产生的原因。一些短暂的、新的情感体验将导致新法律法规的产生。新法律法规在外观上来说，对于这些事物似乎是必不可少的，而且它能有助于事物形态的稳固。现代公正理念就是按照这一方式，通过一系列个人创新而得以向前发展的。这些个人创新的成功取得主要得益于人们为之付出的各种努力，这些努力是由同样的冲动力量驱动的。而古典古代的人们根本就不懂舆论宣传的作用，当时的公正就像奥林匹亚山上的神灵一样沉寂和宁静。精神的膨胀、宗教狂热、生命冲动、社会运动等都有着犹太教——基督教的根源。由于人们还在使用同样的词语，他们往往很容易认为，他们所谈论的还是同一件事情。

我们不太经常重复这样的话：如果每一项创新都能促进紧随其后的另一创新的产生，而且，反过来看，这些先后出现的创新能呈现出一种前后连贯的创新系统，那么这些连续出现的、单个的、偶然的创新可以大致按照相同的标题进行分组，按照相同的观念进行分类。同一个分组或类别的创新可以用同样的名字进行标记，我们可以对这一问题继续深入思考。我们所标记的名称，不仅仅适用于所取得的系列创新中已经存在的各种术语，这些名称的应用范围还可以向以后的创新扩展和渗透。

也就是说，这些名称将用来表示整个创新系列。它们可以用于整个系列的所有创新，直到最后一个。不，它们的应用范围实际上可以被无限延伸下去。由于某一名称是很久以前被创造的，我们会想象它所指代的观念也一样是在很久以前被创立的，我们甚至会想象它有史以来就存在了，只不过是它还在敞开接受经常的补充修改，因而具体内容无法固定。因此，每一项创新都被想象为是在某一假想的、已经存在的实体基础上取得的。这时，现实被认为是浸入到了理想之中。渐渐地，它把永恒公正的整体观念嵌入到自身之中。这一点实际上不仅仅适用于公正的观念，而且也适合其他一些与其有着同样根源的观念，如平等、自由等。

我们都乐意把公正的进步解释为一种向着自由和平等前进的运动，这种解释当然是毋庸置疑的。但我们可以从中得出什么呢？它适用于过去，但对于我们将来的选择，它却很少能给予指导。我们以自由为例来说明这个问题。人们普遍会说，每个人都被赋予任何自由。当然，这种自由不能侵犯他人的自由。但是，在人的情感和习惯会因改革冲击而发生变化的社会，一项新自由的产生可能会造成适得其反的后果。因为在当今的社会，一项新自由的出现，可能会导致各种不同的自由之间相互侵犯。因此，人们可能无法对这样一种先验状态进行描述，即在不损害其同伴自由的前提下，一个人被赋予自由的确切程度到底有多大。改变自由的数量和改变其质量不再是一回事。另一方面，如果不以牺牲一定的自由为代价，人们就几乎不可能获得平等权利。所以，我们首先应当问一下自己，在自由和平等之间，我们应该首先选择哪一项。对这一问题的回答，不允许过于笼统和抽象。如果全体公民一致赞同，牺牲这样或那样的自由，本身也是拥有自由的一种体现。尤为重要的是，如果致力于使人类获得更大平等权利的改革，能够促成这样一种理想社会的产生：在这一社会中，人类可以更加自由地呼吸，人类可以在自己的行为活动中获取更大的乐趣，那么，人们牺牲掉的那些自由对于这样一种平等社会的建立也许是至关重要的。

不论你如何看待这一问题，你最终还是要回归到道德先驱们的观念上来。在他们的心目中，有一种新的社会氛围，有一种让人生更有价值和意义的环境。我指的是这样一种社会：在这个社会里，一旦人们尝试进行改革，他们就再也不想回头了，他们再也不想回到事物原来的状态之中了。我们对于道德的进步，只能这样进行解释。但是，当某些独特的道德本质创造出类似音乐享受这样一种新的情感，并把它传播给人类，而且在传播过程中，使这一新的情感被深深地打上生机与活力的烙印时，我们对于道德进步的解释就只能通过对它的整个进步过程的回顾来进行了。按照这一方式来思考一下“自由”“平等”“个人的神圣”等概念，你就会发现，我们在前文中所区分过的两种公正之间的差异，即封闭式公正和开放式公正之间的差异。你就会发现，这不仅仅是程度上的差别，而是种类和属性上的显著差别。

封闭式公正，作为一种相对稳固的公正，体现了刚刚摆脱自然束缚的人类社会的一种自发平衡状态。这种封闭式公正主要通过总体义务所依附的社会习俗表现出来。随着公众舆论对其他各类义务的认可，这一总体义务最终不同程度地吸纳了其他义务。它所吸纳的这些义务对于持续而来的各种创新，持开放和欢迎的态度。因此，两种本质渐渐熔铸到同一个模型之中：一种是由社会提供的，另一种是人类自身天赋的结果。实际上，它们在具体实践中，可能很难区分开。但是哲学家必须把它们区别开，否则的话，他肯定会对社会进化的实质和义务的来源产生误解。社会进化并不是指这样一种社会的发展进步：社会的发展的方式决定将来会发生重大的社会变革。在发展与变革之间，既没有类似之处，也没有共同的尺度。虽然封闭式公正和开放式公正都被融入同样具有强制性的法律之中，都以同样的方式得以表现，而且它们又具有很多的外在相似性，但是，我们不能因此就可以说，它们可以用同一种方式进行解释。除了我们所说的道德的双重来源和义务的双重因素以外，再也没有更好的例子可用来对它们进行解释了。

压力与抱负

毫无疑问，在事物的当前状态下，理性必定显示出唯一必然性。而且，把人类的一种内在力量——这也是它们的一种自我权威——归结于道德观念，也是出于人类共同利益的考虑。总之，文明社会中的道德活动在本质上是理性的。我们还有没有其他手段来区分人们在各种具体情况下所采取的行动呢？这里存在两种潜伏于人类内心深层的力量：一种是推动力量，另一种是吸引力量。每当我们要做出某一决定的时候，我们却无法直接借助于这两种力量。在绝大多数情况下，如果硬性这样做，那简直无异于翻来覆去地做一件根本没有必要做的事情。就这件事情来说，一方面，社会早已替我们做好了；另一方面，人类的最高代表也早已替我们安排妥当了。他们为我们所做的这一切，最终导致某些规则得以确立，某种理想模式得以建立。有道德尊严的生存意味着严格遵守这些规则，自觉服从这一理想模式。只有这样，我们才能确保自我的内在完整性和统一性。理性本身实际上是一种自足状态。只有这样，我们才能对各种各样的行为进行比较，也只有这样，我们才能对它们的道德价值进行评价。这种道理是显而易见的，因而我们很少对它们做出什么暗示或提醒，我们几乎总是认为它是理所当然的。但最终结果是，我们所做的各种陈述实际上无异于纸上谈兵，有时甚至显得与实际情况相去甚远。

在理智的层面上，所有的道德戒律之间都是相互渗透的。在道德理念方面，每一种道德，像莱布兹尼的单子论一样，都或多或少地包含和体现所有的其他道德。但是，如果高于或低于理智层面，我们会发现，各种道德力量，单独来看，只能部分地与理智层面所展现的道德力量相一致。由于我们无可否认地、当然也是不可避免地要退回到我们以前所采用的一些方法上来；由于我们认为必须使用这些方法，而且，由于我们认为在这一方法的运用过程中，必然会带来一些反对意见，所以，我们最终认为，对这一问题再一次进行思考和探讨，再一次进行解释，是非常重要的。即使我们不得不对某些观点进行再一次重复和强调，甚至用几乎同样的术语，再一次重复和强调我们前面说过的一些话，我们也认为这是必要的。

像有机体的细胞一样，紧密有序地团结组合在一起的人类社会是根本不存在的；与之几乎完全类似的是，像蚁山上的蚂蚁一样，紧密有序地团结组合在一起的人类社会也是根本不存在的。但是，原始人类的分工组合形式当然更接近蚂蚁的组合形式，而与我们今天的人类社会组合形式相去甚远。自然在把人类构造成社会动物的时候就想到，要使人类之间的团结相当紧密，同时给他们留出足够的放松余地，使每个人都能为了社会的整体利益展示和发挥其个人理智。人的这种理智当然也是自然赋予的。在第一部分的讨论中，我们只对这一点进行一些简单争论，而没有再深入地讨论下去。这样的话，道德哲学的意义就微乎其微了。因为，它毫不质疑地接受"人类所获得的本质可以遗传"这一信仰和主张。在这方面，今天的人类或许天生就与他们远古的祖先具有许多不同的内心倾向，但我们还是要依靠实际经验来证实我们的观点。实际经验告诉我们，人类约定俗成的习惯的先天遗传，即使存在的话，也是一种例外情况，而不是定期或经常发生的情况，以至于从长远来看，它足以对人的本质造成深远影响，促使人的本质发生重大改变。不论原始人和现代人之间的差别有多么巨大，这种差别几乎只取决于儿童自其最初的意识启蒙觉醒后，所积累的知识和经验。

人类几个世纪的文明进化所获得和积累的知识与经验，是一种客观存在。它就在人们触手可及的地方，它沉淀在自然赋予它的知识中，它融合在社会传统、制度、习俗之中，它渗透到人类语言的每一个词句之中，它甚至体现在周围人们的表情手势之中。今天，正是这层厚厚的沉积掩埋和覆盖了人类原初本质的基石。人类所获得的知识与经验代表人类发展过程中各种因果关系所导致的最终结果。然而，它还必须遵循它所赖以生存的土壤的一般构成结构。简而言之，我们从自我意识的深处所发现的义务，与蚁山中把蚁群的各个成员有序结合在一起的力量，以及有机体中把各个细胞有序结合起来的力量，具有同等性质的凝聚和连接作用。正如其词源学意义所表示的，埋藏于我们自我意识深处的这种义务，把我们与其他社会成员相互联系起来。如果蚂蚁被赋予人的理智，在它的眼里，它们的团结凝聚也会呈现出这样的形式。或者说，如果有机体的细胞也能像具有理智的蚂蚁一样能独立活动，那么，在它的眼里，它们的有机结合也同样呈现出这样的形式。

当然，这里我所说的义务，只是呈现为一种简单的形式。这种形式不包含任何实质内容，它是一种经过简化和浓缩的、永远存在的要素，这一要素至今还存留在我们的本质中。不言而喻，伴随着文明的进步，混合在这一简单形式之中的内容和实质将变得越来越具有理性，越来越能够实现自足状态。而且新的内容和实质不断积累和增多，其原因未必在于这一简单形式的直接要求，而是在于已经被引入到这一简单形式之中的理性内容所产生的逻辑压力。同时，我们已经看到，某种实质和内容是如何像其他道德一样，通过最终落脚到理智层面，来采取这一形式的。这一实质和内容预计会遭遇一种不同的形式，它之所以被引入，不是因为受到社会保护，它甚至从未间接地受到过社会保护，而是因为人类个体意识产生了这种强烈抱负。但是，每当我们回到义务的绝对必然要素这一问题上来的时候；每当我们假定从义务中发现理智所设置好的一切的时候，设置好这一切的目的当然是为了使义务得到充实和丰富；甚至每当我们假定从义务中发现理智已经约束和限制的一切的时候，约束和限制它的目的当然是为了保证它的合法性，我们不知不觉中发现自己又一次遭遇到这一基本结构问题。对于纯粹义务，我们就谈论到这里。

我们说，会不会有一种令人称奇的神秘社会？这样一个社会全力拥抱和热爱整个人类。在共同意志的激发和驱使下，它持续不断地向着自己的目标前进，它的最终目标是创立一个更加完善的人类社会。实际上，这样的社会在过去所存在过的人类社会中没有产生，那时的人类社会几乎完全靠自发维持，和动物界没有什么两样。这里，我们可以肯定地说，这样的神秘社会在将来也同样不可能实现。纯粹抱负，就像纯自然的朴素义务一样，是一种理想极限。诚然，那些神秘主义先知们依然对文明社会具有吸引力，而且他们将持续不断地吸引文明社会追随他们的脚步前进。对于他们过去表现的记忆，和对于他们过去所作所为的记忆会永远珍藏和保留在每个普通人的记忆之中。我们每个人可以重新唤醒这一记忆，尤其是当我们把这一记忆与某个特定人物的形象联系起来的时候。这一特定人物富有一种神秘主义色彩，他把这一神秘主义的光辉辐射给周围的人们，他的光辉形象也会一直活在我们的心目中。即使我们一时记不起某一特定人物的高大形象，我们知道，自己日后还是能够把它回忆起来的。所以，他对我们还是具有实实在在的影响力的。

即使我们对单个个人的道德忽略不谈，社会中还存在一种普遍的道德模式，这一模式已经被今天的文明社会所接受。这一模式包括两部分：一部分是受客观社会要求支配的命令系统，另一部分是人类的最杰出代表人物针对我们每一个人的良知所发出的一系列呼吁。就其原初要素和基本要素而言，与这些命令相关的义务属于低于理智的层次。而杰出代表人物的呼吁潜能存在于一种情感力量之中，这种情感是这一呼吁在过去的时代里激发起来的。这一情感现在仍然在得到激发，而且能够得到激发。假如这一情感可以被无限地分解成各种观念的话，它就不仅仅是观念了，它属于一种超越理智的层次。这两种力量在人类心灵的不同区域发挥各自的作用，它们的作用被投射到某一中间过渡层次上。这一层次就是指人的理智。它们的作用随后就会通过这一投射反应表现出来，这些投射反应是相互融合、相互渗透的。最终结果是，这些命令和呼吁转变成为纯理性术语。因而，公正的含义会不知不觉地通过悲悯的作用而得到持续拓宽，慈悲也越来越呈现出公正的样态。道德的要素变得越来越同质化，越来越可以进行比较，甚至可以进行相互之间的较量。道德问题可以得到清晰的描述，可以用合适的方法加以解决。这就要求人类把自身提升到一定的水平，这一水平要远远高于原先的动物社会。在那样的动物社会里，义务只是一种本能力量。但不论人类自身的水平如何提高，它也达不到众神集结的水平，达不到一切事物都具有创新冲动的水平。考虑一下按这样的方式组织起来的道德生活的各种表现，我们就会发现，它们是高度完善和自足的，因而可以被当作第一原则。道德生活将成为一种理性生活。

理智主义

每个人都会赞成和支持这一观点。但是，虽然我们已经确立了道德行为的理性特征，却并不能因此而认为道德的根源或基础在于纯粹理性。重要的问题是，我们应该弄清，当明明知道按照自己的内在倾向行事根本不足以保证义务的顺利完成和履行时，为什么我们还要硬性坚持去那样做。

我当然愿意承认，在上述情况下，是理性在命令我们那样做。但是，如果理性只以其本身的名义那样命令我们，如果它不仅仅理性地表达某些力量所产生的行为——这种力量当然就隐藏在它的背后——那么，它为什么又与人的热情和自我利益发生冲突呢？认为理性是自足的，并声称要对理性进行阐述的哲学家，只有当他再一次暗中把这些隐藏在理性背后的力量引入时，他的阐述才有可能取得成功。实际上这些力量已经在他不知情的情况下，偷偷溜回原处了。现在，我们来仔细审视一下这位哲学家对理性所进行的阐述。依据把理性看成是空洞无物的抽象，还是赋予它一种实质内容，理性可以表现为两种形式。理性被赋予实质内容的依据是，它被看成是道德义务中，保持自身逻辑一致性的根本要求，或者被看成是一种从逻辑上追求某一目标的诱惑力。现在我们按顺序对这两种形式进行讨论。

康德曾经说，一笔存款是必须要归还的，因为如果这笔存款被对方据为己有的话，它就不再具有存款的性质了。当他说这话时，他显然是在玩弄文字游戏。当然，他所说的“存款”意指把一笔钱交到朋友手上这一具体事实，同时暗示，这笔钱以后还会被索回。上面所说的存款这一单个事实和以后还要索回这一单个暗示所产生的唯一后果，就是迫使对方在不需要这笔钱时，把它归还原主，或在他缺钱时，直接把这笔钱花掉。只要存款这个词让人想起的是一个具体动作画面和与之相伴的道德概念，这两个过程就具有同样的一致性和逻辑性。或者，如果从道德的角度考虑，就应该有这样几种观念：既然这笔钱已经委托给了对方，他就不能违背自己的承诺和信誉；对方既然已经做出承诺，他就立下了誓言；即使他一句话不说，他也应该遵守双方默认的约定；这种委托行为也涉及财产权的问题等等。因此，如果接收了一笔别人的委托存款，以后却拒绝返还，这就构成了自相矛盾；这笔存款也就不成其为存款了。哲学家也许会说，在这种情况下，所做出的违反道德的行为是属于非理性的行为。但是，实际原因可能在于，人们对存款一词的理解，是基于这样的意义，即它所适用的人群具有全面发展的道德观念、习俗和义务。这里，义务不再等同于不允许自相矛盾行为发生的、简单空洞的需要。因为在这种情况下，自相矛盾存在于在接受了某种道德义务后，又出尔反尔地拒绝履行它。这种道德义务当时就是因为这种情形而产生和存在的。

这些吹毛求疵的讨论就到此为止吧。发生这样的情况是自然而然的事情，即我们会遇到确立某种道德的要求和主张，而且要求这一道德要建立在尊重哲学家和众多学者们理论逻辑的基础之上。这些哲学家和学者们习惯服从于对事物进行的逻辑推理。因此，他们往往认为，对于所有的事物来说，甚至对于全人类来说，逻辑推理应当被作为最高权威对待。虽然科学研究要想取得成功，它就必须遵守事物的逻辑和普遍逻辑；虽然，作为一个科学家，遵守逻辑规律是他的主要旨趣，但是，我们不能因此而得出结论说，我们在日常生活中必须时时刻刻按照逻辑推理行事，就好像按照逻辑行事是人的普遍旨趣，甚至也是作为人类的一员的科学家的主要旨趣。我们每个人可能都会无限地崇拜人的大脑巨大无比的逻辑功能，但是，当哲学家们坚持说，人脑的逻辑推理功能足以压抑人的自我个性和热情时，他们向我们证实说，在他们中间，从来没有听到过有人发出大声的呼喊来发泄自己内心的压抑。这也许是一件值得庆贺的事吧。对这种形式的道德，我们就讨论到这里吧。这种道德声称自己的基石是建立在理性之上的。这里所说的理性实际上披上了一层纯粹形式的外衣，披上了一层毫无内容的外衣。在讨论增添了实质内容的道德形式之前，我们必须注意，当人们自认为自己已经到达第二种道德形式的境界时，实际上他们常常还没有跨出第一种道德形式半步。当哲学家们用美德的观念自动强加于我们这样的事实来解释道德义务时，就属于这种情况。当他们从一个组织有序的社会中，得出这一观念时，他们无疑在说，当一个行为越符合美德的要求，它的道德水准就越高。在这样一个组织有序的社会中，人的行为已经根据它们是否在一定程度上适合于保持社会的团结凝聚，是否适合于促进人类的进步而被详细分类。

更为重要的是，在这样一个组织有序的社会中，有某些清晰明确的力量能导致社会的团结凝聚和持续进步。哲学家们可能还补充说，美德被认为是一种服从的表示。因为美德是唯一的一种分类标题，人们可以按照这一标题，对各种不同的行为特征进行分类。而且人们感到自己不断地在前文所述的推动力和吸引力的作用下，向这一标题推进和靠拢。各种行为方式的累进等级观念、它们各自的价值观念，以及几乎不可避免地强加于我们的各种要求，肯定是在美德观念产生之前就已经存在了，随后出现的美德也只不过是为其提供一个标签和名称而已。它最后留给自己的这一观念，对于不同行为特征的分类不会提供任何帮助，对于它们的促进和强化，作用就更小了。但是，如果反过来，人们坚持说，美德这一观念来源于所有的义务和抱负，而且坚持说，它也会有助于对人类的行为进行评价，那么，我们就应该被告知，有什么标志可以帮助我们认识到，某一特定行为方式是符合这一美德要求的。因此，我们必须得知美德的定义。

如果不设定某一生物等级序列，至少，如果不设定某种行为等级序列或变化提升序列，我们就无法明白，美德要如何进行定义。但如果这一等级序列本身就存在，我们就没有必要再提出确立美德观念了。而且，我们不清楚，为什么要坚持这一等级序列，为什么应该尊重它。为了支持这一观点，我们只能借助于审美理性。我们可以宣称，某一种行为方式优于另一种行为方式，它能使我们在生物等级序列中处于相对较高的位置。但是，如果有人宣称他把个人旨趣放在高于一切的位置，我们将如何做出回答呢？因此，仔细审视一下这一问题，我们就可以发现，这一道德从来也没有达到过一种自足状态。它只是作为一种艺术平衡力，不断地添加给各种义务。这些义务是以前就已经存在的，而且，是这些义务才使这一道德的存在成为可能。当古希腊哲学家们把至高无上的尊严归结于纯粹美德观念的时候，或者，更概括地说，当他们把这一尊严归结为一种冥思苦想的人生的时候，他们是在替被选定的少数人辩解，这些少数人是社会中形成的少数群体。他们最初的时候都把社会生活看成是理所当然的事情。据说，这一道德对义务漠然置之，对于我们所理解的义务也一无所知。它的确对义务漠然置之。但是，确切地说，它这样做的原因恰好在于它把义务看成是不言而喻的事情。哲学家最初肯定也是按照全体市民的要求，跟其他人一样履行自己的义务。也只有那时，道德才能随之产生。而且，道德使得人们把生活过程看作一种艺术创作过程。因此，它注定会使人的生活更加美好多姿。总之，作为对我们所讨论问题的总结，把道德建立在理性崇拜之上是不会有什么问题的。不过，道德到底能不能真的像我们所说的，建立在理性的基础之上，还有待我们做进一步的研究和考察。

理性可以为我们的行为活动提供一个符合理性原则的明确目标，而且，作为补充，理性在给我们提供这一目标时，还指导我们有条不紊地向着这一目标努力。但是，我们很容易明白，没有一种这样的目标可以只作为一种理性主张，自动地强加给人们。甚至我们已经表明的双重目标，以及保持社会凝聚和促进人类进步的双重使命都不可能只作为一种理性主张，自动地强加给人们。如果我们具备某种真正影响我们意志的积极力量，理性就能够而且应该参与进来协调这些力量所产生的后果。但它不可能与这些力量发生激烈争执，因为人们始终可以用理性的方法来进行争论，人们始终可以用理性的方式来面对与别人的争论，甚至，可以拒绝所有的争论，只简单地回答说："我是这么想的，所以也这么说。"事实上，一种自认为正在把义务建立于纯理性考虑之上的伦理系统，不知不觉地再次引入了理性之处的不同原则力量。这一点我们在前面的论述中已经指出，而且，在下文中还会继续指出。这就是这一伦理系统最终取得成功的真正原因。

真正的义务是一种客观存在，不论它被打上什么样的理性烙印，它自然而然地呈现出的，还是义务的本质特性。社会本身就具有一切团结凝聚力量和向前发展的动力，它已经是一种客观存在。这就是为什么理性可以把某一目标确立为一种道德准则的原因。这一目标是整个社会中的人们奋斗和努力的方向。通过建立一种旨在实现这一目标的完整一致的手段体系，理性将在某种程度上对道德进行再次发现。再次发现的过程将遵循一般的常识性看法，遵循人们的一般行为规范，或人们所声称的一般行为规范。因为每一个这样的目标都是靠理性从社会中精选出来的，它实际上已经被完全社会化了。正因为如此，它也就包含了在社会中所发现的所有其他目标。因而，即使我们把个人兴趣作为一种道德原则，我们也会发现，其实建立一种跟当前的主流道德非常类似的理性道德并不十分困难。这一点已经被实用主义道德的相对成功所证实。

对于生活在人类大家庭中的个人来说，利己主义包含着一种合法尊严与自豪，包含着对于表扬与称赞的追求等因素。最终结果是，纯个人兴趣已经变得非常难以定义和说明。它所包含的公共利益的要素如此之大，以至于要把纯个人兴趣或利益与公共利益区分开，是非常困难的。我们可以想一下我们平常所说的自爱、甚至妒忌和羡慕等词语中所含有的对于他人的敬畏成分。任何要保持绝对自利主义的人，都不得不把自己封闭在自己的狭小圈子里，而且他也从来不会在乎邻居们对自己的妒忌和羡慕。在这些不同形式的忌恨中，也会带有一丝的同情之心。对于生活在人类大家庭中的个人来说，他即使存有很大的邪恶之心，也并不是没有一丝的善良表现。所有的一切都与名利感融合在一起了。名利感则意味着善于参加各种交际活动。这样，从荣誉感、同情之心、怜悯之情等情感中抽象和总结出全部的道德准则或近似全部的道德准则，也就变得更加容易了。对于生活在现实社会中的个人来说，他的每一种上述情感趋向都满载着社会道德的全部沉积和负担。如果我们用它来对道德进行解释，要避免回避问题的实质，就必须冒着把它精简到最低程度的危险，首先对它进行彻底减负。

这类理论能够如此轻而易举地被建立起来，可能会引起人们的怀疑。如果形形色色的目标都可以被哲学家这样转换成道德目标，我们可能不禁要发出质疑。因为他们并没有弄清哲学家思想的核心本质，因为他们一开始就把黄金置于坩埚的最底层。这样，这些主张显然都无法对义务进行恰当的解释。为了实现某种目标，我们可被迫采取某种手段。但是如果我们选择放弃目标，这些手段又如何能强加给我们呢？然而，通过把某一个这样的目标作为道德原则，哲学家们就能从中推演出一整套准则系统。这些准则系统虽然还没有达到形成一种强制形式的程度，但它已经非常接近这样一种强制形式了，因而取得了非常令人满意的效果。原因很简单。我们再次重复，在一个充满各种强制性压力的社会中，当人们考虑追求和实现这些目标时，同时考虑到与之相应的各种抱负，并对这些抱负加以扩展。压力和吸引力都有其特定的目标，两者都会导致一种准则体系的产生。因为每一种准则都是指向某一个人或社会目标的实现的。当哲学家们在现场出现时，所有这样的准则系统都已经是当时社会氛围中的客观存在物了。每一种准则系统都包含各种不同的准则，这些准则与哲学家们将要阐述的准则在实质上是非常接近的。前者指的就是义务。这些准则被哲学家们重新发现，但他们已经不再以命令的形式表现出来，它们现在只不过是人们理智地实现某一目标的一些建议。

这些建议也可以很容易地被人的理智否认。这些准则被一些模棱两可的，甚至是虚拟的准则抢先占据。这些模棱两可的或者虚拟的准则与它们非常类似，但这些准则里包含了义务，它们因此就具有义务性了。但是，这种义务不是自上而下推断出来的，这与人们的想象不同。也就是说，这种义务不是来源于某一个使各种准则得以演绎而出的原则。它是自下而上产生的，即它来自于最底层的压力，这些压力可以扩展为抱负。抱负又构成了社会的基础。总之，道德理论家们认为社会是理所当然地存在的。因而，他们也认为社会的稳定和流动所依赖的两种力量是理所当然地存在的。道德理论家们可以利用这样一个事实，即所有的社会目标之间是互相渗透的；同时，他们还可以利用另一个事实，即每一个社会目标都似乎被注入了上述两种力量，而且这些社会目标和以前一样依赖于社会的稳定和流动。因此，他们可以毫不费力地重构道德的内容。他们把某一目标假定为原则，然后阐明这种道德是义务性的。因为，既然把社会看成是理所当然存在的，他们也就会认为这种道德的实质、形式、它的全部内容、它被赋予的全部义务等都是理所当然存在的。

现在我们从更深的层次来研究和思考这一错觉。实际上，这种错觉是所有的道德理论体系共同存在的。这个问题正是我们所要弄清的主要问题。义务是一种社会需要，人们可以围绕它来进行各种争论，它因此也通常与理智和自由相伴。实际上，这一需要类似于伴随某一生理或者是物理作用而产生的需要。在一个天生就缺乏理智的人类社会，个人不具备做出选择的能力。注定能维持团体的存在和凝聚的行为必然会发生。这一行为将会在某一确定力量的影响下完成。这一力量等同于促使一只蚂蚁为蚁山的整体利益而辛勤工作的力量，或促使有机体每个组织细胞协调工作的力量。但是理智介入和参与了其功能选择。这是一种新的力量。这一力量使得另一力量维持在实体状态中，或者说使它维持在现实状态中。人们几乎无法感知到这一力量的具体实施行为，但对它所造成的压力却能明显感觉到。这非常类似于钟摆的摆动原理。钟摆的来回摆动是弹簧的张力作用的结果，当钟摆通过摆动防止弹簧的张力超过极限而造成突然断裂时，它所产生的作用就是对造成弹簧断裂的原因实施一种预防和调节行为。

那么，理智会发挥什么作用呢？这是人类个体自然具有的应对生活挫折的一种功能。它不会沿着这样一种力量的方向发展：与之相反，这种力量不是为了应对生活挫折，而是为了种群的维持。这一力量如果涉及个体因素的话，也是为了整个种群的利益得到保证。有时，它也会直接做出一些利己的决定，但这只是它的一种原初冲动。它也会不可避免地料想到一种能让它感觉到一种无形压力的力量。它因而会说服自己认识到，一种理智的利己主义应该允许所有其他的利己主义有存在的空间。

如果理智出自一位哲学家，它将构建一种伦理学说。在这一学说中，个人利益和群体利益之间的相互渗透关系将得到阐释；而且，人们为了理智地获取自我利益，义务将会被带回到为他人着想这一需要，这一需要也将不断地被人们认识和感知到。但是，我们可能回答说，用这种方式来看待我们的自我利益不适合我们现在的情况。我们还不清楚为什么自己能做到义无反顾地做出某种行为。然而，我们在实施某些行为时，确实是义无反顾的。我们的理智对这一点有清楚的认识。这就是它为什么试图对其进行阐释的真正原因。但事实是，它的阐释之所以表面上看起来很成功，是因为它为自己没有提及的问题扫清了道路。这才是问题的实质：这属于经验和情感方面的需要。这种需要被某些论争置于背景的位置，没有给予足够的重视；而另外的一些相反论争却竭力恢复其重要地位。

因而，严格说来，义务中的强制义务性并不是来源于理智。理智只是为义务提供了一些犹豫不决和再三考虑的因素。当理智表面上看起来已经成为义务的基础的时候，它只能在抗拒各种抵抗力量的过程中得以维持，或者说，它也只能在防止自己受到来自外界的抗拒的过程中得以维持。在下一章中，我们会看到，理智所获得的各种支持与帮助。现在，我们把话题转到我们认为十分有益的对比分析中来。当一只蚂蚁不辞辛苦、心甘情愿地在蚁山中完成自己的工作任务的时候，它似乎从来没有考虑过自己的得失，它似乎只为蚁山的整体存在而活着。这时，这只蚂蚁很可能处于一种梦游状态之中，这是它对一种不可抗拒的需要的服从。让我们想象一下，如果它突然获得了理智，那将是一种什么情形呢？它将理智地思考它所做的一切，弄清自己这样做的原因。它也许会说，自己没有轻松愉快地享受生活，那简直是太愚蠢了。“我现在奉献的已经够多了，应该到了自我放纵一下的时候了。”它感到自然秩序和命令完全是给人带来痛苦和折磨的事情。但是，自然一直在注视着它的一切行为和活动。这时，自然给这只蚂蚁赋予了一定的社会本能。也许是作为对本能这一过渡过程需要的回应，自然为这只蚂蚁增加了些许理智成分。不论理智对于本能的作用造成多么轻微的混乱和失调，它将再也无法自动地使事物按正确的方式运行，而且，已经按正常轨道运行的事物也会陷入瘫痪状态。因而，一种理性行为可以证明，一只蚂蚁为蚁山辛勤工作，始终还是为了其自身的利益。这样，义务也会从表面上找到自己的基础。但事实是，这样的基础是很不稳固的，而且义务已经存在于所有的力量之中，理智只是阻碍了自身的障碍。研究蚁山的哲学家仍然不愿意承认这一点。他无疑会坚持赋予理智一种积极的、而不是消极的功能和作用。这也是绝大多数道德哲学家们的所作所为。原因或许在于，他们本身都是知识分子，因而担心不能给理智以足够的重视；或者，对他们来说，义务从表面上看起来很像一种不可分割的实体，容不得各种理性分析。

恰恰相反，如果我们从中看到一种类似于强制性冲动的力量，而且这种力量可能被所遇到的抵抗阻止，我们就会认识到，所遇到的抵抗来自于人的理智。同样，对于所遇抵抗的抗拒力量，也来自于人的理智。我们实际上还会认识到，这种作为实质的强制性冲动力量，却有着不同的来源。事实上，没有哪位哲学家最初可以避免视这种冲动力量是理所当然存在的。

但是，通常情况下，他的这种所谓“认为是理所当然存在”的事情，只是一种模糊不清的认识，而不是用语言清晰地表达出来的。我们自己也曾经这样认为，也曾经这样说过。然而，我们往往把它与一种必须认可的原则联系起来。不论一个人属于什么哲学派别，他都必须认识到：人是一种有生命的物种；生命沿着两条主线的进化过程已经按社会生活的方向完成；生命是一种有组织的活动，协调和联系就是最普遍的活动形式。如果上述观点成立的话，我们就通过一种自己无法察觉的过渡形式，从有机体组织细胞的协调关系过渡到人类社会每个个体之间的相互关系。这样的话，我们就把自己的认识局限于注意到一些不可争辩的事实或者说不能争辩的事实。但是如果我们承认这一点，那么，关于义务的任何理论化学说的建立就没有什么必要、也没有什么价值了。之所以说没有必要，是因为义务是一种生活需要；说它没有什么价值或效果，是因为所提出的这些理论化学说，最多能从理智的角度提供一些合理性论证。那么，对于产生于理智的复兴与重构之前的义务来说，它提供的论证就更不完善、更没有说服力了。

生命冲动

生命也有可能在这一点止步，即只是建立了一种封闭式社会，其成员全部在严格的义务限制和束缚下聚集在一起。由于这种封闭式社会的成员都是具有理智的个体，这类社会将呈现出各种在动物群体中无法见到的变化，因为动物的群体是受本能支配的。但是，封闭式社会所呈现出的这些变化还没有发展到足以让人产生进行根本变革或局部变革的想法。社会也不会发生如此大的改变，以至于某一单个社会就有可能囊括全部人类。事实上，这样的社会还没有存在过，将来也不可能存在。自然也许根据人的具体情况，尽最大努力为人类设计出在一些社会团体中相处的基本道德形态。但是，正如已经出现的、敢于摆脱理智束缚的杰出人物一样，这样的杰出人物又出现了。在某些时期，理智给予个人的束缚远远大于它突然间施加给整个人类的束缚。这些新出现的杰出人物，认识到自己与周围普通人之间的关系。他们不是循规蹈矩地待在自己所处团体的范围以内，不敢跨越自然为这个团体设置的团结凝聚雷池半步，而是勇敢地担负起以满腔的激情热爱全人类这一重任。每出现一个这样的杰出人物，就像一个新的族群被创造出来一样。不过这个族群只有一个成员组成。一种充满生机和活力的冲动力量在一个人身上达到顶峰，而且这一冲动力量在这个人身上能持续相当长的间隔时间。这样的情形及其效果绝对不可能突然间在整个人类社会发生。每一颗这样的心灵，都标志着生命进化过程中的一个节点。每一颗这样的心灵也是爱的一种原初表现形式，这种爱似乎是人类创造性努力的核心本质。

创造性情绪体验使这些杰出的心灵得到升华，这种创造性情绪体验也是这颗热情洋溢的心灵的最佳表现。同时，这种创造性情绪体验也迅速地向周围传播和散发。作为一个热情奔放的引领者，这些杰出人物不断把自己的热情向外界和四周辐射。这种热情永远也不会被完全熄灭，它随时可以在周围人的内心点燃起熊熊烈火。今天，在想象中，我们可以把这些伟大的道德人物呼唤到我们的现实生活中来。当我们听到他们的话语或看到他们工作的情形时，我们会感到，他们把一种内在激情传递给了我们，并吸引我们去追随他们的道路。这不是受到某种程度削弱的冲动力量，而是某种程度上难以抵抗的吸引力。但是，我们所说的第二种力量，实际上和第一种力量一样，不需要进行过多的解释。因为，谁也无法否认这两种事实：一种被叫作推动作用，或类似于推动作用的力量。这种推动作用是由人类称作习惯的一种力量施加的。这种在人类中被称为习惯的力量，在动物界与之相对应的是本能。另一种被叫做情绪，这种情绪可以唤醒人的内心世界。在第一种情形下，人们所拥有的是原始义务。而在第二种情形下，人们所拥有的义务则是第一种情况下的义务的延伸与扩展。

但是，在这两种情形下，人们所面对的力量并不是严格意义和绝对意义上的道德力量，因而对于其根源的追溯，也不是道德家们的特殊使命。由于他们仍然坚持要这样做，哲学家们便对以当今形式呈现的义务的综合本质产生了误解。他们被引向这样一种认识，即对人的意志的影响力取决于人的心理意象或心理活动。就好像一种观念可以直接地被要求成为现实，好像在这种情况下，观念绝不是对所有事物共有特征的理性抽象和概括。更有甚者，好像在这种情况下，观念绝不是人们一整套心理趋向和抱负在理智层面的投射反应，这些心理趋向和抱负，有的高于纯理智层面，有的低于纯理智层面。如果我们恢复道德的双重来源，所有困难就能迎刃而解。不仅如此，它的双重来源最终将融为一体，因为社会压力和爱的冲动只不过是生活的两种互为补充的表现。通常情况下，这两种表现都会尽力维持一般的社会形式。这一社会形式包含人类社会的最初特征，但是，它能促使人类社会这些最初特征发生显著的改变。原因在于，和某一新物种的外在表现一样，每个人类个体都代表了一种创造性进化的努力。

道德教育与神秘主义

或许并不是所有老师对道德的这一双重来源都具有完整的

理解和感知，但是，当他们试图把道德知识传授给学生，而不是仅仅与他们谈论一下这个话题时，他们立刻就能对其有所感知了。我们不否认仅仅依靠理性分析而进行的道德教育的作用，我们甚至也不否认社会对这种教育的需要。通过这种教育，教育者可以对各种义务和责任进行解释，并把它们与某一道德原则联系起来，他还可以在遵循这一原则的前提下，制定出详细的教育方案。只有在理智的层面，也只能在理智的层面，才有可能真正讨论道德问题。世界上没有一种完善的道德不需要进行反思、分析，没有一种完善的道德是不需要与他人开展争论，甚至与自我进行争论的。但是，如果指向理智的道德教育对于促使人们对道德感产生信心和好感是必不可少的，如果当我们具有良好的意愿，而这种良好意愿必须被放在首位时，这种道德教育能有助于我们充分实现这一意愿，那么，这种意愿就和理智一样标志着我们意志力的方向。这时，它的这一标志作用甚至超过理智。

那么，我们如何获得意志力呢？有两种方法可供教育者随意使用。一种是通过意志力的训练，这是从意志力这个词的最高意义来说的；另一种是具有神秘色彩的方法。第二种方法与第一种方法恰恰相反，它是从这个词的最严格意义来说的。第一种方法所传授的是一种由多种客观习惯组成的道德。而通过第二种方法，我们获得的是对某一个人的模仿，甚至是对某个精神团体的模仿。从某种程度上说，这是一种完美的认同感。人类所接受的原初道德训练，即由自然所给予的训练，体现在接受团体的共同习惯。这是一种自动化训练。当个人感觉到自身有一半已经融入所在的集体之中的时候，这种原初训练就会本能地发生。社会通过劳动分工而发生分化，它授权于其内部所形成的道德教育团体去完成对个人进行教育的任务，使人的行为能与所在的团体、乃至整个社会保持一致。但这实际上还仍然是为了维护社会的唯一利益，而形成的习惯系统。无疑，如果这种类型的道德是完美无缺的，在迫切需要时，它就能满足社会的需要。因此，人们就被严格限制在狭小的职业或行业范围内，全身心投入日常工作。人们的生活也被有条不紊地安排好，使他们最大限度地做到完成的工作任务最多、完成的工作质量最好。这时，人们除了完成本职工作以外，通常还能履行各种其他义务。道德原则或纪律的约束将使他们成为一个诚实善良的人。这是第一种方法，它往往在许多客观领域里发挥有效作用。

第二种方法在必要时，可以对第一种方法起补充作用，有时甚至能直接取代第一种方法。我们可以毫不犹豫地称这种方法为宗教方法，甚至也可称之为神秘主义方法。但是我们必须对这两个词的含义进行澄清，并统一看法。人们喜欢说，宗教是道德的同路人，因为它的教义中引入了对受到惩罚的恐惧和得到奖赏的希望。这种认识也许是正确的。但是，他们还要补充说，在这方面，宗教所起的作用不外乎是通过一种神圣的公正来扩展和更改人类现有的公正概念。它为人类社会所确立的奖赏和惩罚规则添加了其他的内容和含义，因为人类社会所确立的这些奖赏和惩罚规则在执行过程中远远没有达到非常完善的地步。而宗教为这一规则所添加的成分，是无限高尚的。只有在人们脱离了尘世，到达“上帝之城”后，宗教所添加的这些奖赏和惩罚才能施予他们。我们现在仍然还停留在“人间之城”的层面上。毫无疑问，宗教已经被引入我们所处的“人间之城”，但它的引入，却并不是立足于其特有的宗教层面。不论它的教义能达到多么崇高的地步，它仍然把道德教育作为重要的培训手段，把道德作为一种原则。所以，它仍然坚持依靠我们所说的两种方法中的第一种，还没有跨越到第二种方法。另一方面，每当宗教这个词被提到的时候，我们通常会立刻想到它所蕴涵的宗教信条和超越性理论。所以，当人们说宗教是道德的基础的时候，我们会立刻想象到一组与上帝和尘世有关的概念。接受这些概念往往被认为可以导致人们积德行善。

但是，很明显，人们这样认识的这一组概念，对于我们的意志力和日常行为的影响作用，和我们平时所说的理论或者观念对于我们意志力和日常行为的影响作用是完全相同的。我们现在还处于理智的层面，正如我在前文中所暗示的，不论是义务本身，还是能促使它得到扩展的力量，都不可能产生于纯粹的观念。纯粹观念对人的意志力的作用只能做到，使我们乐于接受这些纯粹观念，并把它们付诸实施。如果你现在说，这一超越性系统能迫使我们自我提升和完善，并凭这一点把它与所有其他系统区别开，你也许同样是正确的。但这时，你想到的不单是它的内涵，也不是纯粹观念，你还引入了其他因素。这一因素强调外在表现，它赋予这一超越性系统不可否认的功效。这就是特定宗教因素。能成为道德的宗教基础的，正是这一特定因素，而不是把它与之相联系的超越性理论体系。这里，我们所讨论的实际上是第二种方法。我们首先讨论一下神秘主义经验。这里我指的，是不同于任何其他阐释的直接性神秘主义经验。真正的神秘主义者往往只向即将到来的思想潮流敞开心扉。由于他们感觉到自己内心中有一种超越自我的力量，所以他们始终充满自信，结果他们成了伟大的活动家。他们的行为，令那些只把神秘主义看成是一种幻影、狂喜、沉醉的人惊讶不已。他们允许一股热流进入自己的内心，这股热流很快传遍他们周身，并通过他们，渗透到周围人们的体内。他们把所获得的热量和温暖传播给周围人的这一强烈需要，像爱的激情迸发，感染和打动着他们自身。他们每一个人都为这种激情四射的爱的热流，打上了自己的人格烙印。这种爱的体验对于他们每个人来说，都是一种全新的情绪体验，这样的情绪体验能让人类的生活格调发生根本改变。因此，这种爱可以使得他们每个人自身得到他人的爱，以至于通过他们，或者说为了他们，其余的人们都敞开心扉去拥抱和热爱全人类。

这种爱也可以通过这样一个人作为媒介，进行传播。这个人把自己的一切与那些敞开心扉热爱全人类的人们紧密相连，或者与对他们的美好回忆紧密相连，并按照他们的生活方式，来构建自己的生活方式。我们继续按照这一思路来思考这一问题。如果一位伟大的神秘主义者或他的追随者的一句话能在我们中的某个人内心激起共鸣，那么，我们中间是不是也潜伏着一位这样的神秘主义者，他只是在伺机猛醒呢？首先，一个人要把自己与客观世界联系起来，并试图从中找到自己立足之地。他会对某一著名人物的号召做出回应。这一号召也可能来自一位道德生活的启示者或他的追随者。甚至在某些情况下，这一号召的发出者就是他本人。

不论采取这两种方法中的哪一种，在这两种情况下，人类本质的基础都被考虑到了。只是有时是从其本身静态地加以考虑的，有时是从其根源动态地加以考虑的。一种错觉认为，道德压力和道德抱负都可以从只作为一种事实考虑的社会生活中找到终极解释。我们喜欢说，社会是一种客观存在，因此它不可避免地对其成员施加某种限制和约束。这种限制和约束就是义务。但是，首先，为了社会得以存在，个人必须把一整套内在倾向带入其中，因而社会就不是不解自明的。

因此，我们必须深入研究社会的历史积淀，必须深入到生活底层进行发掘。对于这样一种生活，人类社会连同整个人类种群，都只不过是它的一种外在表现。但是，只认识到这一点还远远不够。如果我们不仅想弄清，社会是如何对个人进行约束和限制的，而且想弄清，个人是如何从中获取一种道德转型、并把它确立为一种最高裁定的，我们就必须进行更加深入的研究和思考。如果社会是自足的，它就是最高权威了。但是，如果它只是生活的一个方面，我们就可以很容易地想象生活赋予杰出人物的一种全新生命冲动力量，它已经把整个人类种群安置在生命进化的某一个节点上。获得全新生命冲动的杰出人物们，又以新的姿态把自己融入社会之中，帮助社会沿着其现有的道路继续前进。的确，我们应当向着生活的真谛奋力前进。如果我们只把自己局限于外在表现，一切都将变得莫衷一是。无论我们不加区分地把一切事物都说成是社会性的，还是要在社会性的个人中，更详尽地考察理智的特征，只要我们仍然局限于外在表现，结果就必然是莫衷一是。相反，如果我们开始透过这些外在表现来探究生活的本质，那么，一切又将变得显而易见。现在让我们赋予生物一词它本身应当具有的广阔含义。或许有一天，我们可以这样总结说：所有的道德，不论属于压力的道德，还是属于抱负的道德，其本质，都具有生物性。

第二章　静态宗教

“理性存在”的谬误

在过去的时间里，宗教所呈现出的壮观景象，以及今天某些宗教正在呈现出的壮观景象，简直是对人类理智的莫大羞辱。多么荒谬和愚蠢的胡言乱语啊！经验可能确实会说：“那是错误的。”而理性接着会说：“那是荒谬的。”只有人类更加不可思议地坚持这些荒谬和错误。如果一切只是这样，那就好了！但是，宗教还宣扬和要求永生，它还规定了罪恶。它越是赤裸裸地宣扬这些东西，它在人们生活中所占据的实际空间就越大。要在将来与科学、艺术、哲学平分天下，它首先谋求自己单独得到它。现在看来，我们开始时把人解释为一种理性的存在物是多么荒唐和奇怪啊！

当我们看到，到目前为止最愚昧无知的迷信活动都已经成为普遍事实的时候，我们会感觉到更加尴尬和难堪。实际上这一切照样到处存在。我们过去发现，当然现在也同样发现：人类社会既没有科学，也没有艺术，更没有哲学。但是，所有的社会都必定有宗教。

在这一点上，如果我们把自己与动物进行比较，我们会产生什么样的困惑呢？最大的可能性是，动物不懂得迷信。我们对于发生在动物大脑里，而不是人自己大脑里的情况知道得少之又少。但是，由于宗教情感通常通过态度趋向和行为活动表现出来，如果动物也具有宗教意识的话，我们肯定能通过一些象征性标志或符号而觉察出来。然而，人们却从来也没有发现过这样的象征性标志或符号。这一铁的事实，人们必须面对。生物界唯一具有理性的物种——智人，也是生物界唯一把自己的生存维系在非理性的事物上的物种。

的确，人们往往把“原始心智”描述为，类似于今天的低级物种的心智，或者远古时普通人的心智。实际上，导致迷信产生的始作俑者，就是这种原始心智。如果这意味着仅仅是把在某一共同标题下的某些思维方法进行分类，同时注意它们之间的某些相互关联，这当然是一种有益的工作，也是一项寻常的工作。说它是有益的，是因为它对非常令人感兴趣的种族研究和心理研究进行了划分；说它是寻常的，是因为它只不过确定了，在文明程度落后于今天的人类社会中，也存在某种信仰和行为习惯而已。莱维·布律尔先生的著名论著，尤其是他的后期著作显然也局限于这一点。但这并没有使这样一个问题得到丝毫解决，即根本不具有任何理性特征的信仰和行为习惯，是如何被具有理性的人类所接受和承认的呢？它们又是如何甚至今天还在被具有理性的人类所接受和承认的呢？我们不禁要对这样一个问题的答案进行探究和思考。不论自己是否愿意，莱维·布律尔先生令人羡慕的著作的读者，将会从他的论述中得出这样的结论：人类理智经历了一个进化过程；自然逻辑并非是一成不变的；“原始心智”对应于一种不同的基本结构，这种基本结构被我们人类自己的心智结构所取代，而且今天，这种基本结构只能在一些落后的民族中发现一些踪迹。

但是，这一结论实际上承认，人类个体在过去几百年的进化过程中所获得的心理习惯，实际上是可以遗传的，它的本质会发生一定的变异，从而给人类种群带来一种新的心智状态。这样一个论断实际上是最令人质疑的。即使人们认为，父母所形成的习惯被遗传给了其子女，这也是十分罕见的情况。这样的情况，是由整个错综复杂的成长状况中的某些偶然巧合因素促成的，但这不会造成整个种群的心理结构发生改变。既然心理结构保持不变，一代又一代人在成长过程所获得的经验就足以解释为什么我们的思维方式不同于原始的野蛮人，为什么原始的野蛮人不同于现代人。一代又一代人在成长过程中所获得的这些经验，不断在社会环境中得到积淀，又通过社会环境回馈给我们。在这两种情况下，心理的活动几乎是一样的，但它所处理和加工的事实材料却迥然不同。在两种根本不同的社会环境下，社会的需要也不可能完全相同。我们自己所进行的调查研究，会促使我们得出这样的结论。在没有预见到这一点的时候，我们只能说，对于原始人类的观察研究必然会引发迷信的心理来源这一问题。我们也只能说，人类思维的一般结构，似乎为我们提供了解决问题的足够资料和数据，这当然是基于对当今时代的文明人的观察来说的。

当我们讨论“集体”心智，而不是“原始”心智的时候，我们将遇到同样的问题。根据艾米尔·涂尔干的观点，人们没有必要去尝试弄清，为什么某一宗教要求人们信奉的那些东西，“对于个人心智来说，显得如此令人困惑不解。原因只在于，对于宗教要求人们信奉的那些东西的表达和思考，不是由这些个体心智来完成的，而是由集体心智来完成的。当然，这种集体心智对客观事物的认识和看法，肯定会不同于我们的个人心智，因为它是另一种性质的心理活动。社会有其独特的存在模式，当然也有其独特的思维模式”。[1] 就个人而言，我们很容易承认集体思维表达的存在。它们积淀在社会制度、语言和习俗中；它们共同构成社会理智。社会理智是个人理智的必要补充。但是，我们无法弄清楚，为什么这两种心智会发生冲突，为什么其中的一种心智会给另一种心智带来困惑和不安。经验教给我们的一切与之完全是两码事，社会学也似乎没有为我们提供任何支持这一说法的根据。

如果我们坚持这样的观点，即自然的作用到个体这里突然停止，而且，社会是某一偶然事件或集会的结果，我们就可以为这一争论画上一个句号，并坚持说，个体的联合，导致了集体理智的产生。这种个体联合，类似于各种主要元素在化学合成中的结合。集体理智的某些思维表现形式可能令个人心智感到困惑不安，但是今天，谁也不会赋予社会某种偶然性或契约式的根源。如果我们可以公开对社会学进行批评的话，我们会说，社会学严重地偏离了它的主流方向。它的某些研究指标往往把个体视为一种抽象物，而把社会体系视为唯一的客观实在。但是，如果那样的话，为什么集体心智在个体心智中没有得到任何预示或体现呢？我们如何想象，自然既然已经把人类打造成“政治动物”，它为什么又这样安排和处置人类的理智，以至于当他从政治的角度思考问题时，却又感觉如此的不适应呢？

① 《社会学年鉴》，第二卷，第 29 页。

就个人来说，我们认为，在对个体进行研究时，对于这样一个事实，人们不论怎样估计也不过分，即个人是注定要适应社会的。正是因为没有对这一事实进行充分考虑，社会学在某些方面才难以取得明显的进步。当然，我说的这些，并不是从某些反常或病态情况的深入研究中所获得的成果。这些研究暗示，在群体的各个成员之间，比如，在蜂房的蜜蜂个体之间，存在一种无形的结合力量：一旦离开蜂房，蜜蜂很快就会焦虑而死；同样的道理，人如果脱离社会，或不能充分地参加社会活动，也会遭遇类似的心理疾病。这种心理疾病被称为精神萎靡症。

但到目前为止，人们几乎还没有对这种心理疾病进行充分研究。当这种与社会隔离的状态长久持续的时候，比如长时间幽闭独处，它就会引发典型的精神疾病。在心理学方面的论著和书籍中，应当有针对这一现象的单独论述。这样，当人们阅读完毕，合上书本时，这些论述就能显示其巨大的功效。但只是这样，还远远不够。一门科学的未来取决于它最初对其研究对象的解剖和分析方法。如果它有幸能够像柏拉图技术精湛的厨师那样，沿着自然分界线进行切割，那么，不论它切割多少次，也几乎没有什么意义。把整个事物切割成碎片的过程，实际上能够为分析事物的各个元素提供有效的方法，因而，我们最终可以获得对整个事物进行简明扼要地分析表达的方法。

当心理学家们从对问题进行更深层次的解剖分析中退缩回来时，他们没有充分地认识到这一点。比如，他们在未进行充分调查研究的情况下，就轻易认定了感知、解释、理解的某些一般性功能。他们没有调查，发挥作用的机制是否会根据这些功能涉及的是人还是物而有所不同。他们也没有调查，发挥作用的机制是否会根据理智是不是与社会环境相融合而有所不同。但是，绝大多数人都已经对这种区别进行过概述，有的甚至用语言对其进行了记录。除了提示人们表达具体事物概念的“感觉”以外，人们还提出了“常识”这一术语。这一概念与人的交往相关。我们会自然而然地注意到，一个人可能是一位一流的数学家、物理学专家、敏锐的心理学家，甚至是我们的自我分析判断能力所想到的任何一位某一行业的专家，然而，他可能对于其他人的行为活动产生完全的误解，对于自己的行为活动产生错误判断，甚至永远也无法适应周围的环境。总之，出现这样的情况，就是缺乏常识的表现。迫害狂的存在，或更确切地说，固执地曲解事物意愿的偏执者的存在，恰好证明常识也可能在理智的正常功能不发生任何改变的情况下，出现偏颇和缺陷。这一病症的严重性、其对一切治疗措施的顽固抵抗，以及早期的病症通常要在患者染病很久才能被检查出来这样的事实等等，所有这一切似乎表明，在这方面，我们是有严重的先天性心理缺陷的。我们对这一缺陷已经在前文中进行过明确的描述。那么，常识，也可以被称为社会意识，就像人类的语言功能一样，是正常人本身固有的。常识同样也暗示着社会的存在，而且，它在有机体个体中，即在单个社会成员的身上是有所预示和表现的。

人们的确很难接受这样的事实，即自然把社会生活安放在人类两大进化路线的两个极端位置，这两个极端位置分别以膜翅目昆虫和人类告终。自然能够对蚁山上每个蚂蚁的具体行为活动进行事先调节，然而，自然却忽视了一件它不应该忽视的事情：它没有给人类提供一种协调自身与周围人之间行为关系的指导原则。哪怕是一条笼统抽象的指导原则，也未尝不可啊。毫无疑问，人类社会不同于昆虫群体，因为它无法决定个体的行为活动。事实上，对于集体的行为活动，它也无法决定。但是，这就等于说，行为活动是昆虫的本性中已经预设的。而人的本性中，所预设的只是他实施行为的能力，人的行为能力仍然存在。它在个体中得到了有序的组织，因而可以在社会中发挥应有的功能。那么，社会心智随后又是如何产生的呢？它似乎是一种额外添加的要素，而且容易对个体心智造成困惑和不安。为什么前者不能在后者中体现出来呢？我们所讨论的问题实际上仍然没有得到完全解决。这个问题就是要确定，荒谬无知的迷信是如何在过去一直控制，而且现在仍然控制着具有理性的人类生活的。我们曾经说过，尽管我们坚持讨论原始心智，但是，这一问题与现代人的心理仍然具有重要联系。这里，我们还应该补充说，尽管我们坚持讨论集体心智表现，但这一问题与个体心智仍然有着极其重要的联系。

神话创造功能

但困难是否在于这样一个事实，即心理学没有按照自然设定的原则对研究对象进行细致的解剖分析呢？产生迷信的心智表现往往显示出一个共同特征，即具有迷幻性。心理学把它这种迷幻性特征与人的一种普通心智能力——即想象力——联系起来。它同时把科学上的发现与发明、艺术上的创作成就等也置于相同的标题之下。但是，为什么我们把如此不同的事物组合在一起，赋予它们相同的名称，从而表现事物之间相互联系这一观念？我们这样做的原因，只不过是为了便于口头表述。还有一层完全消极的原因就是，这些各种各样的行为活动既不是感知，也不是记忆，更不是大脑的逻辑思维活动。现在，让我们一致同意对迷幻性的心智表现进行单独分类，并把导致这种迷幻性心智表现的行为活动称为“神话创造”或“神话想象”吧，这是朝着解决问题的方向迈出的第一步。我们可以注意到，当心理学把各种心理活动分解成各种具体行为时，它没有付出足够的努力，去弄清每一个这样的具体行为的特定目的。确切地说，这就是各种细分——即细致的解剖分析，在通常情况下，都是不恰当的或不真实的原因所在。毫无疑问，人具有想象能力，也具有进行哲理性思维的能力。但是，他首先必须生存。毋庸置疑，人的心理结构产生于维持和提高社会和个体生活水平的需要。如果心理学不把关注维持提高社会和个体生活水平的需要作为它的指导原则的话，它就必然会偏离自己的目标。

如果一位科学家致力于组织解剖和人体组织学研究，却不屑考虑它们的用途，我们会如何对这样一位科学家进行评论呢？他甚至可能冒险对人体组织进行错误的分解或错误的归类。如果说，功能只能从结构中得到理解，那么，头脑中若没有功能这一概念，结构的主要构造原理和方法也是难以理解的。我们不能因此把人的心理活动说成是，“没有什么特定目的，只是因为感到某件事比较好玩，所以会用心想一下”。我们也不能说，它的各种优势就得益于它的这一结构的存在。实际情况与之恰恰相反，它从这种结构中获得的优势，是这种结构得以存在的决定因素。无论如何，这是开展各种科学研究的主要线索来源。那么，在想象领域中，我们以被称为神话创造的自然“切割”

为例，看一下它天然地被赋予了什么用途。对于这一想象力，我们已经进行过模糊不清的解释，而且这些解释无疑是缺乏一定真实性的。人们平常所阅读的小说、戏剧、神话故事以及在这之前的所有文学作品，都是人们想象力的结果。然而，小说家和戏剧家并非始终存在。但是，如果没有宗教，人类就根本不可能生存下来。非常可能的情况是，诗歌创作能力和人的各种想象力看起来似乎是一种特殊天赋，这种特殊天赋得益于人的大脑可以创造神话这一事实，但是，只有宗教才能解释人们为什么具有这种创作神话的能力。人的创作想象能力与宗教的关系，是结果和原因的关系。某些需要，要求人的头脑必须进行这类心理活动。个人的需要可能有时也要求进行这类心理活动。社会的需要则不论何时，都要求进行这类心理活动。现在我们了解一下，什么是需要。必须注意，当神话想象具有打动人心的作用时，它非常类似于初期幻觉。它可以阻挠我们的正确判断和理性分析，这种正确判断和理性分析完全是一种理性能力。

那么，自然在创造了具有理智的人类后，为了在不损害和影响理智未来发展的前提下，抵御和阻止理智活动造成的某些危险，它又能做些什么呢？仔细观察一下，我们就可以得到答案。今天，在科学发展的全盛时期，我们看到，即使是世上最缜密严谨的论证在科学实验面前也会变得黯然神伤。事实胜于一切啊！因此，如果要防止理智在一开始就沿着一个不论是对个人还是社会都十分危险的陡坡向下滑动，那只能通过阐明事实，通过发挥事实的神奇效力，才能做到这一点。如果在真实的经历中失败，人们就只能幻想出一个伪造的经历。如果神话想象中的形象行动逼真、引人注目，它就有可能被掩饰和伪装成一种感知。这样就能使正常的行为受到阻止或发生改变。一种经过系统地伪造的经历，在遭遇到理智时，甚至有可能阻止理智进一步把它从真实的经历中所得出的正确结论向前推进。自然在某种程度上也是按照这一方式向前发展的。既然这样，我们就不应该再对发现这样的事实感到奇怪：理智在刚一形成时，就被迷信所渗透了；真正具有理智的存在物当然就具有迷信的性质和特征；具有理智的动物是唯一具有迷信性质和特征的存在物。

的确，这又引发了新的问题。我们必须更仔细地研究神话创作功能的作用，以及自然所必须抵御的风险。在对这一点进行研究之前，我们必须注意到，人类的所作所为可能是正确的，也可能是错误的。但是，不论是正确的，还是错误的，不论它沿着哪个方向走，它都在径直向前发展。它不断地得出一个又一个结论，不断地做出这样或那样的分析。和它不断地沿着正确的道路向前走得越来越远一样，它也不断地深陷谬误之中。我们只能熟悉和了解经历了最新进化的人类，因为我们今天见到的所谓“原始人”，其实也比我们自己古老不到哪里去。宗教史书中所记载的文献，也属于距离现在相对较近的过去。因此，我们要讨论的各种各样的信仰，实际上是经历长期传播和扩散的结果。从这些信仰的荒谬和怪异之中，我们可以毫无疑问地断定，在人脑某种功能的活动中，必定有某种朝向这种荒谬和怪异的趋向。上述这些特征之所以被如此强调，是因为，这些信仰沿着荒谬和怪异的方向走得太远了。如果我们只考虑方向问题，我们可能对于这一趋向中的非理性因素就不会感到如此怪异了，我们就可能领会它的用途。事实上，谁又能清楚，这一趋向所陷入的谬误，不是为了种群的一时利益而对真理进行的歪曲呢？这一真理后来注定会揭示给某些人类个体。

这还不是问题的全部。另一个问题又出现了，而且这一问题还必须首先得到回答。这一趋向的根源在哪里呢？它与生活其他方面的表现有没有联系呢？我们谈到过自然的意图，这实际上是一种比喻说法，这一比喻说法在心理学和生物学中都非常实用。我们因此强调这样一个事实，我们所讨论和涉及的这一发明或比喻，既适用于个人利益，也适用于种群利益。但这一说法有些模棱两可，为了对其澄清一下，我们可以说，我们所讨论的这一趋向，如果不能确切地说，它可以取代人脑中可以产生幻觉意象这一本能的话，它的确是一种本能。这些幻觉意象所发挥的作用，可能已经转移到本能上面，在缺乏理智的存在物身上尤其如此。我们说，这种本能暂时还是一种虚拟本能。这里的意思是说，在另一条生命进化路线的末端，也就是在昆虫群体中，我们发现，本能在自动诱发某种行为。这种行为在用途上，与既拥有理智、又拥有自由的人，在这些所谓幻觉意象的暗示下产生的行为不相上下。但是，在我们所提到的这些多样化和互补性进化中，我们难道不是在提出一种特定的生命进化观吗？这些多样化和互补性进化过程，一方面通向真实的本能，另一方面又通向虚拟的本能。

生命冲动

这当然是由我们所说的第二个问题引发的更为普遍的问题。

这个问题实际上也暗含在第一个问题当中。如果我们还没有确定生活的基本需要的话，我们又怎么可能把那些神话想象与某一重大需要联系起来呢？这些神话想象会与我们的理智遭遇，有时甚至对我们的理智给以阻挠和破坏。当一个无法避免的问题出现时，以后我们还会以更为显而易见的形式发现同样的问题。这个问题就是，宗教是如何从各种危险和灾难中幸存下来的？正是这些危险和灾难才使得宗教的产生成为可能。为什么它只是发生转型，而不是走向灭亡呢？尽管科学已经逐渐填补了理智的形式和内容之间的空余和偏差，这种空余和偏差当然是十分危险的，为什么在这种情况下，宗教还照样继续存在呢？难道在对于稳定的需要的下面，潜伏着某种对于向前运转的需要，潜伏着某些冲动成分，即生命冲动吗？这里所说的对于稳定的需要，是生命在做短暂的停留或在原地踏步时，所揭示出来的。它表示生命的维持和存在。就目前来说，我们讨论前两个问题就足够了。这两个问题使我们又重新关注我们已经提出的生命进化问题。这些关注绝不是像某些人表面上认为的那样，只是一些假设。在谈到“生命冲动”和“创造的进化”时，我们尽可能地密切关注实际过程和经验，这是许多人正在开始认识到的问题。因为，实证科学仅仅通过放弃某些理论观念，或者仅仅把它们看成是一些假说，就做到距离我们的观点越来越近了。实证科学如果不是放弃它们，或者仅仅把它看作假说，而是继续挪用它们的话，那么，实证科学将只能再次陷入自身的泥潭而不能自拔。

现在让我们回顾一下生命的一些最显著特征，从而强化对于“生命冲动”这一概念本质的认识。这一概念的本质当然具有鲜明的经验主义成分。我们探询一下生命现象是否可以分解成物理和化学要素。当生理学家肯定这一观点的时候，不论是有意识的，还是无意识的，他表达了以下几层意思：生理学的主要任务就是揭示生命现象中的物理和化学要素；这一研究何时止步，是难以断定的；因此，他应该坚持不懈地探询，权当这一探询永远没有止步的时候；而且，这是事物向前发展的唯一出路。因此，他只是在确立一种研究方法的规则，而不是在陈述某一事实。那么，按照我们以往的经验，我们说，科学远远不是对生命现象的物理和化学解释。对于这一点，不止一位生物学家认可和支持。这也是我们在讨论生命冲动这一话题时，要首先阐明的问题。

现在，如果把生命看作一种事实，我们将如何构想它的进化过程呢？有些人可能坚持说，从一种物种到另一种物种的过渡和演化，是通过物种的变异来完成的。所有这些变异都是借助偶然因素完成的。这些变异通过自然选择得以保持，通过遗传得以稳固下来。但是，如果我们认真思考和反思一下物种进化过程中发生的数目巨大的变异，我们就会感到诧异，这些单独发生的变异是如何被自然选择所维持的，它又是如何等待其他的变异最终完成它的整个变异过程的呢？物种进化过程中发生的数目巨大的变异之间是相互协调、相互补充的。这些变异之所以发生，是为了使有机体从中受益，有时仅仅是为了避免受到伤害。就其自身而言，一次单独发生的变异通常不会发挥什么作用，它甚至对物种的某些功能造成影响和破坏。

因此，为了援引或借助各种偶然性变异之间的联系来证明自己的观点，为了不把生命进化的方向归结为某一特定原因，生物学采用了“先验”这一经济学原则。这一原则非常受实证科学的青睐，但根本不是判断和确定事实，所以很快就遭遇到许多不可克服的困难。达尔文进化论的这一缺陷，是我们讨论生命冲动时所要指出的第二点。针对这种与事实相抵触的理论，我们指出，生命向着某些确定的方向进化。那么，这些生命进化方向是不是由发生进化的环境条件硬性施加给生命的呢？这就等于承认，个体所经历的变异被遗传给他的后代。这种遗传，通常至少能保证，某一组织器官的逐渐复杂和完善，至少能保证它更加精确地完成同样的功能。但是，“人类已经获得的本质特征可以遗传”这一说法，是值得争论的问题。即使这一现象确实是能够观察到的，也只是特例。这同样只是人们的一种先验假设。只是为了满足自己的论证需要，人们才把它看作一种正常运行的规律。现在让我们把这种正常的可遗传性归结于人的内在本质。我们将服从于以往的经验，而且我们会说，能使生命沿着某一特定方向，走向更加高度完善阶段的承载物，不是机械的行为活动等外因，而是一种内部冲动，这种内部冲动一点一滴地在个体之间传递。这是生命冲动意念所引发的第三种观念。

我们继续进行研究和探询。当一个人谈到有机体的进化时，或者当一个人谈到某一器官对更为复杂的环境条件的适应性时，他通常是指，环境条件的复杂性把它的形式强加于生命体，就像模具对黏土的塑造作用。他说，单单这一点就是机械塑造作用。这就是他所得出的科学解释。但在他为自己能用这种方式对适应性做出这样的一般性解释而感到心满意足后，他又思索到，在每一个具体事例中，适应性看起来又好像不是这么回事。

实际上，它的确不是这么回事。他还想，在每一个具体事例中，适应性似乎是生命对于外部环境所设置的问题的原初解决方案。但是，生命的这一解决问题能力到底是怎么回事，却没有得到任何解释。在这里，我们引入“冲动”这一术语的目的，也不是要对这一问题进行解释。但是，我们也并不是在遇到具体问题时，暗中求助于它；在谈到总体性问题时，就系统地否认它，我们只是指出生命活动的这一神秘特征。但我们是不是没有对这一神秘性进行过任何思考呢？如果部分与整体之间这种奇妙的协调无法用机械术语进行解释的话，以我们的观点，它也不必被看成是最终结论。同样一件事，从外部看，它可以被分解成无数相互协作的部分；但如果我们从内部看，它可能就是一个永远不可分割的行为动作。

比如，手臂的活动，我们认为它的动作是不可分割的。但是，从外界来看，它就像由一个方程式所定义的曲线。也就是说，它就像一连串数不清的圆点，彼此相邻，所有这些圆点都遵守同一条运算定律。在引入冲动这一意念的时候，我们希望这一观点作为第五个观点提出来。除此之外，我们还想说明：当我们的外部分析发现大量正在急剧增长的积极因素时，我们的知觉却转向了内部，它将要遭遇的，不是正在紧密结合的因素，而是处处受到围攻的各种障碍。插入铁粉中的一只无形大手，只能扫除所遭遇到的阻力。但是从阻力的角度来看，这样一个十分简单的动作，看起来就像是引发出精心组织的、井然有序的铁粉阻力队列。那么，对于这一行为，以及它所遭遇的阻力，我们难道就没有任何可说的吗？如果生命无法被分解成各种物理和化学因素，它就按照某一特定的因果方式运行，这一特定的因果方式也就被施加于我们平时所说的实体。在这种情况下，实体既是一种工具，又是一种障碍，它能把它所定义和解释的事物区分开。我们可以认为，正是这样的区分，导致伟大的生命进化路线的多样性。这样，我们就获得了对某种手段的暗示，这一手段是用来准备和验证我们乐意而为的一项活动，即对于生命的知觉。如果我们看到两条或三条伟大的进化路线自由地向前发展，同时还看到若干其他进化线路，不过这些其他进化线路都在道路的某个末端终止了；如果沿着上述的每一条路线，都有一种本质特征在不断地发展壮大，而且发展速度越来越快，我们就可以认为，生命冲动最初在一种相互包含、相互融合的状态下，获得了这些本质特征。本能和理智，虽然在动物两大主要进化路线的末端，达到各自的进化高峰，但在它们分开以前，它们是不分彼此的。不过，这并不是说，它们合二为一了，它们各自只不过是一种简单的客观事实。

起初的时候，本能和理智也只是两种观点而已。按照我们开始的讨论顺序，这些就是生命冲动观念所引发的第六、第七、第八个观点。但是，虽然我们对这一问题讨论了那么多了，除非偶尔有所暗示，我们还没有真正触及实质性问题，即在整个进化过程中，通过非连续性跨越进行生命创造的完整形式是不可能被预见到的。不论你拥护纯机械主义的信条，还是纯终结论的信条，在任何情况下，生命的创造都应该是预设好的。通过计算，我们可以根据现在的情况，推断出未来的情况。或者我们直接在现在的情况中，把未来的情况作为一种观念设计出来。这时，时间概念就没有任何意义了，纯经验也不会给我们提供这样的暗示，“既非推动力，也非吸引力”似乎成了它的格言。那么，生命冲动所暗示的正是这样一种位于推动力和吸引力中间状态的一种力量。同时，通过内部感知的不可分割性和外部感知的可无限分割性，生命冲动还可以为我们提供一种真实、有效的时间持续观念。这正是生命的本质特性。这些就是我们对“生命冲动”的意念提炼和浓缩而形成的观念。正如以前经常发生的情况一样，忽视这些观念，人们就会感到自己所面临的是诸如纯“存在意志”这类空洞无物的概念，而且人们会感到自己所面临的是贫瘠空泛的形而上学理念。如果考虑到这些观念，我们就会产生一种内涵丰富的概念。这一概念是我们从实际经验中得来的，能够指导我们的调查研究。因此，这一概念可以对我们有关生命过程的知识进行总结，并揭示我们尚未发现的新知。

从这一点来看，进化看起来就像一系列突然跨越，而变异构成了新的物种。也就是说，这些新物种由各种各样相互完善的差异组成，这些差异最终共同出现在由胚胎形成的有机体中。我们还是用同一个比喻来形容这一现象。这就像突然插入铁粉中的一只大手，它的动作导致了铁粉现有稳定状态在瞬间内呈现出千变万化的样态。如果这种变异发生在同一物种的各种不同代表性事物身上，它也不一定导致所有这些事物获得完全一样的成功。人类现在的外表特征很可能是由沿着同一方向发生的几次突变导致的。这些突变首先发生在以前存在的各种不同物种身上，最终导致不同人种类型的产生。各个人种类型所特有的多样性变异之间得到完美的协调，从这个意义上说，每一种类型都对应一种成功的突变尝试。但是，每一次成功的突变尝试不可能数量完全相等，每一次突变的程度也不可能完全一样。不过，所有这些突变的方向应当是一致的。我们可以说，在不拘泥于突变这个词的比拟意义的情况下，这些突变对应于同一种生活目的。

对于人类是否发端于同一个根源，以及我们应该讨论一种人种类型，还是应该讨论几种人种类型这类问题，不论我们如何讨论，都不会有什么实际意义，因为各个人种类型不可能简化或浓缩成某一共同的指标。人类始终表现出的两种基本特征就是理智性和社会性。但是，从我们的立场来说，这些特征具有一种特殊含义。它们不仅仅是心理学家和社会学家要研究的问题，尤其重要的是，它们应该得到一种生物学解释。我们应该归还理智性和社会性在生命总体进化过程中应当具有的重要位置。

神话创造功能的社会学意义

我们首先讨论社会性问题。我们可以在生命进化的两个末端上，找到社会性的完整形式。这两个末端分别是诸如蚂蚁和蜜蜂这样的膜翅类昆虫以及人类。作为一种仅有的趋向，社会性可以存在于自然界的所有物种当中。有些生物学家已经进行了非常深入的研究，他们说，生物个体本身就是一个社会。生物学家们提出，由单个细胞构成的原生动物，构成聚合体。这些聚合体按顺序组合起来，就构成了多重聚合体。于是，存在最广泛差异的生物体就在这些几乎没有什么差异的基本生物体的联合作用下产生了。这显然有些夸张。群栖类昆虫（Polyzoism）只能是特例或非常规现象，但是，这样的事实仍然存在，即在高级生物体中，似乎确实发生了不同的细胞相互结合，共同分享彼此之间的功能的情况。因而，在众多物种中所发现的朝着社会形式发展的趋向，在其个体成员的结构中表现得非常明显。但是，我们再次强调，这只是一种趋向。如果我们要讨论完整的社会，也就是由不同个体组成的明确清晰的社会组织，我们就必须讨论以生物群体和人类社会为代表的两种完善的组织联合形式。其中一种是稳定不变的，另一种则经常发生变化；[1]一种是属于本能方面的，另一种则属于理智方面的。第一种类似于个体成员只为其整个群体利益存在的生物体；第二种则为其个体成员的存在留出了足够的空间。我们有时很难分清生物体是为其个体成员存在，还是个体成员为其整个群体而存在。在康德所确立的“秩序”与“进步”这两个条件中，昆虫只选择了秩序。而对于人类来说，至少他们有一部分选择进步作为人生的目标。有时，他们甚至排除秩序，但是始终坚持把个人主动性放在首位。这两种完整的社会生活类型是相互对等、相互补充的。但我们也可以说，本能和理智是相互对等、相互补充的。它们分别是昆虫和人类所特有的。在生命进化过程中，当它们得到原有的地位时，它们会和以前一样，表现为两种不同的、互为补充的行为活动。

我们将不再重复我们在以前的论著中所阐明的观点。我们只简单回顾一下这样一个事实，即生命是一种从自然原料中获取某种生存所需要的资料的努力；以完整的状态所表现的本能

---

① 当然，这里所说的稳定不变并不是绝对的，而是一种基本情况，这种情况原则上是存在的。但实际上，它也会围绕所确定的主流趋势发生一些变化。

和理智，是为实现获取生存资料这一目标而采取的两种不同使用工具的手段。在第一种情况下，工具就是生物身体的一部分；在第二种情况下，工具是由人类发明、制造和控制的无生命生产手段。如果我们承认人类使用工具这一事实，而且，我们承认人类制造工具这一事实，更有甚者——这当然是最重要的——如果我们承认人类发明工具这一事实，我们就会发现，这些一个接一个的理智要素，都可以把它的结构解释成“为了实现这一目的而存在”。但是，我们不能忘记，在理智的边缘，仍然环绕和聚集着一些本能的成分。我们也不能忘记，在本能的最深处，仍然存在着一些理智的力量。我们可以猜想，理智和本能最初就是相互交织的。而且，如果我们回到遥远的过去，我们会发现，当时的原初本能比我们现在的昆虫更接近理智；当时的原初理智比我们现在的脊椎动物更接近本能。这两种进化活动最初是相互渗透的，但为了获得发展，它们最终发生了分离。其中一种活动的某些特征至今仍然与另一种保持着密切的联系。实际上，生命的所有重要外部表现，都具有上述特征。在大多数情况下，每一种生命活动过程都可以揭示大部分其他生命表现的基本特征。当然，这种揭示可能体现为初步的、潜在的和虚拟的状态。

如果我们站在伟大的自然进化努力的一个末端，审视构成人类社会的这些具有基本理智和部分自由的人类团体，我们不能无视在伟大的自然进化努力的另一个末端，被纯本能所动摇和改变的动物群体。在这些群体中，个人的存在盲目地服务于群体利益。这一对比可能永远也无法得到可以被证实的、可靠的结论，但它至少可以给出一些解释。如果我们在进化运动的两大末端能够发现社会群体的存在，如果生物体个体是按照某一规划构造的，这一规划可以预示社会群体能够在哪一个末端组建起来，这就意味着，生命是有着明确任务分工的个体成员之间有组织、有原则的高度协调活动。实际上，这就意味着社会潜在于生命的深处。如果在这些生物体个体已经认同的社会里，它的组成成员必须为其整体利益献身；如果在两大进化路线的一端，构成蜂房和蚁山的动物群体里，情况还仍然如此；最后，如果这一结果是通过本能获得的，而且这一本能仅仅是自然组织结构的延伸，这就意味着，我们与其说自然所关注的是个体，倒不如说，它更为关注社会群体。如果人类已经脱离了这一状况，这就意味着，在生活领域中，新物种的创造所表现出的发明制造工具的努力，只是在人类中找到了通过人类个体延续其发明创造活动的手段。

这些创造发明努力，除了向人类个体传递理智能力以外，还向他们传递主动创新能力、独立自主能力和获取自由的能力。如果在进化过程的某些节点上，理智有可能对社会的团结凝聚造成威胁，如果它有可能造成当时的社会团结凝聚解体，假设我们还要维持社会秩序存在的话，在这些节点上，就必须存在一种对理智的平衡力量。如果这一平衡力量不能由本能来充当——因为它的地位早已被理智所取代——那么，虚拟本能就要发挥同样的作用，或产生同样的效果。当然，如果人们愿意，这一作用和效果也可以由靠某些理智成分生存的本能余烬发挥出来。不过，它不会发挥直接作用。但是，因为理智可以作用于各种表现，它可以唤起人类的各种“虚构”表现，这些虚构表现将与现实表现形成对抗，最终通过理智的中介作用，成功地抵消理智作用的发挥，这将成为神话创造功能的合理解释。尽管它可以发挥某种社会作用，但它肯定也可以服务于个体。当然，服务于个体通常还是为了社会的整体利益。因此，我们可以认为，神话创造功能以其原初的基本形式，对个体增加了额外的力量。在我们讨论第二个问题以前，先探讨一下第一个问题。

几年前，在通过“心理学研究”所收集的事实材料中，我们注意到下面这个案例。有一位女子当时位于酒店的高层。当她要下楼时，她向外面的电梯平台走去。她发现电梯的门正好开着。由于电梯门已经被设计好，只有当电梯在这一层停下来时才打开，她自然而然地认为，电梯到了这一层，于是就向电梯奔过去了。突然间，她感到自己被什么东西弹了回来。似乎负责看管电梯的工作人员正好出现，把她猛推回到电梯平台上。等她从那阵突然的恍惚中回过神来时，她惊讶地发现，面前既没有电梯，也没有电梯工作人员，是电梯出现了机械故障。当电梯还在低层时，这位女士所在楼层的电梯门却自动打开了。因此，她差点一步迈入几十米深的电梯井里。是一股神奇的幻觉解救了她的性命。我们还有必要说这种神奇幻觉是很容易解释的吗？

这位女子当时进行了正确的思考判断，因为电梯门确实开着，因此，电梯当时本来应该到达她所在的楼层了。她突然间发现电梯间是空的，这就足以说明她的判断是错误的。但等她做出这样的判断时，可能就为时已晚。但与她最初的常规判断相伴的另一种行为这时发挥作用了，这就是隐藏在她思维判断品质下面的本能或自我幻影所发挥的作用。这种本能或自我幻影发现了危险，因此，它必须马上采取行动来挽救她。所以这一本能力量把她推回到电梯平台上，同时，她脑子里闪现出一种虚晃的幻觉。这一幻觉引发了她瞬间的自救行动，而且这也是对她当时采取的表面上看起来不可思议的自救行动的最好解释。

现在，让我们设想一下原始人类和最初的人类社会。对于自然而言，确保一个社会群体必要的内部凝聚是再简单不过的事情，她只需要赋予人们相应的本能就可以了。她已经把这种本能赋予蜂房和蚁山了，而且这一本能在这两个群体中表现得非常成功。在它们中间，个体只为群体的利益而存在。实际上，这时候，自然的工作十分简单，她只按照平时的做法去做就可以。事实上，本能和生命是同时存在和扩展的。昆虫群体中所发现的社会本能只不过是给所有生命体的细胞、组织和器官注入活力的从属和协作精神。但是，脊椎动物的生命冲动所指向的，不再仅仅是一种本能的提升，而是理智的扩展。当理智的扩展运动在人类身上终结时，本能并没有完全被废除，它只不过与以前相比黯然失色了。现在本能所剩下的只是环绕在某个中心周围忽明忽暗的半影。这个中心完全处于光明的照耀下，也可以说它本身就能发出四射的光芒。这里所说的中心，就是人类的理智。

今后，人类所具有的反思能力将促使个体学会发明利用工具，促使社会走向进步。但是，社会要想进步，它首先必须保证自身的持续存在。发明意味着主动创新。而对于个人首创精神的呼吁和要求，直接涉及是否危及现有社会原则的遵守和执行问题。如果个人的反思偏离了他最初的目标，即偏离了他原本要完成的工作，偏离了他原本要进行的发展与革新，而只专注于自我，专注于社会生活强加于他的约束和限制，专注于他以前为群体所做出的牺牲，这会引发什么后果呢？如果他像蚂蚁一样，只是本能的奴隶，他就会专注于所要取得的纯外在目标。他会自动地、梦游似的为种群的存在而工作。但如果他被赋予了理智，如果他的思考能力受到激发，他就会把关注的中心转向自我，他就会思考如何过轻松愉快的生活。正常的思维判断无疑会让他知道，他可以通过促进他人的幸福，而使自己获得更大的幸福。但是，几百年的文化发展才产生了一位像约翰·穆勒[①]这样的实用主义者，而且至今他也没有说服所有的哲学家，更不用说普通民众了。事实是，理智首先倡导的是利己主义。如果没有任何制止力量，理智的存在物就会沿着利己主义方向快速走下去。自然却一直在注视着发生的这一切。刚才的例子中，就在电梯打开之前，一位电梯看护人员出现了，挡住了去路，把正要进入电梯的那位女士推了回来。因此，有一位城市保护神会对相应的行为给予禁止、发出威胁、实施惩处。实际上，理智是被当前的感知所引导，或者在某种程度上被一种叫作追忆的形象逼真的感知残余所引导。由于本能只能作为一种仅有的遗迹或虚拟感知存在，由于它的力量已经不足以引发一种行为或对其进行阻止，它就必须激发一种幻觉或类似追忆的景象，这种幻觉和景象格外清晰、显著，以至于理智可以据此得出相应的结论。从这里的第一种观点来看，宗教是对于理智的消解力量的一种自然抵御反应。

但是，这只是对于所发生的事实的一种象征性比喻。为了

① 编者注：英国著名哲学家和经济学家，19世纪影响力很大的古典主义思想家。

表达得更清楚些，我们在社会中，假定了一种突发的个体反抗；在个体想象中，假定一种突然而来的神灵来对一些行为进行阻止或禁止。在早已沿着文明道路向前发展的、人类社会的某一特定阶段的特定时刻，事物的发展无疑会呈现出这种具有戏剧化效果的形式。但是，现实只能通过强化实质内容，消除冗余成分，使这种戏剧化效果更加精致完美。实际上，在人类团体中，正如他们可能刚刚摆脱了自然的控制和束缚一样，对于什么因素会影响团体的凝聚，什么因素不会影响团体的凝聚，二者之间没有明显的区分。由某一个体所实施和完成的一种行为所造成的后果，表面上看起来也并不是明显地具有个体特征。当这一行为即将完成时，所遭遇的阻止力量也不会在一个人身上得到完全体现。让我们思考一下以下三方面的问题。

在我们所存在的人类社会中，有各种习俗和法律。法律无疑会对习俗起到稳固作用。不过，只有当某一习俗具有特定、公认、可明确定义的价值时，它才可以上升为法律。然后，它就从各种其他习俗中脱颖而出。因此，必然和偶然之间的区分也是显而易见的。一方面，有些习俗只能作为习俗；另一方面，有一些可以提升为法律，甚至是道德和义务。但是，在一些欠发展的社会群体中，情况就不可能这样了。在这些欠发展的社会群体中，我们只能发现一些习俗。有些习俗可以被实际生存需要证明是合理的，但绝大多数是出于偶然因素，或者出于偶然因素的不合理延伸。在这样的社会群体中，所有的习惯性事物必然带有强制义务性。因为社会稳固不是被纳入法制轨道，或者宽松一点说，不是被纳入原则的轨道，而是被淡化为全部团体成员所接受的各种习俗。如果这一点是事实的话，即通过遵守习俗，而且只有通过遵守习俗才能把个体与他人之间相互联系起来，把个体与自我分离开，那么，任何团体成员所习惯接受的东西，以及社会希望团体成员所做的任何事情，必定呈现出宗教特色。顺便说一下，我们可以注意到，当我们思考初级的、欠发展的社会时，道德与宗教的关系问题实际上被大大简化了。如果我们按照最初的情况来看待宗教，并把它与后来形成的道德相对比，我们只能说，原始宗教是非道德性的，或者说，它是缺乏道德关怀的。最初的时候，所有的道德都是习俗。由于宗教禁止任何不符合习俗的行为，道德和宗教成为相互依赖、共同存续的现象了。因此，谁要是反驳说，宗教禁令并不能始终解决我们今天所认为的一些不道德的或反社会的现象，这就等于是徒劳。按照我们的第一个观点来说，原始宗教是当人类一开始想起要单独考虑自我利益时，对自己所遭遇的危险的防御手段。按照我们前面论述的，它因此也就是自然对于理智的一种防御性反应。

另外，个人责任的观念绝不是像人们认为的那么简单，它蕴涵着一种对于个体活动的相对抽象表现。由于这一表现已经脱离了社会活动范围，所以它通常被认为是一种独立活动。但是，团体成员之间的团结凝聚最初是如此紧密，以至于所有的成员必定认为，在某种程度上，他们之中某一个成员的过失，就是他们共同的过失。至少在他们认为非常严重的情形下，是这样。如果我现在可以使用“道德邪恶”这一术语的话，它就被认为是与一般的具体行为邪恶完全相同的事情。直到最后，它把整个社会污染。因此，如果产生一种复仇力量，它将惩戒整个社会，而不可能只在邪恶行为发生的原地让人感觉到这种惩戒和报复力量。执掌正义的法官执法犯法的情形是相对现代的社会现象。我们把问题看得太简单化了，因而只想表明，当个人处在违反社会规约的边缘时，对于即将降临到个人身上的宗教惩戒的恐惧可能抑制他违规行为的发生。这一点仍然是正确的，即事物往往倾向于表现为这种形式。而且，随着自身特征明确的宗教变得更加直接地具有神话色彩，这种形式表现得越来越明显。这种神话实际上始终带有其最初根源的痕迹。它将永远无法清晰地在自然秩序和道德或社会秩序之间进行区分，也无法在因完全服从于法律而形成的人为秩序和自然进化过程中所表现出的秩序之间进行区分。人类的正义之神“西弥斯女神”是季节之母，她既代表了自然法律，也代表了道德法律。即使今天，我们也几乎没有使自己摆脱这一困惑。它的一些痕迹还不断地在我们的语言中流露出来。道德观与道德规范、规则性与规则、实际的一致性与法律的一致性两者均以同样的方式表达。难道“秩序”这个词就不可以既表示系统秩序，又表示命令要求吗？

非完全人格化

最后一点，我们曾谈到有一位神灵会站出来对相应的行为进行制止、劝阻和惩戒。这或许意味着，能引发各种抵制的道德力量——甚至必要时，还包括复仇力量，是在个人的行为中表现出来的。毫无疑问，在人类的眼里，它就自然而然地以人类特有的形式表现出来。但是，如果神话是自然的创造物的话，就像开花的植物一样，它也是一种后来的创造物。宗教的起源是更为适时的。仔细研究一下我们的意识行为，我们会发现，最初我们会把人为的有意抵制、甚至报复认为是一种自足的实体。它们像护卫女神和复仇女神一样，被某一特定的躯体所覆盖和保护，这对它们而言已经是很大的奢侈了。大脑的神话创造功能无疑只能凭借艺术方面的乐趣，对这些已经设置和排列好的概念进行加工和创造。但它不可能一蹴而就地立即把它们加工并创造好，而是从无到有一点一滴地完成的。我们必须强调这一点。但它们没有引起心理学家们的足够重视。没有证据证明，当一位儿童的头撞到桌子上，而他要对桌子进行回击报复，是因为他把桌子当成了一个人看待。实际上，今天的心理学家对于这样的解释是远远不能接受的。但是，在这种情况下，心理学家们在对儿童的这种报复性反击进行过多的神话解释后，最终认为，儿童之所以采取这样的幼稚行为，是因为他当时受制于由于愤怒而引起的报复性反击冲动。

事实是，在把桌子判定为一个人和认识到它是一个无生命的物体之间，存在一种过渡性表现。这种表现既不属于人，也不属于物，它是桌子对儿童的头部进行撞击这一意象。或者更确切地说，是撞击这一动作所产生的形象画面，把撞击儿童头部这一后果强加给了桌子。这就如同肩上的背包把重负强加给了自己的脊背。撞击这一动作是一种人为因素，但又不全是人为因素。当一位击剑运动员看到对方向自己刺过来时，他知道，是剑尖的运动带动整个剑身向前运动，剑身又带动手臂做出向前进攻的动作，手臂的展开动作又带动整个肢体的展开，做出攻击动作。在想到这一连串动作画面的一刹那，他只能选择合适的进攻动作，迅速把剑刺向对方。如果违背这些动作的应有顺序，则意味着要对整套动作进行重构。对于事物进行哲理性思考也是同样的道理。哲学思维不论在什么情况下，都是在对模糊不清的事情进行阐明和澄清，而不是仅仅满足于行为动作的纯粹需要，也不是仅仅满足于可以直接感受到的事物本身或者事物的真正原始形态。当我们看到这样一则告示——“违规进入者，以法惩处”——的时候，我们首先意识到这是一则禁令，它非常醒目显眼。只有在它的背后，在其阴暗处，我才会联想到一位正在伺机告发我们的警戒人员的形象。同样的道理，维护社会秩序的各种禁令首先也要引人注目，这是它们应该具备的特征。

实际情况是，它们已经不仅仅停留在口头上了，它们对一些违规现象起到抵抗、压制和惩戒作用。但是真正发出这些禁令的神灵，也就是真正受到这些禁令庇护的神灵，只有在后来，当神话创造功能全部完成的时候，才会出现。因此，当我们在一些文明程度欠发展的群体中，遭遇到对于个人行为的半自然和半道德性质的约束和限制时，我们不应该对其感到大惊小怪。一旦这两种明确的观念得以形成，而且当自然的排斥力量和道德的阻止力量被明确区分开的时候，占据抵抗领域中心位置的目标将被认为既是“神圣的”又是“危险的”。到那时，它会把这两种特征合二为一。用宗教科学使我们熟悉的波利尼西亚术语来说，它就被称为禁忌。那么，原始人类对于禁忌的认识和今天仍然存在的“原始种群”的认识是否完全一样呢？我们首先对相关词语的含义统一一下认识。有人说，如果物种的形成过程是一种渐进的、无法感知的过渡过程，就不存在原始人类这一说法了；人类不会在某一特定时刻，脱离动物状态而产生。但这只是一种主观假设。这一假设已经遭遇到许多意外的不可能性，而且只是在许多模棱两可的情形中停留和徘徊，以至于我们都认为它是站不住脚的。

通过对众多事实线索的追踪和类比，我们更有可能得出非连续性进化这一结论。这一进化过程是通过多次跨越性突变完成的。像万花筒中彼此相连的图形变化，进化过程的每一次突变，都会在这次突变的节点上，发生构成要素的最佳结合。尽管人类可能是经过无数进化节点的聚集，最终发生多次跨越性突变形成的，而且这些突变并不全是向着同一个物种类型发展，但是，我们说，一种最初的原始人类类型还应该是存在的。另一种，如果存在后天获得习惯的遗传的话，那些原始灵魂今天也会完全逃离我们了。我们的道德本质，虽曾经吸纳了一些原始状态，但是，它将完全不同于我们人类遥远的祖先的道德本质了。同样，由于受到了预定观念的影响，而且，为了满足建构某种理论的需要，人们都会谈到遗传性习惯；而且，更为重要的是，人们相信有一种常规的遗传足以导致变革的发生。事实是，如果说文明已经使人类发生了深远变化的话，那是因为它像一个大储存库，把社会灌输给每一代新的个体成员的习惯和知识积存在它所处的社会环境中。如果我们扯掉蒙在表面上的这层面纱，除去我们通过一贯接受教育所获得的一切，那么，我们就会在自身内在本质的深处，发现某些原始人类要素，或者说，发现一些接近原始人类要素的特性。那我们今天所见到的“原始”种族的样子，是不是就是这里所说的原始人类的形象呢？这几乎是不可能的。因为在这些我们今天所见到的“原始”种族中，其本质也被一层习惯所覆盖。这层习惯是社会环境为了把它们保存在每个人类个体成员中，而积存下来的。但是，我们有理由认为，这些“原始”种族所保存的这层习惯的厚度，与文明社会的习惯是无法比拟的，它允许其原始本质透过这层习惯从而比较清晰地显示出来。

在这些“原始”种族中，习惯通过岁月的累积而增长的方式也必定是不同的。它们是沿着表层，仅仅因为看起来相像，或者因为其他的偶然因素，而被人们相互传递下来的。而技能的进步、知识的进步——一句话，文明的进步，则要沿着同一方向，经历相当长的时期，才能发生。这一文明的进步往往通过垂直施加的或与之相吻合的变异完成。因此，它会导致深层次的变革，而不仅仅是表面上的更加复杂化。我们能够非常容易地看出，我们把禁忌观念视为一种绝对原始概念的程度。这些禁忌是我们从今天的“原始”种族中发现的。即使我们认为，它的确在某种程度上出现在刚刚摆脱自然的束缚和控制的原始人类中，它也不可能适用于今天同样的事物；而且，它也不可能适用于许多今天的其他事物。每一种禁忌必定伴随着某种禁令，在这一禁令中，社会的利益可得到明确的规定，并受到相应的保护。尽管从个体的角度来看，这是不合理的，因为它在没有诉诸理智的条件下，突然抑制人的理性活动。

但是，从它对于整个社会，乃至整个人类有益这一角度来考虑的话，它就是合理的。因此，比如，对于两性之间的性交活动，禁忌中就有充分明确的规定。确切地说，因为没有对个体理智提出什么要求，因为要实现的目标甚至对个人理智有抑制作用，理智必定利用禁忌观念，在未对我们所说的自然的原本意图造成干扰的情况下，通过把各种观念随便联系起来，对它在各方面进行肆意扩展。因此，尽管我们承认禁忌还始终处于今天的情形中，它也许对许多事物来说，并不适用，因而它也不应该导致如此荒谬的后果。但它是否还继续保持原有的形式呢？“原始”种族的理智，与我们所具有的理智，实际上没有什么根本差异。它也具有和我们一样的趋向，把动态的事物变成静态的，把一些动态的行为活动固化为静态事物。我们可以认为，在这一趋向的影响下，禁令已经在它们所涉及的事物中占据了它们应有的位置。它们只不过是与人的内心倾向相对立的一种阻力。但是，由于人的内心倾向主要表现为某一目标，这种与之相对立的阻力似乎就来自于这一目标，甚至也可以说，它就存在于这一目标之中。这样，它实际上就变成了这一目标的一种实质性特征。在落后停滞的社会群体中，这种固化现象已经是既成事实了。但在我们所说的流动性社会中，理智最终必定会意识到禁忌背后的具体人类个体，因而固化现象可能没有那么完整，无论如何，它都是一种暂时现象。

预防解体

我们一直在讨论宗教的第一个功能，因为它直接关乎社会秩序是否能够得以维持。现在我们开始讨论宗教的另一功能，而且，我们认为这一功能对社会整体利益具有重要作用。但这是一种间接作用，是通过激励和指导个体的行为活动来发挥的。但实际上，我们发现，这一作用的发挥是极其复杂的过程。为了研究方便，我们必须对它所采取的形式进行总结归类。但是，我们不用担心这一研究会碰到各种麻烦和危险，会让我们感到无路可走或无从下手。因为我们手中就掌握着重要的研究线索。

我们必须始终牢记：生活领域实际上还属于本能领域；本能已经沿着某一特定进化路线为理智留出了一定的空间，这有可能导致生活混乱不堪。在这种情况下，自然唯一可以做的，就是构建一种新的理智来抗衡既有的理智。能对自然优势恢复抗衡的理性表现属于宗教秩序。我们首先看一下这样一个简单的例子。

动物不知道自己必须死亡。无疑，有些动物对于生存和死亡还是能够有所区分的。我们这样说的意思是，动物见到已经死亡的生物时和见到仍然活着的生物时所做出的反应会有所不同，它们做出的动作和表现出的态度也会不大一样。但这并不意味着它们对死亡和生存总体概念的认识会有多大差异。甚至说，这根本就不意味着它们具有这两方面的总体概念，至少从精神意象的意义上说是如此。我们不能仅仅从简单的肢体动作来判定。动物在遭受天敌的袭击时，会通过“假死”来骗过天敌。但是，这只是我们人类对动物“假死”现象的解释。就动物本身而言，它见到天敌时躺下不动，是因为它认为，如果它做出任何动作的话，那将激发对方、并再次吸引对方的注意力，从而导致它受到攻击，因为它的活动可以引发对方采取行动。以前有过动物集体自杀的报道，那的确是事实。虽然承认那是事实，但做出导致死亡的行为和意识到这一行为的结果就是死亡还是两码事。也就是说，实施某一行为是一回事——哪怕这一行为是通过精心策划的合适行为，而意识到这一行为所产生的后果则是另一回事。但是，即使我们假定动物具有死亡观念，它肯定也不会意识到，如果它不想被暴力夺走生命的话，就必须通过自然死亡的方式结束自己的生命。这还需要对其他的动物进行一系列观察，然后进行综合推理，最后才是进行归纳总结并得出结论的过程。这样，就具有科学思维的特征了。即使我们假定动物能够通过精心策划，做出这种类似的努力，那也是为了换取对它们来说更有价值的东西。这里，对它来说，意识到自己必须死亡是最没有意义和价值的东西了，意识不到这一点对它来说更有利。可是人就不同了，他能意识到自己早晚要死亡。而所有其他对生命表现出无限执着和依恋的生物，都只不过是为本能的冲动所驱使。尽管它们不会从永恒的角度来思考自我价值，但它们相信，通过永不停息地侵蚀未来利益，能达到满足当前利益的目的。这一信念使它们把这种想法变成了一种感觉。

但人却具有反思能力，因此他就具有不只是从眼前利益来观察和认识事物的能力，他具有对那些暂时不关注的利益进行观察思考和互相对比的能力。一句话，人类具有演绎和归纳推理的能力。当看到周围所有的生物都通过死亡结束一切的时候，他会意识到自己也要死去了。自然既然把理智赋予人类，它必然也会引导他得出这样的结论。但是，这样一种信念或认识，与自然的前进运动正好背道而驰。如果生命冲动使其他所有生物远离死亡意象，同样，对死亡的想象和思考也必然在人类中减缓其生命运动的步伐。这一想法可能后来会在某种人生哲学中找到合适的位置。这种人生哲学最终会把人类提高到其自身水平之上，最终会使人类的行为能力得到空前提高。但是，如果人类在确定自己必然死亡的时候，对其死亡日期也了如指掌，这种对死亡的思考最初将是充满悲伤和沮丧的，而且后来会使人类变得更加悲伤和沮丧。死亡确实肯定要降临，但是，由于我们始终觉得它离我们还远着呢，这种遥遥无期的悲观经历和体验的不断重复出现最终凝结为公然地、自觉地怀疑。这种怀疑态度使得原有的死亡必定来临这一理性判断大打折扣。但这样一种观点仍然是客观事实，即死亡的确定性与自然的本来意图是背道而驰的。因为，这种死亡的确定性是与生物界的反思性同时产生的，而生物界所建立起的反思只是针对生存问题的。

这样看起来，自然在前进的道路上，就要遭遇各种拦路虎的羁绊，而这些羁绊恰恰又是她自己设置的。但她很快就会清醒过来。针对生物必然死亡这一观点，她反对死亡后灵魂不灭的意念，她把这一意念抛入了理智领域里。在这里，死亡的观念刚刚确立下来。灵魂不灭的意念实际上可以把与生死相关的一切瓜葛给扯平或澄清。[1]这一意念所代表的中立性观念，只是表现出自然的平衡力量。这样，她就避免了出现任何闪失或过错。我们因而又一次遭遇到各种意念和观点相互交织、错综复杂的特有现象。这一点，从一开始我们就认识到，这是宗教的特点。从我们所讨论的第二点来看，宗教是自然借助本能，对死亡的必然性表现的一种抵御反应。

预防压抑

在这一反应中，社会和个体受到同样的关注。这不仅是因为它可以从个体的努力中获益，也不仅仅因为，当一种终结观

① 当然，在原始人类的眼里，这一意念所呈现出的形象只能是一种幻影。关于生存的一般性问题，我们已经在以前的论著中阐明观点。在本书中，我们将对这一观点进行回顾。

念不参与对生命冲动造成的影响时，个体的这一努力会产生更加深远的影响；而且，最重要的是因为社会本身也需要稳定和持续。已经走向文明的社会，可以得到法律、制度的支持，它甚至可以建造稳固的大厦来抵御岁月的侵蚀。但是原始社会只是由“人类组成的”。如果人们不相信构成人类本身特征的个体性具有永恒持久本质特性的话，那么，他们的权威会是什么情形呢？因此，死亡者的灵魂应该活到现在。后来，就出现了祖先崇拜。死者在人们心目中就变成了类似神灵的东西了。但是，要使死者成为神灵，首先必须有神灵的存在，哪怕是处于胚胎状态的存在也好，还必须有明确的祭祖形式存在。这样，人的思想就会有意地转向对神话的信奉。最初的时候，理智只把死者看成是与生者共同处于相同的社会中。对于这一社会，死者还照样可以做出有益于它或不利于它的事情。

神秘创造的主题

那么，理智是如何构想死者的生存形式的呢？我们不应该忘记，我们在借助于追忆，在人类心灵的深处，探寻原始宗教的构成要素。或许，我们还未看到过一个这样的要素能够以一种纯粹的、没有掺杂任何其他成分的状态表现出来。或许它会很快遭遇到一些来自同一根源的简单要素，并与之混合在一起；或许它甚至会被利用——它有时被单独利用，有时同其他要素一起被利用，在大部分情况下，它被用做使永无休止的神话创造功能得以发挥的原材料。

因此，自然为人类提供了某些神话创造的主题。在这些主题中，有些是非常简单的，有些是非常复杂的。另外，我们借助人的想象力，对这些主题进行了很好的发挥利用，使其得到根本的扩展和变化。毫无疑问，几乎在所有的地方，宗教所遇到的基本信仰都可以追溯到这些主题。至于这些主题所发生的各种变异，它们表现为各种神话传说，甚至是理论观念。这些神话传说和理论观念，可以随着时间地点的不同，表现出无限多样的形式。但毫无疑问，我们所表述的这种简单主题会很快与其他主题结合起来，在神话传说和理论产生以前，形成人类心灵的原始表现。但是，除了这种结合以外，它有没有明确的形态呢？之所以产生这类问题，是因为我们今天的灵魂不灭观念，掩盖和遮蔽了人的身体在人死后可以继续存在的意象。这一意象的确存在，且往往出现在人的瞬间意识中。但要把它回忆起来，可能需要付出点努力。它只不过是人体脱离其具有实际触觉的肉身的一种视觉意象。我们习惯于认为，前者与后者是密不可分的，因为前者是后者的影子或后果。

人类知识的进步都是朝着这一方向发展的。对于当代科学而言，人体就是人的具有触觉功能的肉体本身。它拥有明确的形态和尺寸，独立于自我之外。它在宇宙中占有特定的位置，如果不花费相当长的时间占据不断插入其中的其他位置，它就很难改变它最初占据的特定位置。人体的视觉意象在这种情况下，将变成一种现象，这种现象的变异会借助于触觉形象不断地得到校正。后者是人体本身，前者只不过表示人体的存在而已。但是人的瞬间印象与之是两码事。人们稍微放松警惕，就会把视觉意象和触角形象归结到同一层面，赋予它们同样的客观实在性，并认为它们之间是相对独立的。“原始”人类要想看到脱离了触觉肉体的人体实际呈现出的样子，它只需要弯下身子看一下水池中自己的倒影就可以了。当然，具有触觉的肉体和他在水池中央看到的人体形象实际是一个人。这就证明，视觉人体外表具有双重性，具有触觉功能的肉体是双重外表中的一个。

但事实是，确实存在一种脱离了触觉肉体的人体，它只是一个人体空壳，而且没有重量。它转瞬间就移动到了可以看到它的地方。毫无疑问，这种人体没有什么能让我们相信，人死后，其身体还是活着的。但是，如果我们一开始就确立了这样的原则，即人死后，必然还有什么东西是活着的，那显然就是人体，而不会是别的。因为，我们可以触摸到的肉体还存在，它只是躺着不动，并迅速腐烂分解。而视觉人体却已经溜到某个别的地方，继续生存下来。因此，有人主张人死后，人体还会像影子和幽灵一样继续生存，存在这样的观点也就是自然而然的事情了。我们相信，这一观点一定会先于另一更复杂的观点产生，即坚持把生命注入人体这一原则。给人体注入生命本身会逐渐在人的心灵中被精神化。的确，像幽灵一样的人体外壳本身似乎不可能对人类的事件再施加什么压力。然而，它实际上还必定会对人类的事件施加某种压力。因为，这是导致人们相信来生这一长久行为作用所产生的一种强烈愿望。但是，这里又随之产生了一种新的要素。

原始主题

我们将不再对这一新的基本倾向进行解释，因为它和前两种要素一样，是自然而然的事情，它类似于自然的一种抵御性反应，我们必须研究它的来源。目前，我们暂时只考虑它产生的后果。它最终成为一种力量表现，这种力量扩散到整个自然界，遍布于所有的物体和生命体。在宗教科学中，这种突出的力量表现一般被传说为原始力量。我们听说过波利尼西亚语mana（神力）一词，这个词在其他语言中可以找到各种与之对应并表达相同意思的名称：在苏族语中是wakanda，在易洛魁语中是arenda，在马来语中是pantang等等。

按照某种说法，“神力”指的是一种普遍的生活原则。用我们自己的话说，灵魂的实质主要是由它构成的。还有的说，它是伴随死亡产生的一种类似于灵魂的新的力量，或者是其他什么神秘之物。这种神秘之物必须与灵魂同化，但它还不完全属于灵魂。涂尔干显然是按照第一种说法进行思维判断的。他认为，神力为人类提供了图腾崇拜原则。按照这一原则，同一宗族的人们紧密凝聚在一起。灵魂因而就被视为赋予图腾直接的个性化表现，并通过图腾这一中介物来分享神力。当然，对这些不同的解释进行界定，不是我们今天要探讨和完成的任务。

一般来说，我们不会轻易地把今天无法自然而然地形成的观念说成是原始的东西，也就是自然存在的东西。我们通常持有这样一种观点，即曾经是原始的东西，还会照样如此。但是，不论我们认为正在讨论的这一精神意念会以什么样的形态呈现，我们不会对这样一种观点持反对意见，即认为原动力观念是当人们按照我们下文将进一步阐述的某种自然或原始趋向思考问题时所遇到的原初观念之一。这里所说的原动力指的是有机物和大量的无机物赖以存在的力量。我们姑且对于这一观点持肯定态度吧。那么，既然人被赋予了他后来称之为灵魂的东西，这一灵魂能否在人体消亡之后，继续生存呢？如果单独考虑灵魂问题的话，我们没有理由这样认为。我们没有理由相信这种类似神力的力量能够在它赖以存在的人体消亡以后，还继续存在更长的时间。但是，如果我们从一开始就认定这样一种原则，即在人体消亡以后，人的灵魂形式继续存在，那么谁也无法阻止我们把另一种原则赋予这一灵魂形式——它不只是作为一种灵魂形式存在，它同样能让人体具有实施各种行为活动的力量。最终结果是，它成了一种活跃的、有效的幻影，能够影响人类发生的一切事件。这实际上就成了灵魂不灭的原初观念。

如果这种灵魂不灭观念不是与精神永存观念结合起来的话，灵魂不灭观念对世间万物实际上也不会有那么大的影响力。这同样来自于另一种自然趋向，我们也要对这一趋向进行阐释。我们姑且也把它认为是理所当然的吧。我们应当注意，这两种观念之间会发生交流。如果灵魂不是被描述成这种形态的话，被认为在自然界中到处都有的精神，也不会与人类的形态有如此高度的类似。就灵魂而言，如果它们不是与精神具有同样的秩序准则，而且在某种程度上，能够在精神世界占据应有的位置，这些已经与人的躯体分离的灵魂也不会对自然现象产生什么影响。但在这里，死者成为可以被随意处置的角色。他们可以为人类带来福祉，也可以为人类带来祸患。他们甚至可以在某种程度上，完全掌控我们所说的自然力。不论是在字面意义上理解，还是从比喻意义上认识，这些死去的亡灵都可以为人类带来阴雨天气，也可以为人类送来灿烂的阳光。所以，人们竭力避免做出让他们不快、甚至发怒的事情。他们不遗余力地捍卫自己的这种信仰；他们千方百计地赢得这些亡灵的保佑，博得这些亡灵的支持，甚至设计圈套骗过他们。

人类一旦走上了这样一条路，其理智就会卷入几乎所有的歪理邪说当中。神话创造功能就自然而然地充分发挥其自身的作用。在恐惧和需要的驱使下，神话创造功能还有什么做不了的事情呢？为了避免危险或保卫自己的利益，活着的人们情愿向死者奉献一切他们认为这些亡灵们所需要的东西。如果亡灵见了高兴，他们甚至可以把自己的头颅砍下来祭奠这些仙逝的亡灵。宗教故事中，记载了大量类似的传说。尽管充满了无知和丑恶，这些传说却揭示人类曾经做出的不计其数的无知和荒谬行为。看一看他们这些无知和荒谬的行为，而且只看这些无知和荒谬的行为，我们就会禁不住对人类产生厌恶和可憎的感觉。

但是，我们不能忘记，不论对今天尚存的原始人类、还是对过去的原始人类来说，他们都与我们一样经历了许多世纪的历史发展进程。他们似乎都在相当长的时期内夸大和加剧了人的基本认识趋向中所可能包含的非理性成分。这些非理性成分在当时看来也许是自然而然的事情。如果他们坚持遵守这些基本趋向，接受它们所产生的即时后果，真正的原始人类也许会显得更加理智。但是，一切都发生了根本性变化。正如我们前文中所阐述的，这一变化即使不会触及相当的深度，也肯定会在非常广泛的范围内发生。

有许多社会群体取得了显著的进步——或许是不利的生活环境迫使它们不得不采取某种生存努力。还有许多社会群体时而会加快努力，以便能追赶上某一先驱、发明家或杰出人物。

这里所发生的变化主要在于强度的增加，变化的方向则保持相对不变，变化和进步仍然朝着更加高效的目标前进。另外，也有一些社会，仍然保持在原有水平上——这必然是一种相对较低的水平。虽然它们的确也发生变化，但是，这些社会里发生的变化强度还不足以导致质的进步，它只能导致事物原始状态的日益累积和增加。如果我们还可以使用“发明”这个词的话，这是所进行的发明，不需要付出任何努力。他们已经从适应某种需要这一信仰过渡到某种新的信仰，这一新的信仰在外观上与前一种信仰类似，它能使它的某种表面上的浅层特征得到强化，但它不再服务于任何目标。

随后，它们在原地踏步的基础上，不断地累积、增加和放大。通过无限反复和累积放大这一双重效果，那些原有的非理性因素转入荒谬无知的范畴，那些原有的怪异转入邪恶丑陋的范畴。这些连续的变化和延伸，也必然是由人类个体引发的。但是，这时已经不再需要个体对于创造发明的优势地位和决定作用了，也不需要个体的优势地位和决定作用来接受这些发明了。当某一荒谬逻辑开始于一种怪异观念，而又没有与可能解释这一怪异观念并遏制它蔓延的最初根源相联系时，这一荒谬逻辑就足以使人的思想越来越误入歧途，从而造成越来越严重的后果。

我们或许都遇到过这样一些团结和睦、知足常乐的家庭，它们始终固守在自家的小圈子里。原因或许在于他们羞于见人或自高自大、目中无人。我们可以经常注意到他们的一些稀奇古怪的习惯，如厌世或迷信等等。如果任凭这些不良习惯在其狭小封闭的家庭圈子里发酵滋长，他们必将酿成极其严重的后果。每一种这样的怪异习惯都有其特定的根源。某种观念往往首先在一个家族中产生，然后被其他家族不假求证地信奉和效仿。这也可能是一种周末散步的习惯。它可能始于某个周末，到下一个周末，这种散步照常进行。长此以往，散步就成了一年当中每个家庭在周末要参加的例行活动。如果他们不幸错过了一次散步，天知道要出什么大乱子。

我们要是都盲目重复、模仿、追随这类习惯，大家就只好都到周末去消遣了。谁要对这种现象进行批评，却不是件轻而易举的事情，他需要付出巨大的勇气和努力。这些孤立在封闭的狭小圈子里的家族习惯，已经历经了几百年而不是几年的累积，他们原本很小的不良习惯经历了历史的无限放大。这样，人们就不难想象那些以自我为中心和追求自我满足的原始群体曾经发生的一切。他们不会向外界敞开心灵的窗口，把聚集在自己周围的心灵气息传递给外界的人们；他们也不会去为扩展和拓宽自己的视野做出坚持不懈的努力。

预防意外情况

我们在上文中重点讨论了宗教的两大基本功能。在我们所进行的分析讨论中，涉及了表面上看似可以对宗教所呈现出的一般形式提供解释的一些主要趋向。我们现在把讨论的中心转移到对这些一般形式，也就是主要趋向的研究上。我们还是采用同样的分析方法：先提出一些本能性活动问题，然后再发挥理智的作用。我们尽力揭示它是否会引发某种具有危险性的混乱和失衡。如果它的确会引发混乱和失衡，秩序的平衡或许可以通过引发混乱的理智内部所固有的本能表现而得到恢复。如果这种本能表现的确存在，它们主要是一些宗教观念。比如，生命冲动本身对死亡一无所知。但是，如果让理智在这种冲动的压力下产生生命活力的话，那么，死亡不可避免的观念就会随之产生。为了使生命恢复其原有的冲动力量，一种本能的反抗表现就会被发动起来。那么，有关死亡的原始信仰就会从中产生。但是，尽管死亡是人生中最重要的事件，难道人生不也要遭受许许多多其他的重大变故吗？难道把理智与生命联系起来，不是向未知世界敞开了大门，让敢于冒险的思想进入人的头脑之中吗？

动物是非常充满自信的。对它来说，在目标与行为之间不会掺杂任何其他念头。如果它眼里看到猎物，它会不顾一切地猛扑过去。如果需要伏击，这种伏击也是一种先发制人的行为。在动物实施这种行为和动作的时候，它的全部动作构成一整套连续的、不可分割的过程。如果最终目标是长远的，而非眼前就能看得见的，动物就无法意识到这一目标。比如，在蜜蜂构筑蜂房的例子中，每个蜜蜂不会意识到它每天辛苦劳作而建成的蜂房是什么样子——动物只能看到当前的目标。在进化过程中，它所完成的跨越幅度与它要完成的行为动作是同时扩大和增长的。但是，理智就不一样了，它的本质在于能够围绕着长远目标，来协调自己所采取的措施和手段，并承担对最后结果没有绝对把握的工作。在它的行为动作和这些行为动作的结果之间，通常存在着一定的时间和空间间隔，这就为各种意外事件的发生提供很大的空间。但是，行为动作过程一旦开始，正如我们所说的，为了保证这一过程的顺利完成，客观环境条件必然会提供必要的帮助。实际上，理智可以完全意识到发生各种意外情况的空间和可能性的存在。

当一个原始的野蛮人把箭头射向猎物时，可能并不知道他是否能够射中自己所瞄准的目标。人类不像动物捕食猎物那样，能做到在自己实施的行为和它产生的结果之间保持直接的连续性。在人类行为及其结果之间，存在着一定的间隔距离，这就使人类容易在这期间发生一些意外事件，引发各种出乎意料的情况。无疑，从理论上来讲，情况不应该是这样。自然为人类构建理智的目的是为了让它对物质产生机械作用。理智因而设定了一种普遍的机械原理，想象和虚构了一整套科学。这就使得它有可能在实施某一行为动作的瞬间，就预见到它达到预定目标前有可能遭遇的一切情况。但是，这一美好理想的一部分实质内容可能永远无法实现，它最多能对理智作用的发挥起到刺激和促进效果。事实上，人类理智必然局限于对它知之甚少的事物产生非常有限的作用。但是，生命冲动却不然。它容不得丝毫拖延，它不承认任何障碍和拦路虎，它不理会自己前进道路上的任何偶然和未知事件。总之，它对自己面临的各种不确定性全部不予理会。它向着自己的目标突飞猛进，眼里紧紧地盯着前面的目标。它吞噬掉行为与目标之间的一切间隔和距离。然而，理智也必然会认识到各种预期发生的事情，它也会做出相应的表现。这种表现是一种积极力量，它可以推翻或占领自然因果关系的固有地位；它同时可以按照我们人类的愿望，持续延伸到这些自然因果关系所设定的行为之中。这实际上是一项符合自然规律的冒险行为。

我们已经使一种机制运转起来了，这只是开端。在实现我们所热切盼望的目标，即我们的最终目的的过程中，我们还会发现另一种机制。在这两种机制中间，必然存在一种超越这两种机制的成功保障。的确，如果我们这样想象有利于我们成功的支持力量，理智的逻辑就会要求我们设定一种与之相对立的原因，即设定一种对成功不利的力量，来解释我们为什么会失败。这一最后的信念最终会发挥重要的实效。它将通过引导我们做事更加周密谨慎，来间接地促进我们行为的成功。但是，我几乎可以说，这正是产生堕落的诱引。阻碍力量的表现并不是在促进力量产生后才出现的。如果说促进力量是自然的，阻碍力量就是它的立即后果。而且这种后果会迅速扩散，尤其是在我们现在称为原始群体的停滞社会中，这种后果会扩散得更为迅速。因为，在这样的社会中，人的各种信念是通过盲目模仿和类比进行无限累积和扩大的，这种盲目模仿和类比根本没有顾及其产生的不同根源。相比之下，生命冲动则是一种乐观向上的力量。所有直接产生于生命冲动的宗教表现都可以用同一种方式进行解释：它们是自然借助于理智对人们所采取的积极行动，和对这些行动所产生的后果之间可能发生的各种令人沮丧的意外情况的一种防御性反应。

我们中的任何人如果愿意，都可以做一下这种试验，他就会亲眼看到迷信是如何从人们要获胜的愿望开始的。我们可以把一定数额的钱作为赌注押在旋转球的某一数字上，然后等待球体停止转动。当快要到我们自己所选择的数字的时候，尽管内心充满犹豫，我们的手还是会迅速伸过去按动它，然后再把它停下来。这时，个人想获胜的愿望，完全对外展现出来。这一愿望迅速填充了做出的决定和所预期的后果之间的距离和间隔，这也就消除了产生各种意外事件的可能性。现在，如果我们和往常一样，走进游戏室里，会是什么情况呢？这次，我们让习惯占据领先地位。这时，我们的手很快就会停止活动，我们的愿望也会很快退回到原来的位置。但是，正当我们的愿望要退缩的时候，某种东西会突然溜进我们的头脑中来。它产生于求胜的愿望，并被这一愿望授权和驱使。这种溜进来的东西，就是运气。这里，运气是我们求胜愿望的一种变形，它不是一种完整的品格。只凭这样一种品格，还不足以创造神圣形象。但是，它在某种程度上，具有某些神圣的因素，这就足以让我们信奉它。

原始的野蛮人就是求助于这样一种运气的力量，来保证自己射出去的箭头能够击中目标。如果跨越一些比较长的进化阶段，我们就可以抵达城市的保护神，它的功能就是保佑勇士们取得胜利。

但是，我们还要注意，在任何情况下，要保证事物的正常运转，我们还是要依靠理性手段，还是靠遵守因果关系的机械秩序。我们最初却完全依靠自己的力量。只有当我们认识到，我们单凭自己的力量无法再救助自己时，我们才会求助于额外的机械力量，哪怕是刚刚开始也好。因为我们开始相信这种机械力量的存在了。我们将求助于这种力量。但我们绝不是说，自己就不用付出什么行动了。这里，有可能真正给心理学家造成误导的应该是这样一个事实，即我们只提到第二因果律。我们没有提第一因果律的问题，因为人们都已经把它认为是当然存在的了，它支配着我们用物质手段去完成一切行为，我们对它的信仰已经渗透和贯穿到我们的行为和生活之中。既然如此，我们再把它转换成文字进行解释说明还有什么用呢？只有当我们发现一门科学能够更有利地使用这一因果律时，我们才有对它进行论述和说明的价值。

但是，第二因果律就不同了，它非常值得我们现在进行讨论和思考，我们从中至少可以发现某种鼓舞和激励的力量。如果科学能够为原始的未开化的人类提供一种手段，以确保他通过精确的计算击中目标或猎物的话，他肯定会遵守这样一种机械因果律（当然，假定他能够迅速地摆脱那些根深蒂固的思维习惯）。在没有这样一种科学的时候，他的一切行为都摆脱了机械因果律的束缚，因为他拔出箭头就瞄向了猎物。但是，他的思想会更倾向于额外的因果律，这一因果律能指明箭头应当到达的位置。因为，如果没有能够使他击中目标的武器，他对这一因果律的信仰，也许会给他带来更多的自信，从而使他更好地瞄准目标。

人类的行为活动在它能产生影响的事件中发挥作用，但人类的行为活动本身也要依赖于这些事件。这些事件在某种程度上是可以预见的，但在更大的程度上，它们又是不可预见的。由于科学在不断地扩展我们对事物的预见范围和能力，我们认为最终会有一种完善的科学。在这样的科学中，不存在不可预见的事物。这就是为什么对于文明人的反思来说（当然，我们知道，这不适用于人类的本能表现），同一种机械因果关系必须扩展到整个宇宙的原因。这种机械因果关系是人类处理日常事务时所接触到的。人类不承认，适用于他能控制的客观事物的解释系统，在他继续向前开拓进取时，应该让位于一种完全不同的系统。这一系统就是：当人类把别人施加给自己的行为归结为善行或者恶行，是出于好意或者居心叵测时，他在社会生活中所采用的解释系统。即使他口头上承认这一点，也不是出于他的本意，他不会从内心真正承认。

但是，未开化的原始人类不可能把一种期望值高的科学带入未知领域。这样一种期望值高的科学能够完全包容和接纳原始人类，并迅速拓展他的雄心和视野。因为，原始人掌握的只是一种生硬的、没有任何发展弹性的科学。这样的科学只适合于原始人直接实施的物质作用。但他并没有完全丧失信心，他把与其他人交往过程中所使用的解释系统扩展到了这一未知领域，他希望在那里遇到支持力量。他同时认为自己有可能遭受到邪恶力量的攻击。无论在什么情况下，他所应对的世界都不是一个对他完全真正友好的世界。的确，如果善良和邪恶主持他对物质产生作用的连续过程的话，他们从一开始就会对他的行为产生某种影响。因此，我们个人可能会说，他好像绝对不会依赖机械因果关系。即使他自己亲自实施的那部分行为，他也不会依赖这种机械因果关系。但是，在这种情况下，如果他不相信某种机械因果秩序，在他实施某一行为的那一刻，我们不会看到，他所做的正是使事物能够按照机械规律运转所必需的行为。那么，不论我们研究和讨论原始的野蛮人，还是文明人，如果我们要想搞清楚他们心里到底是如何想的，我们必须探究他的所作所为，而不能只看他是如何说的。

关于偶然性

在其非常富有趣味和启发意义的论著《原始思维》中，莱维·布律尔先生强调这种思维对于直接原因或具体原因的无视和冷漠，强调它直接转向了“神秘主义原因”。他说：“我们日常活动的含义是，以一种淡然的态度，完全相信自然法则的客观必然性。但原始人的心理态度却与之非常不同。对他来说，他生存于其中的自然，以完全不同的情形展现出来。在自然界中，所有的生物，包括植物和动物，都被卷入了一张大网之中。这张大网就是神秘性的参与和排斥之网。”① 他进一步论述说：“集体表现中的可变因素是一种神秘力量。人们所遭遇的病症和死亡通常会被归结于这一神秘力量：这一神秘力量的罪魁祸首有时是巫医，有时是人的亡灵，有时是一种相当明确的力量或一种个性化力量……人们可以认知的因素，或者说被人们所认可的因素，一方面在于疾病和死亡之间的预设性关联，另一方面在于一种无形的神秘力量。”② 作者提供了大量来自于传教士和旅行家们的实证报告，并引用了一些最稀奇的事例，来支持这一观点。

但是，我们立即会想到这样一个问题：在被列举到的所有事例中所提到的结果，都是与人有关的事件，尤其是与人的死亡或疾病有关的事件。这些结果在原始人看来，是由某种神秘性原因造成的。在这些例子中，没有一个问题涉及无生命物体之间的相互作用（我们说，这不包括一些对人的趣味产生影响的天文现象等）。我们没听说过，当原始人看到，一棵树被大风刮折，或者一颗卵石被大浪卷起，甚至当他看到自己的脚步所踏起的尘土时，他会想到，导致这些现象发生的原因，是除了我

① 《原始思维》（巴黎，1922），第 17~18 页。
② 同上。

们所说的机械因果关系之外的其他某种神秘力量的干预。他可以意识到前提和后果的存在，但前提和后果之间的永恒关系必定让他产生这样的印象：在这种情况下，他会相信这种关系的存在。而且，就我们所知，他不会再硬性附加上什么神秘性因果关系。更不用说，用神秘性因果关系来取而代之了。

我们继续更深入地思考这一问题。我们先不管那些原始人只能被动地旁观的具体事实。难道我们不是同样可以说，他的“日常活动的含义是，他完全相信自然法则的必然性”吗？如果不相信自然法则的必然性，他不会依靠溪流的推动力在水上泛舟，也不会弯弓把箭头射向猎物，挥动斧头把树干砍断，用牙齿咀嚼东西，或者用自己的两条腿走路。他自己可能无法清晰地想象这一自然因果关系。实际上他也没有兴趣来想这种因果关系，因为他既不是一位物理学家，也不是一位哲学家。但是他对这种自然因果关系深信不疑，并按照这种自然因果关系来实施自己的行为活动。我们再进一步思考，当原始人类求助于神秘性原因来解释死亡、疾病和任何其他变故时，他到底经历了一种什么样的思维过程呢？

比如，当他看到一个人在暴风中被滑落的石块砸中而死时，他是不是否认石块已经崩裂，暴风雨的作用使石块发生松动，最后击中人的头部，造成脑浆迸裂这一事实呢？当然不会。他和我们所有的人一样，注意到了这些客观原因的直接作用。那么，他为什么引入一种“神秘性原因”，如灵魂或巫医的意志，并把它作为一种主要原因确立下来呢？我们再观察得更仔细些，我们将看到这里原始人类借助某种“超自然”原因所解释的，并不是直观后果，而是它的人文内涵，是它对人的重要意义，尤其是对某一个特定的人的重要意义。比如，对被石块击中的人来说，这种后果对他意味着什么。在这样一种信念中，一切都是符合逻辑的，因此一切都不是前逻辑的，或者说，一切都是服从客观经验的。这样一种信念就是：任何一种原因，都会与某种后果相对应；而且，一旦承认了石块的崩裂、暴风的方向和力量这些不涉及人文内涵的纯自然因素，对我们人类至关重要的死亡这一事实就有待于我们来做解释。

正如过去的哲学家们通常指出的，结果往往突出地蕴涵在原因之中。如果结果具有重要的人文意义，原因最起码必须具有与结果同等重要的人文意义。不论在什么情况下，原因与结果应当遵守同样的秩序和准则。这种秩序和准则就是意图。然而，毋庸置疑，科学的思维习惯放弃了这样一种思维方式。但是，这是一种合乎自然的思维方式。文明人至今还保留着这样一种思维方式，每当对抗的力量不介入的时候，这种思维方式就自然表现出来。

我们都注意到过这样的事实：当一位赌博者把钱押在旋转球的某一数字上时，他会把自己能否赌赢归结于自己运气的好坏，也就是把自己的输赢归结于好的意图和坏的意图。但这并不影响他借助于自然原因来解释当他把钱押上时和当旋转球停止时，所发生的一切。但在整个过程结束时，对于这一机械因果律，他将补充和添加一种半自愿的选择，这一半自愿选择可以充当他个人选择的对应物。因此，最终结果将与同样作为一种选择的第一种原因具有同等重要的意义，并遵守同样的秩序和准则。当我们看到赌博者做出某种动作，好像要把旋转球停下来时，我们可以理解这一逻辑思维的实际根源：他正在把自己赌赢的意愿以及对这种意愿的抗拒力量，浓缩和体现为好的运气和坏的运气，以便自己能感觉到一种敌对力量或友好力量的出现。因此，他把自己的全部兴趣和关注都集中到赌博游戏中了。

但更加引人注目的是，当原始人类和现代的文明人类在处理我们刚刚讨论的死亡、疾病和严重事故这类事情时，他们的思维和心理状态是非常相似的。一位参加过第一次世界大战的军官告诉我，他不断地注意到，尽管炮火比子弹更具有杀伤力，但是，与炮弹相比，士兵们却更加惧怕被子弹击中。这是因为，一想到被子弹击中的情形，他们就会感觉自己被瞄准了。他们都会不知不觉地这样想："要产生死亡或重伤这种对自己来说至关重要的后果，必须有一种同样重要的原因，必须有意图的存在。"一位碰巧被弹片击中的士兵告诉我们，他的第一冲动反应就是："我怎么那么愚蠢啊！"根据某一机械原理所发射出的炮弹的弹片，本来可能击中任何其他人，或者也可能不会击中任何人，却偏偏击中了他，而不是别人。这一事实，他从自然理智的角度考虑，的确是不合逻辑的。但是，通过引入"运气不好"这一观念，他就能更清楚地表达这种本能理智与原始思维之间的关联。像巫医或灵魂这类内涵丰富的理智表现，无疑会放弃它的大部分内涵，而变成一种"运气不好"的观念。然而，这一观念却要保持下来。而且，这并不是一种完全空洞的观念。最终结果是，这两种思维或心智之间并没有什么明显区别。

莱维·布律尔先生在其论著中所搜集和列举的"原始思维"的各种典型例子，可以按照某些标题进行分类。按照作者的观点，在这些典型例子中，数量最多的，是那些表明原始人顽固地拒绝承认偶然性的例子。在他们看来，除非魔鬼的力量使石块发生位移，否则不可能发生石块坠落，砸中行人的头部这类事情；如果一个人被鳄鱼从船上拖入水中，那是他着魔了，否则不可能发生类似的事情；如果战士中弹而死或被击成重伤，那是因为他中了妖术，因而没有很好地躲避子弹的打击，否则不会发生这类事情。莱维·布律尔先生的这一阐释形式在其著作中反复出现多次，它甚至可以被认为是对原始思维主要特点的概括和总结。但是，我们想对这位杰出的哲学家说，当你谴责原始人不相信偶然性的存在时，或者至少当你把不相信偶然性说成是原始思维的突出特征之一时，难道你自己不是在承认偶然性的存在吗？那么，在承认偶然性存在的时候，你是否确信，你不会再次落入你所批评的原始思维中去？你一直在特意把这种原始思维与你自己的思维区别开来啊。我当然不是说，你把偶然性当作一种积极活跃的力量。但是，如果偶然性对你来说什么也不是，你也不会提及它啊。你也许认为世界和万物本身根本就不是一个存在实体。但是，世界的确存在，你也在利用它来生存。对你来说，它是某种代表和象征。实际上，它对于所有的人来说，都是一种代表和象征。现在我们扪心自问一下，对于我们自己来说，它到底代表什么呢？一块巨大的瓦片被大风掀掉，坠落下来砸到行人头上并致其死亡。我们说，这是偶然意外事件。如果这个瓦片仅仅落在地上并摔碎，我们还会说这是偶然意外事件吗？也许会这样说吧。但是，那是因为我们可能隐约想到，一个人可能在那里；或者，由于某种原因，瓦片在马路上摔碎的位置正好是我们特别关注的某个地方，以至于瓦片好像专门选这个地方坠落。

在这两种情况下，偶然性之所以被考虑进来，主要是因为，某种人文关注或人类利益正处于危险之中。同时还因为，这些事件发生时，似乎是从为人类带来益处的角度，或有可能对人类造成伤害的角度，考虑到了相关的人文意义。① 如果我们再稍微思考一下当时的情形：大风把瓦片掀起，瓦片坠落在马路的人行道上，并完全摔碎，从这一过程中，我们所看到的只是机械作用，偶然因素似乎都消失得无影无踪了。要想找到偶然性介入的影子，就必须让事件的结果具备人文内涵。这一人文内涵应当对原因产生作用。也可以说是，它为原因涂上了一层人文色彩。这时，偶然性就成为好像能带有意图的机械作用了。

我们或许可以说，正是因为当某个事件的发生看起来像是带有某种意图时，我们才使用意图这个词。实际上，我们并不承认意图的真实存在。恰恰相反，我们反而认为，每个事件都可以从机械的方面进行解释。如果我们所涉及的问题只是反思这样一种完全有意识的思维时，情况更是如此。但是，在这种反思的下面，存在一种本能的、半意识状态的思维。这种思维对于机械因果关系施加一种完全不同的作用。这种作用实际上并不能解释瓦片坠落的原因，但它可以解释为什么瓦片的坠落与下面行人的路过正好同时发生。它还可以解释为什么瓦片偏偏要选择这一时刻而不是其他时刻坠落下来，而且正好砸中了行人。选择或意图这样的因素仅仅限于可能性方面。当反思竭力领悟和掌握它时，这种因素反而退却了。这样的因素是难以捉摸的。不，不仅是难以捉摸的，而且是短暂的、稍纵即逝的。

① 我们在 1898 年巴黎大学的讲座课程中，开始使用偶然性这一概念。

但是，如果它根本不存在的话，我们就只能谈论机械作用了。这样，也就不存在偶然性问题了。

因此，我们可能会说，偶然性是一种不包含任何实质内容的意图，它只是一个影子。但是，虽然不包含实质内容，它却具有实际形态。我们这里不是存在一种被称为“纯粹原始”的表现吗？这种纯粹原始表现是人类按照自然趋向本能地产生的，但它又并不完全如此。不论它包含多少本能成分，偶然性这一观念只有在首先穿越一层厚厚的经验累积以后，才能进入我们的思维和意识之中。这层厚厚的经验累积是社会从第一天教我们如何说话开始，一点一滴地在我们自身中积淀起来的。也正是在穿越这层厚厚的经验累积过程中，偶然性才变得空洞无物了，因为日益发展起来的机械科学把这一过程中的意图成分全剔除掉了。如果我们想要重新构建其原初表现，我们就应当把它重新充实起来，使它拥有具体内容。原来像幽灵般的意图将成为一种具有生命力的意图。

另外，我们应当赋予这种有生命的意图更多的内涵，用实质性内容把它彻底填满压实，从而得到曾经在非文明的原始人头脑中存在的邪恶抑或善良的实质。这句话不论我们怎么经常说，也不为过：总的来说，这些迷信观念通常缊涵着一种被无限放大、无限丰富的讽刺意味。他们通常表示，手段已经与目标彻底分离。始于对意志力的一种有益激发作用的信仰，已经从它最初赖以存在的目标转向一种新的目标。在这一新的目标中，这一信仰已经不再有什么作用，它甚至会变得危险可怕起来。它通过浅层的自我模仿，慢慢累积增长起来。而且，现在它具有了加剧散漫、懈怠的后果和作用。

但我们也不能走得太远。原始人也很少会基于这样一种信仰，而认为不采取任何行为或者说自己什么也不做是正确的。如果一个喀麦隆部落被鳄鱼吞食掉，所有的喀麦隆人都会拼命谴责巫医。不过，莱维·布律尔先生在报道这一事实时，根据旅行家们提供的证据补充说，在喀麦隆从来没有发生过鳄鱼吞食人类的现象。[①] 我们可以肯定地说，在经常发生鳄鱼吞食人类这样的危险情况的地方，当地居民会和我们一样尽量避免下到水中。这里，人们所惧怕的是鳄鱼，或者说，人们惧怕的不是巫医。因此，我们同样可以正确地说，为了把"原始思维"与我们现代人所具有的思维状态打通，就我们而言，通常需要做两件事情。首先，我们必须彻底扫除所有的科学。其次，我们必须沉溺于某种懒惰懈怠的状态之中，对于我们认为更加合理的解释统统置之不理。这种更加合理的解释往往需要付出更大的理智性努力，尤其是要求有更强的意志力。在许多情况下，我们具备上述两者之一就足够了。但在其他情况下，我们有时必须把两者结合起来。

现在我们从莱维·布律尔先生的论著中，选择最令人感兴趣的一章来举例说明一下。这一章论述的是，原始人对于人类使用的火器、文字、书籍等的最初印象。总之，就是他们对于我们现代文明所提供的一切便利手段的第一印象。我们发现这一印象最初是非常令人忧虑的。我们会禁不住把它归结为一种完全不同于我们现代人的思维状态。但是，我们越是要把我们一点一滴地或者几乎是不知不觉地获得的科学从我们的头脑

① 见《原始思维》第 38 页。

中清除掉时，“原始”解释就越显得是更加自然而然的。这里，我们看到有这样一些原始部落中的人：一位旅行者在他们面前把书打开，并告诉他们书可以为他们提供众多有用的信息。这些原始人就得出结论认为，书是会说话的。他们于是把书本放到耳边，听它说话。但是，要想从一个对我们的现代文明一无所知的原始人那里，得到任何其他的发现，简直就类似于，期望他们的理智远远超过我们绝大多数现代人，甚至远远超过我们现代人中的杰出人物，乃至超过我们现代人中的天才。这也许意味着让他们重新发明文字艺术。因为，如果他们能想象出在一张纸上书写和描绘文字的可能性的话，他们就应该掌握字母书写规则，或者更广泛地说，他们就应当能够掌握发音规则。这样，他们就能直接地达到我们现代人的文明程度。这一文明程度，是我们现代人中无数伟大杰出天才们历经长时期的积累和努力，才达到的。我们先不讨论那些与我们现代人完全不同的原始思维，我们先只强调说，他们对我们所学到的一切知识一无所知。

原始心智的永恒存在

我们补充说过，还有一些情况是，他们的无知是与回避付出努力同时存在的。这些情况被莱维·布律尔先生归结到“忘恩负义的病患者”这一标题下。曾经接受过欧洲医生医治的原始人类对这些医生们不存任何感激之情。不，他们不但没有任何感激的表现，他们甚至还要向医生们索要报酬，好像他们成了提供医疗服务的医疗人员了。但是，对于这些原始部落群体的人们来说，他们不懂得医学科学的概念，他们不知道这是一门与艺术相结合的科学。而且，他们只看到，医生远远不是始终给患者看病。因而，他们最终认为，他们付出了时间和麻烦，他们怎能不认为医生暗中从他们身上获得了某种利益呢？为什么这些原始人类不很自然地采取他们思维中首先产生的解释，来代替他们摆脱无知的各种努力呢？他们是可以从自己思维中首先产生的解释受益的啊！

我把这一问题提交给了《原始思维》这本书的作者。这将引发我对一些往事的追忆。虽然不会比我们之间的友谊还久远，但这的确是一段很久的往事了。当时我还只是个小男孩，得了牙痛病。家人没有别的办法，只好不停地带我去看牙医。牙医对那颗讨厌的牙齿毫不留情，直接把它拔了下来。私下说，那实际上一点也不疼，因为那颗疼痛的牙齿会主动掉下来。但是，我刚刚在牙医的椅子上坐下，就因为他们要拔掉我的牙齿这一原则问题，冲着他们高声叫喊起来。我的家人最后想办法让我安静了下来。医生故意做出一些响声，把一枚50生丁的硬币投到将用来清洗我牙齿的杯子里（在那么遥远的年代里，还没有听说过无菌消毒术）。这枚硬币在当时可以买到10根大麦糖。我当时已经有六七岁了，我的智力也不比多数同龄的孩子差。我当然能够猜想到这是医生和我的家人联合设计的小圈套，来哄骗我安静下来的。但我知道他们共同想出这一法子也是特意为我好。但是，我要想不改变自己对于把我的牙齿给弄没的牙医的态度和看法，那可能需要费点事。我本来就比较懒惰，所以我不可能费那事去想这个问题。我就这么一直不去想它。我对牙医必然形成自己的看法。这一看法，在我脑子里，像一团怒火，自发地凸显并燃烧起来。我似乎清晰地感到，牙医这个人天生爱把别人的牙齿给拔下来。为了把我的牙齿给搞掉，他甚至宁愿付出这50生丁。

关于这段追忆，我们就说到这里。现在对我们所表达的观点进行一下总结。在我们正在研究和讨论的信仰的根源处，我们发现自然对于来源于理智阻力的一种抵御性反应。这一抵御性反应在理智本身激发起一种想象和观念，这些想象和观念抑制了令人压抑的表现，或者阻止了这种令人压抑的表现的具体化。那些未必具有完整个性品格特征的实质于是呈现出来。这些实质若能具有明确的意图，或者说如果它们与一定的意图相符合，这就足够了。那么，信仰就意味着一种基本的信任。它的根源不在于恐惧，而是在于对恐惧的防御。另外，这种信仰未必始于把一个人作为具体目标，它也可以满足于拟人观，即赋予事物以人的特性。这两点是我们在思考人对于未来的自然态度时，突然想到的。人之所以思考未来的问题，是因为他具有理智。而且，如果他仅仅局限于理智单独呈现出的表现的话，他就会对未来充满恐惧感。因为他发现未来中存在诸多未知因素。

而且，当我们所思考和讨论的不是将来的问题，而是现在正面临的问题时，当人类被远远大于或超过自己本身力量的自然力玩弄于股掌之中时，我们同样会注意到上述两点。这些自然力表现为地震、洪灾和龙卷风等。一种古老的理论把宗教的根源归结为由类似的自然灾害所引发的恐惧。人们常说，世界上最初的上帝来自于恐惧。科学在对上述说法采取断然否定的态度时，做得未免有些过分了。当人在面临各种自然灾害的威胁时，他的情绪体验对宗教的产生必然会有一定的影响作用。但是，我们再次强调，宗教绝不是一种恐惧，而是对恐惧的一种防御性反应。从一开始，它就不是一种对于上帝的信仰。我们未尝不可对这一说法进行一下双重检验。这不仅能够确认我们前面进行的各种分析，同时可以使我们对那些实质内容产生更加明确的观念。我们在前文中说过，那些实质内容包含一种人格因素。当然，它们未必是指具体的人。从这些观念中，可能产生各种神话上帝。当然，这有一个不断丰富和完善的过程。但是，这些实质内容在经过一定的消耗和贫瘠化过程后，很容易形成一种非人格化力量。据说，原始人看到，在所有事物的背后都潜伏着这一非人格化力量。

现在，我们按照通常的做法来思考这一问题。假使我们把自己意识中后天得来的东西全部清除掉，使它恢复到原初的简单水平。这时，我们再问一下自己的意识，它如何对来自于自然的侵害做出反应。在这种情况下，对自我的观察和研究就成了一件非常困难的事情，因为许多重大事件往往在突然间产生。而且，我们能够对自我进行全面彻底观察的机会实际上也少之又少。但是，如果这些研究由心理学大师通过对自己的观察而完成，那么，他对过去经历事物的某些印象也许会变得更加明了，他也许能感到这些印象还能呈现出更加清晰可辨的形态。但是，作为普通人的我们，对这些过往经历的印象，只能保持一些模糊的追忆。而且，对我们来说，这些印象当时会变得十分肤浅和朦胧不清。在 1906 年 4 月，加利福尼亚发生严重地震灾害期间，威廉·詹姆斯正好在加州。那次地震给加州部分地区造成严重破坏。下面是他关于这一经历的记载：

“去年12月，当我离开哈佛大学前往斯坦福大学时，我接受了我在加州的朋友B的道别，这几乎是我在加州接受的最后的道别，B说：‘我想你到那儿后，会体验一下地震的感觉，以便你能对这所位于加州的大学有所了解。’

“后来，大约在4月18日早晨五点半左右，我当时正醒着躺在斯坦福大学校园狭小的公寓房间里的床上。我猛然间感觉床开始来回摇摆起来。我的第一感觉是，自己满怀欣喜地认识和体验了地震带来的自然震动状态。我自己心里想：‘天哪，B好几个月以前所说的地震，竟然真的在这里发生了！’后来，随着震动逐渐增强，我又对自己说：‘这真是一种令人愉悦的奇妙感觉啊！’

“在48秒钟后，当我得知里克天文台已经宣布发生地震时，一切都结束了。尽管别人都说，他们感觉地震好像持续了远远不止48秒，但我却感觉地震也就持续了48秒钟。对于我来说，自己当时的感觉和情绪是如此强烈，以至于我不可能在地震发生时短暂的48秒钟内进行什么思考、反思，或做出什么选择、决定。

“我当时的情绪完全由欣喜和羡慕组成。我感到欣喜的是，当诸如地震这种抽象概念或口头用语，转变成可感知的现实和可以具体验证的事实时，它给人的感觉是如此的形象和逼真。我感到羡慕的是，尽管发生如此强烈的震动，那看起来脆弱狭小的木质房屋却能完好无损地立于原地。当时我也没有感到丝毫恐惧，我的心情就只有愉悦和期待。

“我几乎要大声高喊：‘加油啊！让地震来得更猛烈些吧！’

“我一从地震带来的惊喜中回过神来，就回忆起自己的意识在地震中所呈现出的各种独特表现方式。这些方式，在很大程度上出于本能，也可以说是必然的、不可抗拒的。

“首先，我用拟人的方式，把地震形象地比喻为一种永恒的单一实体。它实际上就是我的朋友 B 所预言的地震。它在过去的几个月里一直深藏不露，它有序地压抑和克制自我。它终于在 4 月份某一天的一大早，借助黎明的光亮，侵袭到我的房间里。而且，它表现出活力四射、得意扬扬的神态。它进而直接向我走来，从我的后背偷偷地溜到我的体内。它一旦进入我的房间，就把我给控制住了，在我面前耀武扬威。从来没有任何人类行为像它这样，把自己的意图和目的表现得如此昭然若揭；也从来没有任何人类行为像它这样，如此明确地指向一种有生命的行为者，作为它的力量来源。

“在地震现场，我所咨询过的人，都一致同意自己体验到地震的共同特征。‘它表现出一种意图’，‘它极其的险恶’，‘它一心要搞破坏’，‘它要显示自己的能量’等等。它有什么不可以做的呢？对我而言，它只不过是要表现它的名字的全部内涵。但这个‘它’到底指的是什么呢？显然，对某些人来说，它指的是一种模糊的魔力。对我而言，它指的却是一种个体存在物，也就是 B 所说的地震。

“有一位提供消息的人士把它解释为世界的末日和最终审判的开始。这位提供消息的人士就是圣弗兰·西斯克大酒店的一位女士。直到她走到街道上，有人向她解释所发生的一切以后，她才相信是发生了地震。这位女士告诉我说：对这一现象的视觉解释，使她脑子里没有产生任何恐惧感，并且使她对于地震能够泰然处之。从‘科学’的角度来说，当地壳内部的张力达到暴发点，地层之间力量平衡发生改变时，地震只不过是所发生的一切裂变、震荡和混乱的统一名称而已。这时，发生的这些现象就是地震。但是，对于我来说，地震是引发混乱的原因。因此，把它看作一种有生命的因素，这一点是我无法抗拒的。它具有压倒一切的戏剧性感染力和说服力。

“现在，我比以前更清醒地认识到，人类对这种灾难的早期神学解释形式或版本是多么的不可避免啊！我同样更加清醒地认识到，后来的科学为我们养成的某些习惯是多么的虚假做作，是多么的与我们本能感觉的火种背道而驰啊！对于原始的野蛮人来说，在他们心里，不把地震当作超自然的警告或报应，简直是不可能的。”①

我们注意到的第一件事情是，威廉·詹姆斯把地震说成是一种“个体存在物”。他指出，他以拟人化的方式把它比喻为“一个永恒的单个实体”。但是，他没有说，有一种要么像上帝、要么像魔鬼的完整人格来完成各种不同的行为。他也没有说，地震是这种完整人格的一种特定表现。相反，这里所提到的实体就是现象本身。这一现象被认为是永恒存在的，它的外在表现体现了它的全部实质；它的独特功能就是地震；它也有一种灵魂，但这一灵魂只不过是其行为中普遍存在的意图。②如果作者告诉我们说，“人类行为也没有更加明确地指向某种有生命的行

① 威廉·詹姆斯：《记忆与研究》，第209~214页。H.M. 凯伦《为什么会产生宗教？》转引，1927年，纽约。

② 意图和目的在任何人类行为中表现得也不比这明显多少。

为者，作为其力量根源”，他的意思是，就像某一有生命的行为者所实施的行为似乎属于行为者本身、而我们所说的行为者则处于这些行为的背后一样，地震过程中所表现出的目的和意图似乎也是属于地震本身的。但是，我们说，在这种情况下，有生命的行为者就是地震本身、它不产生其他任何活动、它也没有其他特征、因而它的本质特征与它的所作所为是一致的等等，这一切都能在我们所做的整个阐述中得到证明和支持。这样一种实体的存在与它的外表是统一的，这一点与一种特定行为没有什么区别。同时，这样一种行为的意图也是这一行为本身所固有的，它只是它的预设和知觉意义。这样一种实体正是我们一直在说的人格因素。

还有一点我们肯定会想到，圣弗兰·西斯克地震是一次可怕的灾难。但对于突然面临这样一种危险的威廉·詹姆斯而言，它看起来更像某种令人熟悉的恶作剧。“天哪！这就是我们几个月前提到的地震！”其他到现场的人，也有与这完全相同的印象。这地震是个“缺德玩意儿”，它有自己的思维，它专门制造破坏。这正是我们评价某个我们尚未与之完全断交的纨绔子弟的方式和语言啊。但是，真正造成混乱和瘫痪的恐惧，是人的思想上感受到的恐惧，即认为这些无法用肉眼看到的、压倒一切的力量即将在我们浑然不知的情况下把我们挤压成肉泥。对纯粹理智而言，物质世界也是同样的令人恐惧。只要使我们对危险有清醒认知的科学，还没有为我们提供各种逃避这类危险的手段，威廉·詹姆斯在其著作最后几行所提到的地震的科学概念，就有可能对人们意味着最大的危险。为了与这一有关地震的科学概念抗衡，更广泛地说是，为了与地震带给人的更加确切的思维想象画面抗衡，在巨大的突发性危险来临的时候，人们内心就会产生一种防御性反应。我们所要应对的各种混乱，或许会把一种“厄运”融入某一突发现象当中。当然，所有这些混乱都是机械方面的。这种突发现象与我们人类非常类似，但绝不是我们人类中的一员。他也不是一位局外人，我们之间或许存在某种友谊关系。这对于消除恐惧感，甚至对于防止恐惧感的产生来说，就足够了。

一般来说，恐惧感像其他各种情感一样，有自己的作用。所有对恐惧感一无所知的动物，不会有什么逃离或抵抗的概念，它很快就会在生存的抗争中屈服。但这说明像恐惧这类情感是存在的。这样，恐惧感应该与相应的危险对等也就可以理解了。恐惧感阻止我们前进，它把我们搁置到一边，不予理会，它甚至迫使我们倒退。因此，恐惧感实际上就是一种抑制力量。当危险很严峻时，当恐惧感接近暴发并造成瘫痪时，自然就会产生一种抵御性反应，来与这一恐惧情绪抗衡。这是自然而然的事情。当然，我们自身的情感能力不会发生什么改变，它还应该是原来的样子。但是，受本能驱使，并使情况发生改变的理智，能够唤起一种鼓舞人心的形象。理智赋予这种突发现象一种凝聚力，赋予它一种个性。这种凝聚力和个性使它似乎成为一位恶作剧的制造者，成为一个邪恶不拘的纨绔子弟。但它仍然是我们人类中的一员，它具有社会性特征，也具有人类的特征。

请读者搜寻一下自己对往事的记忆。如果我没有说错的话，你一定会对威廉·詹姆斯的分析和判断持肯定态度。不管怎样，我要冒昧地对发生在我自己身上的一两件事情进行一下追忆。

第一件事发生在很久以前的某一天。因为当时年龄还很小，我特别喜欢运动，尤其喜欢骑马。有一天，天气晴朗，阳光灿烂，我正骑在马上玩耍。突然，我在路上遭遇到一位最意想不到的幽灵，一位自行车手骑着一辆高大的自行车迎面走来。我的马因突然受惊而脱缰了。这类事情的确有发生的可能，在这种情况下，我应该采取某些应急措施，或者我至少应当尽最大努力采取一些措施等。这类在马术学校学习时所学的知识，我可以说，我和所有的马术学校学生一样，知道得一清二楚。但是，除了那些抽象的知识，我从来没有想到过发生其他意外情况的可能性。这一事件会真的在某一特定的时间节点和空间位置发生，而且就发生在我身上，而不是其他人身上，让我禁不住想到，这意味着这一事件对我本人的偏爱啊。

那么，是谁选择了我而不是别人呢？这肯定不是马所做出的选择，这也绝不是某一完整的存在物所做出的选择。不论这一存在物是什么，不论它是善良的天使还是邪恶的魔鬼，它都不会做出这样的选择。做出这种选择的是事件本身。它是一个没有自我的个体存在物，它只不过是各种条件的结合，但它有自己的灵魂。这是一个非常初级的灵魂，它与各种条件显而易见地表现出的意图几乎没有什么区别。它伴随着我纵横驰骋，像个淘气鬼似的观察我如何应对这些情况。我的一种想法将向它表明我会采取什么行为。如果说我根本没有感到恐惧的话，那正是因为，我的全部心思都放在这样一种想法上了。当然，或许还因为，我的这种奇怪的恶意相伴，也并没有预示着某种友好关系的到来。我经常想起这件小事，并对自己说，如果自然在赋予我们“恐惧”这一有益情感时，其用意在于当我们不得不向恐惧屈服的时候，它能使我们免受其害的话，那么，它可能再也无法想出一种比这更好的心理机制了。

我刚才引述的例子中，突发事件中“善良友好”的自然是最引人注目的。现在我再讲述一下另外一个例子。这个例子或许能够更加明确地表达出它的凝聚力、它的个性特征以及它如何在连续不断的现实中，清晰明了地为自己开拓出相应的位置。1871 年，我当时还只是个孩子。在普法战争的次日，我和所有的同龄人一样，想到在随后的 12 年到 15 年之间，会有另一场战争降临。后来，这样一场战争立马显得既有暴发的可能性，也有不暴发的可能性。这是一种复杂和矛盾的想法，这一想法一直持续到那最致命的一天的到来。实际上，它并没有在我们心中产生什么深刻印象，我们只是口头上说这场战争会降临。这样一种抽象特征一直持续到冲突明显地必然要发生的可怕时刻，一直持续到我们还仍然抱着一线希望的最后一刻。

但是，当 1914 年 8 月 4 日，我打开晨报，从上面的大标题中读到“德国向法国宣战”时，我突然感觉到一种无形幽灵的来临。所有过去的岁月，都是迎接它来临的准备和预言，这就和影子要出现在产生它的躯体前面是一个道理。这更像是某种传奇动物，从描述它的故事的书本中，溜了出来。它悄悄地占据了整个房间。当然，我讲述的并不是一个具有完整人格的具体人物，它能产生某种人格化效果就足够了。它一直在耐心地等待；它突然像一位家人，在某个座位上就座。它在这一时刻、这一地点的介入，与我的生活经历似乎有某种说不清的联系。

过去萦绕我 43 年的、难以言表的一切不祥之兆慢慢拉开了帷幕。房间里陈设着各种家具，桌面上摆着纸张，我自己则若有所思地站在桌子的前面，战争的情景弥漫了房间的各个角落和缝隙。尽管我感到惊恐万分，尽管我意识到战争将是一场灾难，即使是一场能够打赢的战争，也毫不例外地是一场灾难，但是我的确体验到威廉·詹姆斯所表达的那种羡慕之情。那种对于战争的印象，从抽象到具体的顺利过渡，真是太令人羡慕了。谁能想象如此可怕的事件，可以如此安然地来到现实之中。这种轻而易举的印象是与之有关的所有印象和感觉中最突出的。反思一下这一切，人们就会意识到，如果自然想要抗拒对恐惧的防御性反应，并且防止造成无数严重后果的、灾难的过度理智性表现引发意志的瘫痪，它就会在我们和事件之间建立这种简化为基本人格的友好关系。这种友好关系将使我们获得轻松愉快，将减轻我们的疲劳，并引导我们非常容易地履行自己的义务。

如果我们想要找到我们的远古祖先们的某些情感遗迹的话，我们就必须搜寻这些瞬间即逝的印象。这些印象很快就会在我们的反思和追忆中被清除掉。如果我们头脑中不是充斥着某种预设观念的话，我们就应当毫不犹豫地这样做。这里所说的预设观念就是，人类的道德和理智所得是通过遗传的方式一代又一代地传递给我们的。人类的这些道德和理智所得嵌入在有机体个体的实质内涵中。那样的话，我们天生就应当与我们的祖先完全不同。但是，遗传本身并不具有这样一种美德。它无法从世世代代的人们所染上的习惯中，产生自然趋向。如果它对习惯有什么约束的话，也是非常微不足道的约束，是一种偶然和例外；又或许它对习惯什么约束也没有。那么，今天的自然所呈现出的面貌，还仍然是它始终保持的样子。的确，事物的演进似乎会发生许多改变。因为，社会所获得的一切把它给覆盖了。同时还因为，社会通过人自出生开始就从未间断的教育，对人类个体进行塑造。

但是，假使有某种突然发生的震动使这些浅层活动陷入瘫痪，假使我们让它们工作于其中的光线暂时熄灭，那么，自然马上就会像夜空中的恒星，重新现形。那些想回溯到原始状态的心理学家，必须追寻那些早已消亡的往日经历。为了做到所有这一切，他将不会忽略他的指导原则和路线方针；他将不会忘记，自然是有一定的用处的。他也不会忘记，每一种本能都有自己的功能。这些我们可称之为理智的本能，是一种防御性反应，是对理智中所包含的夸张甚至是未成熟的理性因素的一种防御性反应。

然而，下列两种方法可以相互支持。一种是专门用于研究的方法，另一种是用于验证的方法。这是我们的自豪，这是一种双重自豪。但是，我们通常会对这两种方法羞于启齿。我们都会希望人天生就优于他的前辈，好像真正的美德不在于后天的努力。或者，退一步说，这又似乎是，不论一个物种的个体成员多么艰辛地通过同化和吸收过往的经验来提高自己，它都无法等同于另一个物种。这个物种的成员之间，通过一代又一代的自动遗传作用，使其整体素质优于它的前辈。但是，我们还有另一种自豪，这就是对理智的自豪。理智不承认它对于生物需求的原有服从。没有人会在不考虑其功能的情况下，研究细胞、组织和器官。在心理学领域，除非一个人已经把本能和物种的某种需求联系起来，否则，他就不会认为自己对本能进行了全面解释。

但是，一旦你走向理智，你就会告别自然！告别生活！理智被理所当然地认为是它呈现出的样子，“没有特定理由，只是好玩而已”。它似乎也并不主要是对生命需要做出回应。它的原本任务是，解决那些与本能所解决的问题类似的问题。但是，它在解决这些问题的时候，采取的方法与本能有着极大的差异，这种方法能确保事物的进步与发展。而且，在理论上，这种方法只有在完全独立于自然时，才可以被使用。但是，这种独立实际上是非常有限的。在理智通过损害某种至关重要的生命关注而击败自己的目标的那一刻，这种独立就停止存在了。那么，理智就会不可避免地接受本能、甚至生活的密切监视和观察。生活是本能和理智的共同来源，当我们谈到理智性本能时，我们指的就是这个意思。我们现在讨论理智凭借自我保护，通过某些信仰，自然而然地形成的抵御各种已知危险的表现。这些表现就是人的各种内在趋向。如果心理学要对某些问题追根溯源的话，这些表现就是心理学家们必须牢记的经验。

对于原始人类状况的研究，仍然是具有重要价值的。我们已经说过，不论我们如何反复强调也不为过：他们和我们一样，绝不是万物的开端。但与我们相比，他们的创造发明却少之又少。所以，他们不得不以各种不同的方式，重复使用相同的知识。他们对知识的利用，也不可避免的是一个无限夸张和滑稽模仿的过程。总之，那是对知识的歪曲，而不是巨大的变革。但是，不论是变革，还是歪曲，知识的原有形式仍然保持下来了，它只不过是被后来得到的新知识覆盖了。因此，在这两种情况下，研究知识来源的心理学家，需要付出同样的努力。但是，在第二种情况下，心理学家付出艰辛努力的路程比在第一种情况下要短得多。尤其是，当我们逐渐发现，在一些不可能开展相互交流的民族之间，却存在几乎相似的信仰时，这种情况经常会出现。这些相似的信仰未必是原始信仰，但它们很可能来源于某些基本趋向。对于这些趋向，如果我们努力回顾和追忆一下自己的发展历程，或许我们就可以从中找到它们。它们也许会促使我们走向这一发现道路，并指导我们进行回顾和追忆。这将非常有助于我们对它们做出解释。

如果我们不想在自己的研究中误入歧途，我们就必须始终对这些方法进行回顾和总结。我们已经到达这样一个转折关头。因此，在我们的研究中，我们特别需要借鉴这些方法。因为我们所研究和讨论的正是人类对事物的认知反应，人类对重大事件的认知反应，或者说是人类对整个宇宙的认知反应。毫无疑问，理智是利用本质来主宰事物、统领事件的。它的主宰和统领能力直接与它所掌握的知识相对称，这一点是可以完全肯定的。但是，这样一种科学，最初是十分有局限性的。科学所蕴含的普遍机制，实际上只能占据它可以控制的时间和空间的很小一部分。那么，其余的部分都被什么占据了呢？如果任凭其自己发展，理智只能认识到自己的无知。人类只能感觉到自己在茫茫的宇宙中无所适从。但这个时候，本能却在旁边观察和注视着我们。对于所有那些我们力所不及的事物来说，本能为严谨的科学知识增添了一种对能力的信仰。这些能力应该把人的因素考虑在内。这里所说的严谨的科学知识，随着技术的进步而进步。或者说，这些科学知识就蕴涵在技术的进步过程之中。

因此，宇宙中确实充满了各种飞逝的、变动不拘的意图。

唯一纯粹的机械领域被认为是我们按照机械法则实施行为活动的领域，这一领域随着文明的进步而不断扩展。对于憧憬和设想一门完整的科学会有理想前景的理智来说，整个宇宙最终看起来就像是按某种机械法则运转的。我们现在已经到达这样一个阶段。今天，它在积极努力地回顾和追忆过往的经验，以重新发现那些原初信仰。这些原初信仰已经被科学所掌握的知识，或者希望将来掌握的知识覆盖。但是，当我们一旦接近这些信仰的时候，我们就知道应该如何通过理智和本能的联合作用，来对它们进行解释。我们同样知道，它们是如何对生命关注做出回应的。那么，借助于这些原始人类的状况，我们可以对自身的观察和研究进行验证。对于原始人类来说，他原有的信仰被无限扩张、夸大和增加。在科学进步面前，原始信仰与现代文明人的信仰不同，它没有出现倒退的趋势，反而淹没了原来预留给机械作用的领域，并覆盖本来应先于它呈现的活动。这就把我们带到一个关键问题上来。

现在可以肯定的是，宗教起源于巫术。实际上，巫术也被认为是科学的先驱。如果我们像以前所做的那样，把自己局限于心理学方面；如果我们想通过回顾和追忆，重构人类对于客观事物的感知的自然反应，我们就会发现，虽然巫术和宗教有类似的地方，但两者之间却没有任何共同之处。

巫术概论

事实上，我们已经发现，原始理智把它的经验分成两个不同的部分。一方面，在原始经验中，存在着服从于手工劳动和使用工具进行劳动的经验。这些经验是可以预见和依赖的。人们对于这部分宇宙经验的认识，是从物质实体上考虑的。直到最终某一时刻，人们开始从机械法则的角度来思考和认识它。这时，它看起来像一对因果关系。而且，不论在什么情况下，它似乎都被认为是因果关系。不论这一概念是模糊不清的，还是勉强意识到的，都是如此。它可能永远也无法用语言表达。但是，为了弄清楚理智这种含蓄的、未直接表明的认识，我们只需要注意观察它的所作所为就可以了。另一方面，在原始经验中，还存在着原始工匠们感到自己已经完全无法控制的那部分经验。这一部分经验，我们已经无法再从物质实体的角度来考虑了，而是应当把它作为道德来对待。由于我们已经无法对其施加任何影响力了，我们希望它能产生一些对我们有益的影响力。因此，在这种情况下，自然就充满了人文内涵。但是，自然只有在非常必要的时候，才会获得这一人文内涵。

在缺少影响力时，我们应当有信心。为了自己感到舒适满意，我们眼前看到的从大量现实事物中自动筛选出的事件，必须看起来被生动地赋予某种意图。这实际上将成为我们的自然原初信念。但是我们还不能就此止步。我们只是做到无所畏惧还不够，我们还应当满怀欣喜地对未来充满希望。如果事件本身不是完全缺乏感情的话，难道我们不能设法对其施加影响吗？难道它不允许自己被说服或约束吗？如果它还保持它本来的样子，保持一种过渡性的意图，一种最初级的心灵状态，这些是很难做到的。它就不会有足够的品格来倾听我们的祈祷。它原始成分的包袱过重，以至于不会对我们的要求做到有求必应。但是，我们的头脑却能够很容易地在某些方面把这些残余清除掉。因为本能的压力已经在理智内部导致一种想象形式，这种想象形式就是神话创造功能。

神话创造只有遵循自己的道路，才能从最初隐约呈现的各种基本人格化身中，选择效仿那些形象越来越崇高的神灵。比如它可以效仿神话传说中的神灵，或者一些更低级的神灵，如纯粹的灵魂。它甚至可以效仿那些从其心理学来源中，仅仅保留下一种重要特征的力量。这一重要特征可能是，非单纯的机械特征、符合人类的意愿、甚至屈服于人类的意愿等等。前两个方面属于宗教问题，第三个方面属于巫术问题。我们首先从巫术说起。

人们对神力这一概念已经进行了大量讨论。这一概念若干年前，首先由科德林顿在其关于拉美尼西亚人的著名论著中提出。同时，人们对于被认为存在于其他原始种群之间的相应问题或者类似问题，也开展了大量的研究和讨论。比如，人们讨论易洛魁语中的 arenda（神力）、苏族语中的 wahanda（神力）等等。所有这些词语似乎都表示存在于自然中的一种力量。对于这样一种力量来说，虽然不是所有的事物，但至少是一些事物不同程度地分享这种力量。从这一力量到原始哲学理论之间，只存有一步之遥的距离。这一原始哲学理论在人类思维的最初阶段，形成于人的头脑之中。事实上，有些权威理论家认为，原始人的头脑中充斥着各种模糊不清的泛神论。但是，人文内涵不可能开始于这些笼统抽象的概念。任何人在进行哲学思维以前，他首先必须生存。学者们和哲学家们过于沉溺于这样的信念，即他们认为所有人头脑的作用都和他们的头脑一样，只是喜欢理性地思考问题。

实际情况是，一般人头脑思考的目的还是为了采取某种行为。如果说，在原始人的思维中的确存在某种哲理的话，它必定是关于行为方面的，而不是关于思想方面的。这一哲理蕴涵在一整套行为活动中。这些行为活动当然是有益的，或者被认为是有益的。这一哲理也只能从他们中产生。但这一哲理可以用语言进行表达。不过，为了便于指导人们的行为，语言表达必须做到清晰明了。休伯特（M.M. Hubert）和莫斯（Mauss）在他们非常令人感兴趣的论著《神力概论》中，举了一个非常有说服力的例子，来证明人们对于魔法师的信仰。这里，魔法师的形象与我们所说的神力概念有着必然的联系。按照他们两位的观点，这种对魔法师的信仰似乎就来源于神力这一概念。难道就不会有相反的情况吗？我们认为这样一种说法是不可能成立的，即与神力这类术语相对应的表现首先产生，随后，巫术才相继产生。

恰恰相反，正是因为人相信巫术，正是因为人不断地使用巫术，他才按巫术这种方式来表达事物。他对巫术的使用，表面上看的确是有效的。他所要做的只是解释甚至表现自己的成功。那么，每当遇到各种问题和困难时，他会立刻想到采用巫术解决就很容易理解了。他会立刻认识到，自己对于外界的一般性影响，很快就会到达极限。他不可能就这样安于现状，于是他会继续推进自己的影响力。由于这一推进运动本身无法保证取得他渴望得到的结果，这时候，自然就必须派上用场了。我们可以说，如果巫术这类幻觉意识要自动转向对于人类的关注和服务，如果它要迷恋和专注于承担人类差事、执行人类的命令，那么自然就必须派上用场。正如我们今天可能会说的，幻觉意识或巫术仍然要接受自然法则的检验。为了使它受到自然法则的机械约束，它就只能这样来接受自然法则的检验。但是，除此之外，巫术这类幻觉意识还应当怀有人文内涵。这里，我的意思是说，它应当被注入一种可以进入和影响人类的规划和设计的力量。这样，人类可以把这一趋向转换为一种优势，以便扩展自己的行为活动领域，使它远远超出自然法则所允许的范围。如果我们考虑到巫术的秘籍和幻觉意识的概念，我们就可以很容易地获得自信。因为幻觉意识的各种概念可能促使人们在茫然困惑中想象到，巫术会最终取得成功。

人的一些日常行为通常只是被描述为某些理论法则的运用。这些理论法则包括“同类替代”、“部分代表整体”等。毫无疑问，这些原则和模式可以用来对巫术的行为过程进行分类。但这绝不等于说，巫术的行为活动产生于这些原则和模式。如果说原始理智起源于一些想象性原则的话，那么，它很快就会屈服于经验性证据。这些经验性证据将证明，这些想象性原则是错误的。但它只不过又一次把本能的暗示和启发作用转变成某种概念。为了更清晰地说明这一点，我们可以说，的确存在一种主体性逻辑，它是人类愿望的延伸。这一逻辑早在理智为它找到某种概念形式之前，就已经开始发挥作用了。我们举一位“原始”人想要杀死他的对手的例子来说明这一问题。不过，对手离这位“原始”人距离很远，所以他很难接近对手。不论如何，我要干掉你！“原始”人发怒了。他做出一系列动作，向这个实际上并不存在的敌人猛扑上去。他一旦开始了攻击行为，就收不住手了，他一直残酷地战斗到最后一刻。他想象自己抓住了对手，或想要抓住对手。他用两手掐住对方的脖子不放，直到将他掐死。

但是，他清楚地知道，这样的结果并不完整。不过，他自己已经竭尽了全力。这时，他只好要求灵魂或巫术来完成他还没有做的其余事情了。但灵魂或巫术不会机械地去完成那位“原始”人没有完成的工作。他们不会屈服于自然需要，在这一点上，他们不同于那位“原始”人。他只不过两脚踏在地上，挥动四肢采取各种攻击行为。一句话，他从巫术的幻觉意识中获得了与自己的行为动作相应的反应。因此，他希望幻觉意识不仅能够被迫机械地返还它所得到的一切，而且具有实现愿望和服从命令的能力。如果自然已经趋向于自动考虑人文因素的话，这一点就是完全可能的。如果某些事件所表现出的同样的服从，也能在灵魂或巫术中找到，这就足够了。后者将或多或少被注入一些服从的成分，同时它也将被注入某种潜能。它们将拥有某种我们可以自行支配的力量，这一力量服从于人的愿望，人可以对其进行充分利用。像 mana, wakonda（神力）等词可用来表示这一力量，以及围绕着这一力量产生的威严。如果人们要探寻这些词的精确含义，那么，他们可能将无法找到一个适用于所有这些词的同一种含义。但是这些词语都对应于同一种模糊不清的概念。它们表达的概念使事物服从于巫术的行为活动。就这些巫术行为活动本身而言，我们已经明确阐述了它们的本质。它们可以完成人类无法完成的行为。它们所完成的一系列行为动作不可能单独产生人们所渴望得到的后果。但是，如果所涉及的人知道如何说服和影响事物友好善良的一面，它们就能产生渴望得到的后果。

因此，巫术是人类本身固有的，它是人内心愿望的一种外在突出表现。如果说它表面上看起来有些虚假和做作，如果说它已经被缩减为表面的概念关系，那是因为，人类对巫术的研究过程进行了专门设计。这一设计，可以把巫师解脱出来，使他不再沉迷于这些表面的概念关系中，使他不需要付出同样的努力，即可获得相同的结果。一名演员在排练自己的角色时，要亲身经历和体验他要表达的情感。他要注意自己的角色所引起的动作表情及其细微变化。后来，当他面对观众时，他只能表演相应的动作表情及其变化。他可以把相关的情感表达省略掉。对于巫术来说，也是一样。现在已经发现的有关巫术的法则，根本没有提到它产生于其中的自然冲动。这些法则只是作为权宜之计的原则和公式，它们是人类本身的惰性借助于半模仿的方式，揭示给原始巫术的。

据说，巫术首先产生于“龙生龙，凤生凤”这样的事实判断。至于人类为什么会设想出如此抽象和武断的法则，到目前为止，我们还没有找到显而易见的理由。但是，对于上文中提到的“原始”人来讲，在他本能地进行了一系列攻击动作，扑向那个根本不存在的对手之后；他自信地认为，他投入到整个宇宙，并且经过某个热心相助的幽灵传递和表达出来的愤怒，将会继续完成他已经开始的攻击行为之后，他想在不经历如此艰辛的工作和努力的情况下，取得完全一样的成果，是可以理解的。于是，他又一次残忍冷酷地开始了他的攻击过程。他将重复他曾经满怀愤怒地描述的那一动作，即当他认为他正在掐住对手脖子时，他实施的那一动作。不过，他在重复这一动作时，是借助于某一现成的模型来完成的。这一现成的模型就是一种傀儡似的替代物。他只重复这一替代模型的大体过程就可以了。

这样一来，他就只表演胡毒这种巫术就可以了。他所使用的傀儡似替代物甚至也不需要与其对手相像，因为它的唯一功能就是保证完全重复以前的动作。这就是下列准则或模式所表达的、原则的心理学来源。这些准则或模式有“对等替换”。或者还有另一种比这更好、更确切的说法：“当静态事物模仿动态事物的形式时，它就可以取代动态事物。”按照这种可以让人联想到其根源的终极形式，这一原则就不再适合进行无限扩展了。但是，按照第一种形式，它允许这样一种信念存在，即它有可能通过某一个近期目标作为中介，来影响其长远目标。这一近期目标只是在表面上与远期目标有些相似之处。它甚至也不需要进行明确的阐述和表达，仅仅通过蕴涵在几乎是一种本能的过程中，它就可能使这种自然的巫术得到无限扩散。

巫术行为还与其他法则有关：“通过作用于它所触及的事物，我们有可能对某一物体或生物造成影响”，“部分作用于整体”等等。但是，它们的心理学来源都是一样的。实质总是带着它会卓有成效这一信念，平静地重复某种行为。当这一行为在某一激动人心的时刻被实施时，它的实效会呈现出一种类似幻影的状态。在干旱的天气里，人们会请巫师为自己求雨。如果他确实是全身心地投入求雨这项工作，他会竭力想象自己升入到云层中。他会相信自己能把云层劈开，并把雨滴洒遍云层。但是，他会发现，如果假想自己快要回到地球上来了，然后倾洒一些雨水，这样事情就更简单了。而且，如果原本需要付出的从地球升入到天宫的艰辛和努力能找到某种替代物的话；如果这一中介物能像正负电子一样，被注入一些能对人类提供服务或对人类造成妨害的半自然或半道德意愿的话，那么，某一事件的非常微小的一部分所发挥的作用，就相当于整个事件应该发挥的功效。这就等于说，确实存在一种非常简单的自然巫术，它可以缩减为一些数量有限的行为活动。对这些行为活动的反应，或把这种反应转变成语言的过程，使得这些行为活动有可能在各方面得到扩展和增加，同时使得它有可能也吸引所有的迷信活动。因为准则和模式始终要超越它所表现的事实。

巫术与科学

那么，对我们来说，巫术似乎自动分解成了两个部分。其中一部分是，巫术对某件事情发生作用的强烈愿望，甚至包括它对于某种无法触及的事情产生作用的愿望；另一部分是，事物被注入或者可能被注入某些我们称之为人类体液的观念。在对巫术与科学进行对比研究时，我们应该转向第一点。在表明巫术与宗教的关系时，我们应转向第二点。在某些情况下，巫术也很可能偶尔能够服务于科学。如果不能产生任何有益作用的话，巫术这类幻觉意识也就无法被控制了。但即使在这种情况下，为了对它进行观察，或者简单地注意，人们还必须具有某种开展科学研究的意愿和倾向。但是，当这一时刻来临的时候，人们也许会背弃它。实际上，对于科学做出解释是非常容易的。因为，科学总是沿着相同的方向发展。科学测量和计算的目的是预见未来并采取相应的行动。

科学首先提出宇宙受数理法则的控制和支配这一假说，然后对这种假说进行各方面的验证。总而言之，科学的一切发展存在于更加广泛的知识之中，存在于人类对普遍原理的更广泛的运用之中。而且，科学的发展是借助于人类理智完成的。它的目的是指导我们对事物所采取的行动，因此，它的结构必须参照宇宙的数理结构进行设计和构建。尽管我们被要求按照周围的事物行事，尽管这是理智功能的原初意图，然而，由于普遍原理存在于宇宙的各个部分中，这就必然要求人们天生具有一种能够包容整个物质世界的理智。人脑的功能和人的视力机能是一样的。眼睛本来是只向我们揭示我们可以直接接触和作用到的目标的。但是，正如自然只能通过效果和作用远远超出其目标的手段和工具，才能对这一目标获得某些必需的见识一样（原因类似于，我们虽然可以看到星星，但是我们无法凭借自己的能力来控制星星），同样的道理，除了赋予我们一种理解自己所面对的客观世界的能力以外，自然还必须赋予我们一些关于其他方面的模拟知识，而且，她必须同时赋予我们对这些知识进行模拟应用的能力。

当然，在这种情况下，这种模拟知识和能力与现实世界的实际要求可能会存在很大悬殊和差距。在知识领域和行动领域中的一切有效进展，都要求某些杰出人物付出坚持不懈的努力。这些杰出人物所付出的每一次努力，都会产生某种创新。毫无疑问，自然为这种创新提供了可能性，因为她赋予我们一种形式远远胜于内容的理智。但是，我们可以说，这种创新实际上已经远远超过自然的本来意图。人的自然和道德结构似乎注定了他的存在必然是卑微的。他对于创新的本能抵制就是一个很好的证明。除了某些杰出天才的创新冲动以外，人类的惰性永远没有屈服过。总之，科学要求人类做出双方面的努力。一方面，少数人应当努力地进行创造发明；另一方面，所有其他人都应当接受这些发明，并适应于这些创造和发明。当我们发现一个社会中，确实存在类似于发明创造这样的引领能力，而且大部分人确实存在接受这样被引领的意愿时，我们就可以说，这个社会是文明社会。第二个条件实际上比第一个条件更难以执行。

原始人类中所缺少的，或许并不是杰出人物（我们似乎无法知道为什么自然不能做到在任何时候、任何地方都存在这种抽象概念），而是这些杰出人物展示其领先地位的机会，以及其他人追随这些领袖人物们的意愿。一旦一个社会走上文明的道路，仅增加人类福祉这一愿景，就足以促使社会克服其根深蒂固的习惯。但是，要使社会走上这一道路，使它首先开启文明发展运动，它要完成的工作远远不止这些。它也许面临崩溃和灭绝的危险。比如，敌对部落发现的新式杀伤性武器就可能造成这种崩溃和灭绝。现在依然保持相对“原始”的部落群体，也许是那些没有什么相邻部落存在的、与外界基本隔绝的部落群体。尤其是那些生活方式过于简单的部落群体，他们甚至不需要付出一些最基本的生活努力。过后，他们再想付出努力时，却已经为时过晚。对于这样的部落群体来说，社会即使想要进步，也很难取得什么明显进展。因为，它已经被自己的惰性所造成的后果所污染和侵蚀。至少从它们表现出的过分泛滥来看，这些后果恰好就是各种巫术活动。而巫术恰好是科学的对立面。只要环境的惰性还没能导致它的消散，它就可以发挥其应有的功能。

巫术可以使那些因形式超越内容而狂躁不安的理智暂时得

以平息。这种狂躁不安的理智很难清晰地意识到自己的无知，它也不可能清晰地认识到自己所面临的危险。在必然的因果关系这一狭小圈子以外，在可以预测近期将要发生的一切，并且在科学已经渗透其中的狭小范围以外，巫术可以预示影响和阻碍人的行为的大量领域，而且它还必然会采取行动。这时，巫术就作为生命冲动的直接后果而参与进来。随着人们不断通过努力来扩展自己的知识，巫术将会逐渐退出舞台。与此同时，由于巫术的做法显然是成功的（因为某一巫术行为过程的失败，始终会导致另一种与之对抗的巫术的产生），它还可以与科学产生相同的道德效果。但是，这是它与科学之间唯一的共同特征。巫术与科学之间的差距类似于人的希望与愿望之间的差距。巫术远远不像有些人所说的，为科学铺平了道路，它实际上是系统的方法和知识必须克服的巨大障碍。

对于文明人这种物种来说，蕴涵在日常生活中的原初科学，在某种持久活跃的意志作用下，可以侵蚀那些占据其他领域的巫术。然而，恰恰相反的是，非文明的原始人却鄙视劳动，不肯付出努力。结果，他允许巫术侵入原初科学领域，并把这些原初科学领域覆盖和遮蔽，甚至达到了使人们相信毫无真正科学含量的原始思维或心智这一程度。而且，巫术一旦占据了原初科学领域，它还对自己的主题进行了成千上万次改造和变更，因而它显得比科学更富有成果。实际上，它的所谓变革和发明只不过是纯粹幻想和虚构的东西，这不需要付出什么努力就能做到。我们不要说，某一巫术横行的时代会有一个科学相对兴盛的时代与之相伴随。我们应该说，科学和巫术的产生都是自然的，它们始终是同时存在的。我们的当代科学比我们的远祖所处时代的科学要普及得多。但是，我们的远祖所处时代的科学中，巫术的成分比当代的某些原始群体中的巫术成分少得多。至少我们今天仍然保持着远古科学的某些成分。当然，在科学的驱动下，巫术崇拜的趋向依然存在，而且它在伺机侵入科学领域。如果我们对科学的专注有片刻的放松，巫术就会立刻向我们所处的文明社会卷土重来。这就像是某种蠢蠢欲动的愿望，当我们处于清醒状态时，它受到抑制。但是，即使我们想获得最短暂的小憩，满足一下对梦境的渴望，也会被巫术充分利用，它会伺机卷土重来。

巫术与宗教

巫术与宗教的关系问题仍然是一个很重要的问题。显然，一切事情都是根据最后这一问题的含义而解释的。哲学家主要研究某一被常识赋予具体名称的事物，一般人可能对这一事物只有模糊不清的感觉。而且，这一模糊不清的感觉，往往也是靠不住的。它可能与其他事物混杂在一起。这些事物是它应该远离的。甚至仅仅为了表述的方便，这一事物就从整体上脱离了现实，它因而就不可能有效构成一个可以进行独立研究的实体。与数学和自然科学相比，哲学就存在着很大的缺陷。它的起点必须从口头上对现实进行切割和粉碎，这一切分或许与城市民众的需要密切相关。哲学家同样忽视了这一根源。哲学家就像一位地理学家那样开展自己的工作。为了把全球不同的区域区分开，并表示出它们之间的实际联系，地理学家脑子里应该想到，他要越过边境条约所规定的疆界，进行实地考察。

在研究中，我们保证能够预防这种危险的发生。预防的途径是，直接从宗教这个词，以及它按照事物的人为分割可能包含的一切意义，过渡到人的思维功能。人的这一思维功能可以直接进行观察，而且不需要考虑把实际内容分配给与这些词语相关的概念。在我们对这一功能的作用过程进行分析时，我们会不断地重新发现宗教这个词的其他一些含义。如果我们继续深入研究和思考，我们还会发现其他的一些隐含意义。我们还可以再给它增加一些新的含义。这时，人们就可以清晰地看到，宗教这个词实际上包含一种现实内容。从某种意义上讲，这一现实内容的确可能超越、扩展或减小这个词的一般意义范围。但是，我们应当抓住这个词的本质意义，领会它的结构，掌握它的构成原则。这就类似于当我们涉及和谈论某种生理功能时发生的情况。比如，当我们谈论人的消化功能时，我们可以从机体的不同部位观察到大量的事实表现。我们甚至可以从中发现许多新的事实。

如果我们从这个角度来观察事物，巫术显然就是宗教的一部分。当然，我指的是，较低类型的宗教，也就是我们到目前为止一直在讨论的宗教。但是，一般来说，与这一宗教一样，巫术也代表自然的一种防御措施。这种防御措施是自然对于理智生命体所遭遇的某些威胁的应对方式。现在，我们还可以从另一种思路来研究这个问题。我们可以从对宗教这个词的各种一般解释着手，对它们进行对比，从中抽象和总结出某种普遍意义。这样，我们所解决的就是工具书要解决的问题，而不是哲学问题。只要我们认识到我们要解决这种问题，就没有什么至关紧要的关系了。当我们一致同意一个词的常规意义时，我们也不要想象（这是哲学家们的一种永恒幻想）我们获得了事物的本质。现在，我们转向词的公认意义。比如，光谱的颜色或者音阶上的音符。大约在光谱的中间位置，或者在音阶两个端点的中点处，我们似乎能够发现人类所乞求的神灵崇拜。

不用说，如果这样认为的话，宗教和巫术是相对立的。后者实质上是自私的，前者则承认甚至要求公正无私。其中一方声称强制性服从自然，另一方则乞求上帝的恩赐。最重要的是，巫术在半自然、半道德的环境中发挥作用。不论在什么情况下，巫师都不会涉及具体的个人。而宗教则与之恰恰相反。它正是通过上帝的品格，来最大限度地发挥作用的。假设原始智能认为，它从自己周围的现象和事件中感知到的只是某些人格要素，而不是完全的人格的话，那么，正如我们所认为的，宗教将最终使这些人格要素得到强化，并达到使这些要素完全人格化的程度。而巫术则认为这些要素似乎是其可以发挥作用的物质世界中最低贱的、最终会被消解的东西。这样，巫术和宗教就走向了不同的道路。不过，它们有着共同的根源。而且，宗教起源于巫术，这是毫无疑问的。它们实际上是相同时代的产物。因此，如果说巫术和宗教中，一方会围绕另一方徘徊；如果说宗教中保留着一些巫术的成分，而巫术中也保留了一些宗教的成分的话，这是完全可以理解的。我们知道，巫师有时候要借助于灵魂来发挥作用。灵魂可以说是一种相对个体化但又不具备完全人格的概念，它更不具备上帝所拥有的绝对尊严。另一方面，人格化身可能具有命令和祈祷的双重特征。

对灵魂的信仰

长期以来，宗教历史一直认为对灵魂的信仰是对其他一切事物的原始性解释的根源。我们每个人都有灵魂，灵魂是比人的躯体更加精妙的本质。正像我们每个人都有灵魂一样，人们认为，在自然界中，一切事物都被赋予了生命。一切事物的背后都伴随着捉摸不定的精神实体。人们认为，精神一旦得到了承认，人类就从对它的信仰转向对它的崇拜。因此就产生了一种被称为万物有灵论的自然哲学，宗教便是从这一自然哲学中产生的。与这一理论假说相比，今天的人们显然更青睐另一种理论。在前万物有灵论者阶段或物活论者阶段，人们应该想象到一种类似于波里尼西亚语 mana（神力）的非人格力量。这种力量以一个整体的形式存在，但在各个部分之间平均分配。

后来，灵魂也参与到这种分配中来了。如果我们的分析正确的话，人们首先想象到的，既不是一种非人格化力量，也不是一种已经被个体化的灵魂。人类只不过给事物或事件赋予了目的。自然似乎在各个地方目不转睛地关注着人类。当某一突如其来的震惊把潜伏在我们身边的“原始”人类唤醒时，我们就可以验证，这是一种原初趋向。在这种情况下，我们所感受到的是一种有效存在。这一存在的性质并不重要，根本问题在于它的效果。当我们人类开始受到关注时，即使这一关注的意图不一定完全是好的，我们必定会开始认识到宇宙中某些有价值的东西。这就是经验能让我们明白的事情。但是，即使在我们向经验请教之前，人类似乎也绝对不可能开始于某些理论化的观念。我们将反复强调，在人类能够进行哲理性思维以前，他首先必须生存。因此，人类的原始趋向和信念应当起源于某种生命需要。

把宗教与某种概念系统联系起来，与某种逻辑或前逻辑联系起来，就意味着把我们的远古祖先转变成高度理性的个体，把他们转变成我们现代人应当成为其众多成员之一的高度理性个体。因为，我们经常看到，某些最好的理论也会屈从于情感冲动和一时利益。这些理论只有在我们进行辩证思维时，才能派上用场。而古代宗教却可以渗透到生活的全部领域。事实是，与人类这一物种共同存在的宗教，必定是我们人类构造产生的结果。我们刚才把它与某种基本经验联系起来了。实际上，在接触这一经验之前，我们就对它略有所知了。不管怎样，当我们遇到这些经验时，它是很容易解释的。我们所要做的全部事情就是，重新把它们放回到整个生物体系中，把心理学研究放回到生物学研究中去。我们可以看一下其他动物。它可以充分利用一切自己认为有用的事物。它是否也认为自己是世界的中心呢？未必。因为，它根本就没有世界这种概念。而且，它也根本不存在这样思考问题的倾向。但是，由于它只能看到，或者只能注意到可以满足自己需要的东西；由于在它看来，事物的存在只是为了满足它的使用需要，所以，它的行为表现就好像，自然界的一切事物相互联系的唯一目的就是为了它的利益，为了它所在的种群的利益。

这就是它的信念。这一信念不是出于理性，而是它所经历过的。这一信念维持了动物的生存，而且与它的生存努力没有什么区别。然而，如果反思能在这一过程中发挥作用的话，这一信念将迅速消失。人类可以感知到自我的存在。他将把自己视为茫茫宇宙中的一颗微粒。如果生存努力不能迅速把指向人类的事物或事件的对立形象投射到人类的理智中，投射到这种感知和反思即将占据的领域中，人类就会感到不知所措。不论能否得到妥当处置，人类生存环境的某种意图会到处伴随着他。这就像一个人在月光下奔跑时，总是感到月亮在如影随形地伴随着他。如果这种伴随是好的征兆的话，他就会信赖和依靠它。如果它预示着伤害的话，他就会尽量躲避它的影响。无论如何，人类已经作为一个重要因素被考虑进去了。这里，不存在什么理论学说，也不存在什么哲学思维，只是一种生命冲动。

同样，如果这一意图被一分为二，如果它沿着两个不同的方向发展：一个方向是，对于已经个体化的灵魂的信仰；另一个方向是一种非人格化的本质观念，这一观念不依赖于任何理论。这样一种思维实际上容易导致争议，它允许质疑，可以产生某些信条。这些信条可以对人的行为施加影响，但它不会影响现实中存在的所有事件。因此，它也不可能成为生命进化的总体指导力量。事实是，一旦这一信条被强烈地植入意志中，后者将迫使它沿着这些已经开放的方向发展，或者沿着向它敞开的、阻力最小的道路发展。它将千方百计地利用现存的意图。它可以充分利用意图所发挥的实际效果，夸大它的重要性，然后通过强制性力量掌控它。或者，它从道德立场接近它，从相反的方面迫使它向人格被祈祷征服的方向发展。神力这一概念，即原始信仰的退化或具体化，就产生于对某种有效巫术的需求。这种需求是博得支持的强烈愿望。这一支持来源于相反方向的一种信仰，即灵魂和上帝。实际上，不但非人格化要素没有向人格化方向发展，而且纯粹人格也没有从一开始就被确立下来。但是，在上下之间关系解体的过程中，有一些力量产生于某种中介物中。这些力量潜在于巫术以及人类大声祈祷的上帝的威力下面。这种中介物的目的只是维持人类的意志，而不是激发人类的理智。

对于第一点，我们已经说明了我们的观点。但如果我们要详细讨论第二点，任务就要繁重得多。宗教向人格力量日益显著的神灵的演进过程，与人类走向文明的两大发展中的第一种相对应。这些神灵之间的相互关联越来越明显，它们往往最终整合为一个上帝。它继续发展演进，直到某一天，宗教精神从外在转向内在，从静态转向动态。这种态度转变类似于纯粹理智从有限级数字序列研究向微分学研究的转变。这最后的转变无疑是有决定性的：在这最后的转变中，个体的转变为可能。这类似于在组织有序的世界中，所发生的绵延不断的物种演变。因此，它的进步表现在新的素质被创造出来，而不像过去那样，只表现在规模的增加上。它不是在原地被动接受生活所给予的一切，而是在它所到达的关键节点上，把这一重要的演化运动推向前进。我们将在下一章讨论这种全新的内在宗教。

我们会看到，宗教通过它赋予人类的这一前进运动，来维持人类的存在。实际上，它使人类又重新回到创造性冲动之中。它不再像以前那样，试图通过各种虚构性表现，来调和人类内部存在的部分积极活跃和整体消极顽固之间的紧张关系。但是，我们还应该看到，宗教的动态活跃需要静态宗教作为其表现和扩展。因此，后者应当在宗教历史中占据首要地位，这一点是完全可以理解的。我们再次强调，通过静态宗教的多样性表现来追寻其特征，不是我们的主要研究任务。我们只需要说明它的一些主要表现，并阐明它们之间的关系就足够了。

动物崇拜

我们可以首先讨论“意图是事物本身固有的”这样一种观念，这就立即把我们带到对精灵表现的关注上。它们是捉摸不定的实体。这些实体存在于像泉水、河流和饮用水源中。每一种精灵都被限制在它能够展示和表现自己的地方，这一特征把它和某一特定的神灵区分开。这一特定神灵可以在保持自己不被分割的情况下，把自己的影响作用分配到各种不同的地方，并对属于同一类型的所有事物起控制和支配作用。这一特定神灵将拥有自己的名字，呈现出自己的具体形状，并明确地表现出自己特有的人格特征。而无数森林和水源之神，却都是同一种模型的模仿和复制，它们至多可以对霍勒斯说：我们都只不过是数字编号而已。后来，当宗教上升到上帝或神灵这一崇高地位时，它就可以通过魔法招来众多形象各异的精灵。这些精灵都属于次等神灵，它们似乎一直处于次等神灵地位。但这只是我们对其影响和后果的追溯。在古代希腊，大概经历了相当长的时期，泉水精灵才变成了美丽的水仙，森林精灵才变成人人崇拜的树神。

最初，泉水精灵必定是泉水本身。对于人类来说，它拥有善良仁慈的德行。说得更明确些就是，由于它的这一善良行为是永恒存在的，所以它就变成了精灵。在这种情况下，如果我们把精灵看作一种抽象观念，我的意思是说，把它看作通过理性思考而从具体事物中抽象出来的观念，也就是从它的行为表现及其永恒存在的状态中抽象出来的观念，那是大错特错的。那只是人们从感觉中直接得出的事实材料。我们的哲学思维和语言往往首先设定某种实质，然后再围绕这一实质，为事物赋予各种特性。最终，各种各样的行为活动便由此喷发出来。但是，不论我们如何强调也不为过，这些喷发而出的行为最初都是既有的和自足的。尤其是在具体涉及人的情况下，更是如此。我们得到饮用水供给的行为过程便是这样一个过程：这一行为首先可以定位于某一具体事物，然后再定位于某一具体的人。但这一行为是独立存在的。如果为我们提供饮用水这一行为无限持续下去，这一永恒存在的过程就把这一行为确立为具有生命特征的饮用水源精灵了。现时，这一精灵会逐渐脱离其原有的功能，最终以一种纯粹的状态更加完整地复现出来。

的确，死者的灵魂自然也会充分地加入到这些精灵之中。尽管它们已经脱离了躯体，但是，它们并没有抛弃自己的人格特征。在与精灵的交往和结合过程中，它们必然会为这些精灵涂上一层人格色彩。借助于这层人格色彩的影响，它们为这些精灵们具备完整的人格铺平了道路。因此，通过来自不同方向但是最终可以交会的路线，这些精灵们会朝着完整的人格发展。但是，这些精灵以它们所占据的最初形式，如此自然地实现了自己的某种需求，以至于当我们发现所有的古代宗教下面所潜伏的这种对于精灵的信仰时，我们必定不会再感到奇怪。我们谈到过宗教在古代希腊人中所发挥的作用：就我们根据迈锡尼文明所做出的判断而言，对于精灵的信仰是古代希腊人的原始宗教。而且，它至今仍然是非常流行的宗教信仰。它也是古代罗马宗教的基础。即使从古代希腊或其他地区引入的影响更大的神灵被赋予更加广泛的圣职以后，作为家庭保护神的家神仍然具有重要影响。对于古代罗马人和古代希腊人而言，赫斯提女神或灶神的最初根源只不过是灶台上的火焰。就其功能来说，我指的是它的积极意图。假使我们离开古典古代而转向印度、中国和日本的话，我们会发现对于精灵的信仰到处存在。据说，直到今天，它仍然构成（如祖先崇拜，这和我们所说的精灵崇拜非常类似）中国宗教的基本要素。由于这种对于精灵的信仰具有普遍性，所以人们很容易相信它就是宗教的根源。我们至少应该注意到，它与原始状态之间的差距并不是非常大，而且，人类思想在到达上帝崇拜阶段以前，自然要经历这一信仰阶段。它也可能在某一中间阶段停下来。

我们谈到了动物崇拜。动物崇拜在过去的人类社会中如此普遍，以至于有些人认为，对于动物的崇拜甚至比对于具有人的形态的上帝的崇拜显得更加自然。我们发现动物崇拜更富有生命力和韧性。即使在上帝已经被赋予人的形象的国家和地区，动物崇拜仍然能顽强地发挥着自己的影响力。正是由于这一原因，动物崇拜才能在古代埃及文明中坚持到最后。有时候，产生于动物形式的神灵拒绝完全抛弃动物崇拜。因此，神灵或上帝的形象便是在人类的躯体上冠以动物的头颅。这种形象在今天看起来是非常奇怪的。原因主要在于，在我们的眼里，当今人类已经被赋予了绝对的尊严。我们把理智看作人类的主要特征。我们知道，理智几乎可以把一切优势赋予人类。理智也可以对人类的任何劣势给予弥补。但是，在理智的价值得到证明以前，情况并非如此。当时，理智的实际发明创造太少了，所以它的发明创造的无限潜力就很难表现出来。理智给原始人类提供的武器和工具甚至还不如动物通过自然遗传下来的武器和工具高级。

甚至作为人的力量奥秘的反思和自省，其本身看起来也有很多弱点，这种弱点是优柔寡断的根源。而动物的本能反应有时却更加迅速可靠。甚至动物缺乏语言能力这一事实，也为它罩上了一圈神秘光环。而且，它的沉默无言还可以呈现出沉思的假象。似乎它凭借这种沉思假象完成的事情比通过与我们交谈效果更好。所有这一切就可以解释为什么人类对动物崇拜没有表现出任何反感或回避。那么，它产生了什么样的结果呢？我们必须注意到，动物之所以被崇拜，是因为它具备某种特殊品质。在古代埃及，牛在战争中代表力量；筛子意味着破坏和毁灭；秃鹫如此细心地呵护幼崽，因而它就是母爱的象征。那么，如果人类始于对精灵的信仰的话，动物成为崇拜的目标就是不可理解的。但是，如果人类最初不是求助于某种存在物，而是求助于被认为永恒存在的有利或有害行为，那么，在控制和支配了这些行为之后，他就会要求占有某些品质。而这些品质又似乎以纯粹的状态存在于动物之中。这些动物的行为活动非常单纯，但它却始终不变地按照一种方向存在下来，而且，它显然会按照这一方向确立下来。因此，动物崇拜并不是宗教的原始阶段。但是，从这一阶段产生开始，人类就要在动物崇拜和原始崇拜之间做出选择。

图腾崇拜

正如动物的本质似乎集中于某种单一品质上，它的个性特征也似乎整合为一种类型。认识一个人意味着把他与其他人区别开来；但是，认识一种动物则通常意味着对它所属的物种进行辨别。这是我们关注这类问题的特点。结果，在第一种情况下，我们的感知能够抓住人的个性特征，而在第二种情况下，我们的感知却几乎把动物的个性特征全部忽视了。尽管动物是某种具体存在的个体，但它却主要作为一种品质，主要作为一个物种来引起人们的注意。正如我们所看到的，在这两种明显的特征中，第一种主要对动物崇拜做出了解释。第二种则在某种程度上，解释了图腾崇拜这一奇怪现象。这不属于我们要研究的问题。但是，我们也不妨对这一主题稍加讨论。因为即使图腾崇拜和动物崇拜不是一回事，但它却意味着，人们以一种类似于对宗教的敬畏，来看待动物或某一植物物种，甚至某一毫无生命特征的物体。

我们可以举一个最普通的例子来说明这个问题。动物中的老鼠或袋鼠都可以充当图腾，也就是整个部落的保护神。最突出的一点是，部落的所有成员都认定自己是图腾所代表的动物之一，即他们是老鼠或袋鼠。的确，他们使用这个词所指代的确切含义还有待于研究。如果直接断定说，“原始人”中存在某种特定的逻辑，这种逻辑不包含任何冲突和矛盾，这未免太仓促了。我们之所以使用“有待于”这个词，是因为它意味着，尽管人类已经进入了文明社会，但是，我们还很难对其意义做出准确判断。那么，我们到底应当如何来重构原始人在某种具体情况下，使用过的类似词语的含义呢？即使他给出了一定解释，我们又如何根据这些解释，来做出判断呢？只有当这个原始人是位哲学家时，他所做出的这些解释才可能具有一定的精确性。即使这样，要准确把握这些解释的含义，我们也应当了解他所使用的语言的细微差别和特征。我们可以站在原始人的立场想一下，如果他知道人类最伟大的哲学家所说的“人是一颗会思维的芦苇”，那么，他会给我们提出什么样的建议呢？我们的观察判断能力以及我们的一般常识会是什么样子呢？除此之外，我们所说的原始人是否会与他的图腾对话和交流呢？它是否把它作为人类看待呢？

我们应当注意到，我们被带回到同一个问题：要了解原始人心里到底在想什么，或者要了解文明人心里在想什么，我们至少应该像研究他的言辞一样，仔细研究他的行为。如果原始人不把自己等同于图腾，他是否只把它当作一种象征符号呢？这样说可能有些过于偏离我们要表达的主题：即使图腾崇拜不是像涂尔干已经指出的，是原始人类组织的政治基础，但它的确在原始人类的存在中占据了极其重要的地位，我们不能仅仅把它看作命名原始家族的手段。真正的答案应当位于这两种极端性解释的中间位置。我们可以按照我们今天所持有的原则，来给出一种解释。这当然也是一种理论假说。把某个家族说成是一种动物，不会提供任何断定依据。但如果说同一部落中的两个家族必然是两种不同的动物，这样的主张更有启发意义。

我们实际上可以假定，人们急于表达的是，两个家族构成了生物学意义上的两个物种。那么在语言还不具有任何科学和哲学意义的情况下，这一切又是如何被支配和控制的呢？某种动物的个性特征不会吸引我们的注意。我们说过，动物是作为一个物种被认知的。为了表示两个家族构成了两个不同的物种，人们就把某种动物的名称给予了其中一个家族，把另一种动物名称给予了另一个家族。单独看每一个名称的话，它只不过是一种标志。但是，如果把它们结合起来看，它们就等同于一种主张和判断。它们实际上表示的是，这两个家族来自不同的血缘。为什么这样说呢？如果像我们所断言的，图腾崇拜可以在全球各地相互之间没有任何语言沟通的群体中被发现的话，那么它一定是对应于这些群体的某种共同需要的。这种共同需要就是一种生存需求。实际上，我们知道，部落所分成的这些家族通常是实行异族婚姻习俗的。换句话说就是，婚姻关系应当在来自不同家族的男女之间建立，同一家族的男女之间不许建立婚姻关系。这一点甚至被人们长期认为是一种普遍法则。而且，人们认为，图腾崇拜始终意味着异族婚姻。我们假定，在最初的时候，人们认同这种异族婚姻的习俗。但后来，这一异族婚姻习俗逐渐被废弃了。

我们很容易理解，阻止同一部落或家族内部的成员之间通婚的习俗，是有利于人类的自然进化的。实行内部通婚的封闭式部落群体的最终结果，是近亲关系组成的联盟，这样的种族很快就会发生退化。当为各种不同的习俗所覆盖的本能不再发挥作用的时候，它会使部落具有走向解体的倾向。这样，部落就解体为内部成员之间禁止通婚的不同家族。实际上，这一本能很快就能实现其目标。它实现目标的途径是，在同一家族的成员之间建立一种亲密情感，而使不同的家族之间，尽量产生陌生感。为了做到这一点，它采取了对于一些现代社会照样适用的办法：它消除了存在近亲关系的男女之间或知道两者之间具有某种近亲关系的男女之间的两性吸引。[①] 那么，两个不同

① 关于这一主题，参见韦斯特马克《人类婚姻史》，伦敦，1901年版，第290页。

家族的成员是如何确信并表达他们来自不同血缘关系的呢？他们会逐渐习惯于称自己来自不同的种族。

因此，当他们宣称自己构成了两种动物物种时，他们强调的不是动物性，而是人与动物这一双重属性。至少在最初的时候是这样。这里，我们必须承认，虽然我们所讨论的都是大概发生的情况，但是，这也并不意味着我们只落脚于纯粹可能的层面。我们只是想把一般情况下，我们认为有把握性的方法用于某一争议性很大的问题。我们首先从生物需求开始，研究和探讨生物物种的相应需求。如果这一需求不能真正产生某种实际本能的话，它也可以通过我们所说的虚拟或潜在本能，使人们联想起某种想象性表现。这一想象性表现可以和本能一样，决定人的行为。在图腾崇拜的基础上，不存在这类表现。[①]

现在我们结束当前对这一理论假说的讨论。这一话题实际上是向着更加深入细致的研究这一目标敞开着的。我们一直在讨论精灵问题。我们相信，为了领会宗教的实质，理解人类进化的历史，我们必须立即从我们到目前为止一直在研究的静态和外在宗教，过渡到我们下一章将要讨论的动态和内在宗教。第一种宗教是用来防御理智施加给人类的种种威胁的，这是一种低层次理智。我们还要补充说，这是很自然的。因为人类作为一个物种，在生命进化中标志着一个重要阶段：在这一阶段的某一时刻，向前的进化运动突然停顿下来。人类从整体上被

① M.范·根纳普在其富有趣味的著作《现实中的图腾问题》（1920年，巴黎）中所强调的观点，即阶级可以从图腾动物中找到其血统，也可以嫁接或借用到我们所表述的这一表现上。

设定了理智，被设置了与理智相关的威胁，被设置了用于应对这些威胁的神话创造功能；巫术和最初的万物有灵论，似乎是一个不可分割的整体。它整体上与个体和社会的各种需求完全对应。个体与社会的需求局限于自然为它们设定的抱负和目标。

后来，人类通过有史以来难以付出的艰辛和努力，终于摆脱了始终以自我为中心的进化运动。他重新投入了生命进化的洪流之中，并把这一洪流不断地推向前进。这就出现了动态宗教。无疑，这一动态宗教与更高级的理智并存。但是，它显然不同于高级理智。第一种宗教是较低层次的理智，我们已经了解其原因。第二种宗教是较高层次的理智，我们将探讨其原因。通过从最初起源方面来对他们进行对比，我们可以更好地理解他们。因为只有处于两极的这两种宗教才是最根本的和纯粹的。位于这两者之间的过渡形式的宗教，是从古代文明中产生和发展起来的。如果这些过渡形式的宗教归纳总结出这样的信仰，即人类通过一条不断完善的道路，从一个极端向另一个极端过渡和发展，那么，这些过渡形式的宗教只能引导宗教哲学误入歧途。他们归纳总结出的这一信仰，无疑是一种自然产生的错误。他们对于这一错误总结的解释是，“静态宗教在某种程度上还残留在动态宗教中”这一事实仍然存在。

但是，这些过渡形式的宗教在人类已知的历史中，占据了如此重要的地位，我们必须对它们加以研究和思考。就我们来说，我们从中没有发现绝对新生的东西，我们也没有发现可以与动态宗教相媲美的东西。我们只发现了有关最初的万物有灵论和巫术这一双重主题的各种变化形式；对于精灵的信仰，无论如何都仍然是一般宗教的基础。但详细阐释精灵信仰的神话创造功能，经过后来的发展演化，又产生出神学。后来出现的文学、艺术、制度都是围绕神学展开的。总之，神学是古代文明的基本要素。现在我们就讨论一下神学问题。实际上，神学从来没有完全脱离或失去它的原初起点，而且至今人们仍然能从神学中看到它的原初起点。

对神的崇拜

从精灵到神或上帝的过渡或许是一个渐进过程。它们之间的差别仍然是非常明显的。上帝实际上成了人的化身，他具有人的品质、人的缺点和人的性格；他拥有自己的名字。他与其他神灵之间的关系也是明确的。他可以完成许多重要功能。尤其重要的是，他是独立完成这些功能的。与之相反的是，世上有成千上万的精灵，广泛地分布于一个国家或地区；这些精灵都承担着同样的工作；它们都以同样的名称被人们称呼。在某些情况下，它们的名称甚至不使用单数形式。比如，在拉丁语中，它们被称为 manes（亡灵）和 penates（家神），而且这两个词始终以复数形式出现。如果真正的原始宗教表现是一种有效存在；如果它指的是某一实际行为，而不是某个人或事物，那么，人类对于精灵的信仰与这些原始宗教表现就是紧密相关的。只是到后来，当精灵的实质内容从某种原始宗教表现上升到具体人格层次时，神灵或上帝才出现。在这些精灵中，就增加了这些上帝或神灵，但它们不能取代精灵。正如我们在前文中所提到的，对于精灵的信仰仍然是一般宗教的基础。即使在某个国家最开明和先进的地区，也仍然保持着对神灵的喜爱和崇拜。

可以说，宗教向多神论的发展过程就是人类走向文明的进步历程。

在这一进步历程中，试图寻找某种规律或法则是毫无用处的，因为这一过程实际上往往是反复无常的。我们发现某种地方，神灵从无数的精灵中产生的。它最初是谦逊的，并随着城市的发展而壮大。最终它会被整个国家或民族奉为国家或民族之神。但是，其他方面的发展进化也同样是可能存在的。这种发展进化很少以某种终结形式结束。不论上帝是多么崇高，他的神圣性绝不意味着他是永恒不变的。相反，古代宗教的主要神灵都经历了最巨大的变迁。它们通过借鉴吸收其他神灵的特征，不断扩充自己的实质内容，最终用新的特征来丰富和完善自己。

比如在埃及，太阳神“拉”起初是最受人们崇拜的对象。它吸引和借鉴其他神灵的特征，对它们进行同化或主动与它们结合。它最终与大底比斯神阿蒙融合，这样就产生了阿蒙神“拉”。巴比伦主神马杜克借鉴和挪用了地神贝尔的特征——贝尔是尼普尔的最高神。同样，亚述的几位主神合并形成了威力无比的伊斯塔女神。但是，变化最显著的当属希腊的最高神宙斯。它大概始于在山顶上受人崇拜的神灵。它可以掌控云、雨、雷电等自然现象。它在我们今天所说的这些气象功能的基础上，又增添了某些社会功能，这些社会功能变得越来越复杂化了。它最终成为包括从家庭到国家在内的所有社会集团的保护神。为了区分与它有关的各色各样的活动，人们需要在它的名字后面加上各种具体称谓，它成了称谓最多的主神：当它监视人们招待外地客人的仪式时，人们称它为异乡人之神（Xenios）；当它主持宣誓仪式时，人们称它为宣誓之神（Horkios）；当它对祈求者提供保护时，人们称它为祈求之神（Hikesios）；当它被用于婚嫁时，人们称它为生育之神（Genethlios）等等。

通常情况下，神灵或上帝的演变和进化过程是缓慢的、自然的。但是在神灵崇拜者眼里，这一过程有时也可能是迅速的，甚至可能人为促成。奥林匹斯山上的神灵可追溯到荷马史诗，这些神灵或许并不是荷马史诗创造的。但是，在荷马史诗中，它们被赋予了我们今天所知道的具体的形象和特征，这些形象和特征把它们统一归类到宙斯神下。这一过程是非常简单的，没有什么复杂困难可言。尽管希腊人了解当时的情况，他们甚至知道这些神灵产生的日期，但这些神灵仍然被他们接受。但是，他们在接受这些神灵时，不需要把天才诗人荷马再召集过来。要确立或者废除某些神灵，有帝王的一纸圣喻就足够了。我们不想对帝王干预神灵演变的详细情况进行阐述。我们仅仅回顾一下其中干预最明显和剧烈的情况吧，这就是埃及的法老埃赫那吞。他在位期间，废除了当时埃及的众神，而拥立其中的一位为埃及的主神。他在其国家成功地推行这种一神教，直到其死亡。

而且，我们知道，埃及的所有法老都尊奉神灵。从最远古时期，他们就把自己标榜为“拉之子”。而且，埃及把国王视为神灵的传统，直到托勒密王朝时期仍然持续存在。这种情况实际上并不仅限于埃及，叙利亚在西流基王朝时期也是如此。中国和日本，皇帝在世时获得帝王的尊严，在其去世后，他就被供奉为神灵。在罗马，早在奥古斯都、克劳多斯、维斯帕先、提图斯、涅尔瓦之前，元老院就把恺撒神化为上帝。最终，所有的皇帝都被提升到神灵的地位。无疑，各地对于皇帝崇拜的程度并不完全一致。比如，在罗马皇帝和埃及法老之间就存在很大的差距。古代埃及对法老的崇拜缘于原始社会对部落酋长的尊崇，这可能与人们认为帝王具有特殊血统或魔力这一观念有关。而在古代罗马，元老院赋予恺撒神灵的尊严，只不过是出于对恺撒的阿谀奉承。这后来被奥古斯都用做统治工具。然而，在罗马受过教育的特权阶层者思想中，他们对帝王的崇拜仍然夹杂着半信半疑的态度。这种态度没有延伸到普通民众当中，当然，它也没有传播到各行省当中。这就意味着古代神灵可以根据人们的突发奇想或环境条件出生、死亡和转变，同时意味着，异教信仰在遵从帝王崇拜时也不受什么限制。

正是由于人的想象和偶然情况在神灵的产生过程中发挥了如此重大的作用，所以神灵就不适合进行严格的分类。我们至多能够阐述一些神学想象的主要趋势。即使这样，也绝不会有任何一种趋势被人们始终遵守。因为神灵的设立是为了服务于某一有益目的，它们通常就会被自然而然地赋予各种功能。而且，在多数情况下，神灵具有某一特定功能的观念应当是占支配地位的。这一情况实际上就发生于古代罗马。可以说，神灵的专门化是古代罗马宗教的特点。比如，对于农业播种，有农神保佑；对于果树开花，有花神护佑；对于果实的成熟，有果树之神庇佑；守护家门的神灵被称为双面神；守护灶台的神灵被称为灶神。

在古代罗马，人们不是把众多相关的功能赋予同一个神灵，而是更喜欢根据不同的功能确立不同的神灵。他们还往往把同一个神灵赋予不同的称谓，从而代表不同的功能。这就产生了女胜利者之神维纳斯、幸运者之神维纳斯、生育之神维纳斯。朱庇特也被先后赋予雷电之神、誓约之神、安定之神维纳斯、战胜者之神和众神之王等称谓。这些称谓在某种程度上是相互区分的。这些称谓也是主神朱庇特从向人间播撒阳光雨露之神，到战争与和平时期保家卫国之神这一发展演进道路上的一座座里程碑。但是，类似的演变过程在不同地区都有不同程度的表现。自从人类开始播种土地以来，先后出现过照管作物收割的神灵、为作物提供阳光和热量的神灵、保障四季更替的神灵。这些保障农作物顺利收获的功能必定是某些古代神灵的重要特征，只是由于神灵的演变使其本身含有了更为复杂的人格特征，而且由于漫长的历史的淹没，这些最初的保证农时的功能已经消失不见了。

所以，埃及众神之中最富有的形象奥西里斯主神，最初似乎也只是农作物的保护神。这也是希腊农业之神阿多尼斯的原始功能。同样，这也是古代巴比伦农业之神尼沙巴的最初功能。尼沙巴在成为古代巴比伦科学之神以前，是掌控农作物收获之神。在印度，天神因陀罗和火神阿吉尼出现在最高神灵的序列中。人类感激因陀罗为适于作物生成的土壤带来了风雨；人类感激阿吉尼保障了家中的灶台火苗旺盛。在这里，同样是不同的功能具有不同的特征：因陀罗以其力量著称，阿吉尼以其智慧著称。最崇高的功能在于天神伐楼那，它掌控事物的普遍秩序。我们在日本神道教中，可以发现地神、农神、山神、树神等等。但是，在所有这些神灵中，性格特征最为鲜明和完整的当属古代希腊的德墨忒耳女神。她也是土壤和农作物的保护神。她除了以德墨忒耳的名字掌管家庭和社会生活，还对死亡的人予以照管，给他们提供安息之所。这里，人们可以发现创造神灵这一奇想的最显著发展。

然而，这些神灵在被赋予各种功能的过程中，也被赋予了无限崇高的尊严，这种尊严非常自然地会呈现出某种地域形式。这些神灵之间应该分享宇宙的各个领域。根据《吠陀经》的记载，这些神灵影响的主要领域为上天、大地和位于两者之间的空气。在古代巴比伦人的宇宙观中，上天由天神阿奴主宰；大地由地神贝尔主宰；海洋由海神艾阿主宰。古代希腊人把世界分为由宙斯主宰的上天和大地、由海神波塞冬主宰的海洋和由地狱之神哈得斯主宰的下界。这些不同的领域都是由自然进行区分和标记出来的。那么，太阳、月亮和星星的轮廓也一样的清晰可辨。它们的个体特征表现在其形状和运动轨迹上，而且它们似乎是依靠自己独立运转的。它们当中的一个向人间播撒了生命，其他两个也必然具有同样的性质，只是它们的力量可能有所不同。所以，在太阳、月亮和星星中，我们同样能发现神灵的实质表现。只有在古代亚述，对于天体的神灵崇拜才以最系统的形式呈现出来。

但是，对于太阳和天空的崇拜在各地都不同程度地存在。在日本的神道教中，太阳女神被确立为最高尊严，与之并存或在她之下的是月亮之神和星星之神。在古代埃及的原始宗教中，月亮和天空被看作与太阳并存的，不过太阳是月亮和天空的主宰者。在吠陀教中，太阳神米特拉（它等同于伊朗的太阳神米斯拉）富有太阳或光明之神的特征。在古代中国的宗教中，太阳是一个人格化的神灵。最后，在希腊人中，太阳神赫利斯是最古老的神灵之一。在印度日耳曼民族中，一般情况下，天空是某种受到特别崇拜的对象。以底尤斯、宙斯、朱庇特、吉乌等为名字的神灵是信奉吠陀教的印度，以及希腊人、罗马人和条顿人共有的。只是在希腊和罗马，像在中国蒙古的天神一样，这些神是众神之王。这里，我们特别注意到这些古老神灵的演化趋势。它在最初被授予完全具体化的使命，随着它的成长壮大，它用各种道德特征充实和完善自己。在古代巴比伦南部，能够洞察一切的太阳变成了公平正义的捍卫者，它获得了“审判官”这一头衔。吠陀教中的太阳神米特拉是真理和正义的卫士，它保佑正义的事业最终取胜。埃及主神奥西里斯，由最初的农作物之神变成了与太阳神并存的主神，它最终成为仁慈、公正的最高审判官，掌管死亡者的国度。

所有这些神灵都与世上的万事万物密切相关。但是还有其他一些神灵是根据它们与人或团体的关系来定义的。这些神灵通常和上述神灵是完全相同的，人们只不过是从不同的角度看待它们而已。我们是否也把个人天赋或某一特定个体的邪恶观念看作神灵呢？罗马的天才是守护神，而不是上帝。它既没有形状，也没有名字。它只是非常接近我们视为神灵原初基本要素的“有效存在”。照管家园的家神的人格特征再明显不过了。但是，团体规模越大，家神变成真正上帝的权力也就越大。比如，在埃及，每一个原始城邦都有保护神。这些神灵相互之间正是通过它们与所处的城邦的关系来加以区分的。这样，人们把它们称为“伊德富之神”和“涅克布之神”就非常清晰明了。但在大多数情况下，这些神灵存在于团体产生之前。而且，团体一经产生便采纳和接受了这些神灵。在埃及，大底比斯神阿蒙拉就属于这种情况。在巴比伦也是同样的情况：乌尔城以月亮作为女神，乌鲁克城以金星作为女神。在希腊也是如此：德墨忒耳是艾留西斯的家神，智慧女神雅典娜保卫雅典卫城，月亮之神阿耳特弥斯保卫阿卡狄亚。通常情况下，城邦的保护神与它所保护的城邦命运相连，生死与共。城邦之神在城邦的发展和扩张中建立起来。因此，城邦之间的战争实际上就是敌对的城邦神灵之间的战争，城邦之神最后会打成停战协议，被征服的城邦神灵就加入到胜利一方的众神之中。但实际情况往往是，以城邦或相应的帝国为一方，以其保护神为另一方，两者之间会形成一种定义不是太明确的伙伴关系。这种伙伴关系的性质必然会不断发生种种变化。

神话创造与文学

然而，为方便起见，我们经常对与上帝或神灵有关的寓言故事进行定义和分类。能掌管这些神灵出生的最高法则，正是它们自身的发展。在这种情况下，人类可以自由发挥其神话创造本能的作用。无疑，如果任其发挥，这一本能的作用不可能发挥得非常充分。如果一个人怀着极大的兴趣投入其中的话，这一作用就会发挥得淋漓尽致，它就会永不停息地进步。在这一点上，不同民族之间的神学发展差异是非常巨大的。古典古代为我们展示了一个形成鲜明对照的例子：罗马的神学非常不发达，而希腊神学则超级发达。古代罗马的神灵与它们所包含的功能相一致。可以说，古代罗马的神灵固化在其功能之中了。它们仅有一个躯壳，这里，我指的是人们想象出的形状，它们只是拥有上帝或神灵这一称谓。但在古代希腊却恰恰相反：每一个神灵都有自己的面目特征、自己的性格和成长历史。他可以四处走动，完成一些自己应有功能以外的事情。人们讲述过他的历险经历，描述过他对人间事务的干预情况。他积极地投身和参与到艺术家和诗人的一切想象之中。更确切地说，即使他的力量不能胜过凡人，即使他至少在一定程度上不具备某种特权，来干预自然法则的常规运行，它也会成为小说创作中的一个具体人物。简言之，人脑的神话创造功能首先会突然中止。然后，它会再继续原来的神话创造工作。但功能与原来完全一样，如果需要的话，它会恢复原来中断的工作。人们把希腊文学引入罗马，更广泛地说，是把希腊观念引入罗马，正是属于类似的情况。我们知道，罗马人是如何把自己的某些神灵等同于希腊神灵，并赋予它们更显著的人格特征的。他们还把希腊神灵从固定不变的状态转变为不断运动发展的状态。

关于这一神话创造功能，我们说过，如果把神话创造功能解释为某种想象情景的变体，那是非常错误的。想象这个词多少带有一些否定的意味。我们一般把既不可感知，也不可记忆的具体表现称为想象。由于这些具体表现既不描述某一具体存在物，也不描述某一件过去的事情，它们都同样地被视为常识，并按照一般说法被赋予相同的名称。但是，心理学家不能因此把它们归入同一个类别，或者把它们与同样的功能联系起来。我们现在先把想象这个话题放一下，这只不过是一个用词的问题。我们思考一下人脑已经被清楚地定义的一种功能，即它的创造性特征。我们经常把人脑的创造性特征与我们自己的经历联系起来，这一点在小说家和剧作家中表现得特别生动和逼真。

在这些小说家和剧作家中，有些沉迷于他们所表现和刻画的主人公不能自拔。他们被自己所描写的主人公支配，而不是他们来支配自己要描述的主人公。他们当中甚至有的在完成自己的剧本或小说创作以后，仍然难于摆脱主人公的缠绕。这些作家的作品未必是创作水平最高的，但是，他们至少能使我们中的一些人接触和感受到自发幻觉这一特定机能的存在。实际上，人们发现，在某种程度上，人人都具有这一机能。这在儿童身上表现得更为逼真。我们可以发现儿童与某些幻觉人物保持着日常交流，他可以说出这一幻觉人物的名字，他可以向我们复述这一幻觉人物对日常事件的印象。但是，有些人自己不亲自创造幻觉人物，而对幻觉人物的兴趣却与对现实中的真实人物一样浓厚。因为，在他们当中，这种自发幻觉同样发挥着重要作用。什么景象能比剧场观众泪流满面的场景更令人惊讶呢？

我们将被告知，这些剧情是由演员上演的，而且在舞台上表演的演员都是些有血有肉的人。虽然我们承认这些剧情都是演员上演的，但是我们却几乎常常被自己在读的小说的情节完全征服和“捕获”，从而对于小说中主人公的故事表现出真切的同情和怜悯之心。那么心理学家为什么不会被这一自发幻觉机能的神秘要素所打动呢？答案在于，人的机能存在着神秘性，我们现在尚不清楚这些机能的内在机理。的确，我们有权利讨论这一内在机理的心理学解释，但这并不意味着我们要建构这种机理。对这一机理的心理学解释和生物学解释是一样的。当我们知道这一机理如何为生命的存在所需、为什么为生命存在所需时，某一机能的存在就得到了解释。小说家和剧作家当然不会成为生命存在的需要。一般来说，神话创造功能也不等同于生命需要。我们可以假定，当这一神话创造功能在某一特定时刻，用于某一特定对象时，它对于个体和社会的存在是必不可少的。那么，我们就很容易理解，虽然神话创造功能是为个体和社会的存在而设定的，虽然对个体和社会的存在而言，它是必不可少的，它既然已经存在了，它的应用范围就可以进一步扩大到娱乐方面。

这样，我就轻而易举地从今天的小说，或多或少地过渡到古代的口头传说、传奇经历、民间故事，然后从民间故事过渡到神话传说。神话传说与民间故事不完全是一回事，但是它们却以同样的方式产生和发展。神话传说，又反过来把神灵或上帝的人格编制成传奇故事。这最后的创造过程实际上只不过是另一种形式的扩展。这是一种更为简化的扩展，也就是一种“半人格力量”或“有效存在”式的扩展。我们认为，这种“半人格力量”或“有效存在”就是宗教的来源。这里，我们就接触到我们已经知道的生命基本需要了：这一生命需要促进了神话创造功能的形成。神话创造功能因而就可以从人类这一物种的生存条件中推断和演绎出来。对于前文中我们已经详细论述的内容，我们就不再进行追溯了。我们可以回顾，在生活领域，分析起来似乎无限复杂的东西，对于知觉而言，却又表现为一种不可分割的具体行为。这一行为也可能还未来得及很好地实施。但是，它一旦得到实施，就会一步跨越所有的障碍。

这些障碍不断地相互叠加，而且越加越高，结果它们就陷入了无限增大的过程。我们的分析要解决的问题正是，如何把所有这些障碍一个接一个地清除掉。如果我们按照各个击破的思路来分析，即分析如何按先后顺序逐一把这些障碍清除掉，这将是一种非常错误的分析方法。正确的方法应该是按照通过某一单个行为一举解决问题的思路进行分析，这一单个行为也是最简单的行为方式。因此，箭头不可分割的运动轨迹就可以一举穿越无数的障碍，胜利地击中目标。我们借助芝诺的推理方法来思考这一过程，就会发现，这些目标是箭头在构成其飞行轨迹的无数静止不动的节点中发现的。同样，人的视觉也是一个不可分割的行为过程。它之所以成功地发现目标，是因为它一举克服了成千上万的障碍。对于我们的知觉和我们所掌握的科学而言，眼睛克服这些障碍的行为过程，显然是由构成眼睛的大量细胞完成的，显然是由我们高度复杂的视觉器官来完成的。简而言之，在我们的视觉发现目标这一过程中，有无数的视觉机制在同时发挥作用。

我们可以用同样的方式来设定人类的进化过程。也就是说，我们假定，在生命的进化过程中，人类的产生包括人类个体和社会，也是通过上面所说的一步跨越的方式实现的。那么，我们也可以假定一种发明和创造工具的理智。我们还可以因此假定，人类必定自发地付出努力，把这一发明和创造工具的行为继续下去。最终结果是，人类的这种自发努力会远远超越原有的发明和创造工具的唯一目标，这就会产生重大威胁。人类的行为活动给人类设定了发明和创造工具的理智，同时让人类在必要时付出持续的理性化努力。人类持续不断的理性化努力也会引发各种威胁。人类之所以存在，正是因为其行为活动以及他的理性化努力造成的威胁会导致神话创造功能的产生。神话创造功能不是自然有意施加给人类的，它是自发产生的。实际上，如果我们为所有其他心理功能添加这一神话创造功能的话，我们会发现，这些功能全部加起来后，会以多种不同的形式表现一种完整不可分割的行为。正是凭借这一行为，生命进化的阶梯从进化突然中止的那一级台阶一步跨越到人类这一台阶。

神的存在

但是，我们还是应更密切地关注一下在宗教领域里，神话创造功能对各种发明创新产生显著影响力的原因。当然，毫无疑问，宗教领域是神话创造功能最熟知、最适合进行神话创造的领域。创造神话的目的是为了创造宗教信仰中的各种精灵和神。但是，由于神话创造功能在其他领域里照样存在，我们就必须探询一下，为什么在其他领域里，神话创造功能虽然以同样的方式发挥作用，却没有得到同样的信任呢？对于这一问题，我们可以发现两个主要原因。

第一个原因是，在涉及宗教的领域，个人对神话创造的信仰因为全部信徒的信仰而得到加强。即使在剧场中，一名观众对戏剧所表达的作者的建议和观点的接受程度，也会因自己所处的观众群体的共同兴趣和关注而明显增强。但是，在这种情况下，观众群体的规模仅仅限于整个剧场，持续时间也只是整个剧目的上演时间。那么，如果个人信仰被全社会的人们支持和肯定，而且持续时间从古到今永不间断，那将会是一种什么情形呢？如果上帝位居庙宇，如果他被诗人赞颂，如果他被艺术家描绘，那又会是什么情形呢？只要实验科学还没有被牢固地确立下来，人们的普遍赞同和支持就是对真理的最好保障方式。不，通常来说，人们的普遍赞同就等于真理。同样，我们还可以注意到，这也是容忍异议的原因之一。不接受普遍信仰的人，在它对其持有异议时，他会尽力阻止这一普遍信仰成为绝对真理。但是，当他退却或消失不见时，真理仍然会恢复其原有的完整状态。

我们并不是说，即使在多神教中，宗教信仰也永远不会是个人信仰。每一个罗马人都有一个保护神与个人相关，他只是坚定地相信自己的保护神。因为，每一个其他罗马人也都有自己的保护神，而且因为，他的信仰——这里当然是指他的个人信仰——是人们的普遍信仰保证和承诺给他的。我们也不是说，从本质上讲，宗教原本就是社会性的，而不是个体性的。实际上，我们已经看到，个人所固有的神话创造功能，是把社会的稳固安定作为其首要目标的。但我们同时知道，神话创造功能的意图也是支持个体存在的。而且，支持个体存在也是社会所关注的问题。实际上，个体和社会是相互蕴涵的。个人团结组织起来，构成社会。社会使个体呈现出完整的外在形象，并把自己的一部分预示在每个个体形象中。因此，社会和个体互为条件，共同构成一个完整循环过程。这一循环是由自然所设定的。它在人类回归创造性冲动的那一刻，被突然打破，并迫使人的本质向前进化发展，而不是停留在一个地点做循环运动。从人类回归创造性冲动的那一天开始，便约定产生了本质上属于个体性质的宗教。实际上，这一宗教仍然显示出更加深刻的社会性。我们后面的话题还要回到这个问题的讨论中来。我们只是说，在宗教问题上，社会为个人信仰提供的保障，本身就足以把神话创造功能的这些发明创新提高到独特的地位。

但是，我们还应该记住另一件事情。我们已经看到，古人是如何无动于衷地目睹各种神灵的产生。其后，他们像信任其他一切事物一样信任神灵。如果我们假定，对他们来说，神灵的存在和他们所见到和接触到的物体具有完全一样的性质，他们这样信仰神灵就是令人难以置信的。神灵是真实存在的，但他的存在这一事实在某种程度上取决于人的意愿。

异教文明中的神实际上不同于更古老的存在实体、小精灵、土地神、灵魂等等。在一些流行的信仰中，这些神灵并没有被完全废除。这些较古老的神灵几乎都是神话创造功能的直接产物，这一点我们认为是很自然的事情。正如其自然地产生一样，它们也被自然地采纳和接受。它们完全符合产生它们的需要。神学是对这些原始信仰的扩展和放大，它在各方面远远超出了这一需要。神学与产生这些原始神灵的需要之间的空余间隔被某种实质内容填充。在这一实质内容的选择过程中，人类的想象占据了很大的份额。这极大地促进和影响了人们对它的认同。这一实质内容始终发挥着同样的干预功能。由于它的这一干预作用，它也同样获得了总体上的信任和赞同。但是，单独来看，每一次干预和影响都是有条件地被采纳和接受的。这一条件就是，允许其他干预和影响的可能存在。众神独立于人类而存在，但是在众神中置人一位众神之王，也就是置人一位主神却要完全依赖于人类；而且世上的一切存在都依赖于这一伟大神灵。这样一种心理态度在今天的确令人惊讶。然而，我们有时在梦境中自己又陷入这一心理状态。其中，在某些时刻，我们可以引入我们所渴望发生的事件：这样，事件的一部分发生在我们身上，而事件的整体部分则独立于我们而存在。同样，我们可以说，每一个单个的神灵都是偶然存在的，而作为一个整体的众神，或者总体上的众神之王，则是必然存在的。如果我们用比古人更进一步的逻辑推理方法来更深入地研究这一问题，我们就会发现，除了对于神灵的信仰之外，世上不存在其他绝对的多元主义。我们同样发现，多神教及其神学当中实际上潜在地蕴涵了一神教。在一神教中，众神的存在处于次要地位，它们都是众神之王，即最伟大的上帝的代表。

但是，在古人看来，上述考虑和讨论都不是问题的实质。只有宗教属于知识领域或思想领域时，这些讨论才有意义。在这种情况下，神话传说可以作为历史叙事来看待。不论在什么情况下，都会产生历史叙事的可靠性问题。但是，实际情况是，它们之间不存在可能的对比，因为它们根本不属于同一类问题。历史是属于知识方面的问题，而宗教则是属于行为方面的问题：正如我们反复强调的，只有在需要某种理性化表现来抵御某种理智带来的危险时，宗教才涉及知识问题。

如果单独考虑这一理性化表现，如果把它作为一种表现来进行批评，这就意味着我们忘记了，这种理性化表现与相应的行为活动已经完全融为一体。当我们反问自己，为什么伟大的思想可以容忍和接受那些无知的想象时，我们实际上犯了同样一种错误。这里，确切地说，这些伟大思想所容忍和接受的不是无知的想象，而是一些歪理邪说。这些歪理邪说构成了他们的宗教。如果一个人忘记了游泳运动员在游泳时，需要有水的存在，是水的存在维持了游泳行为的存在，而且人的动作、水的阻力、河水的涌流等因素都要作为一个不可分割的整体综合考虑在内的话，那么，对他来说，游泳运动员的动作同样是一头雾水，甚至显得愚蠢荒谬。

宗教可以为人类提供力量和原则。正是由于这一原因，定期重复举行的宗教仪式是必不可少的。这就类似于，某些自发性的信念力量最终可以向战场上的士兵注入某种自信。这种自信是他在面临敌人的威胁时克敌制胜的法宝。这就意味着，所有的宗教都有相应的仪式和典礼，这些宗教表现或仪式是宗教行为最重要的表现场所。无疑，这些宗教表现首先产生于宗教信仰。但是，它们一旦产生，就会作用于宗教信仰，对宗教信仰起强化作用。如果上帝存在，它们就应当得到应有的崇拜；由于存在着宗教仪式，也就必然存在着上帝。随着人们对上帝的崇拜，其地位不断得到巩固和加强，这就使得宗教真理不同于其他真理。它与臆断性真理没有共同之处，但在某种程度上，宗教真理要依赖于人类而存在。

宗教仪式和典礼正是倾向于加强和巩固宗教地位的。关于宗教仪式我们可以进行更为详细的探讨，这里我们重点谈论两个主要方面，即祈祷和献祭。

在我们所说的动态宗教中，口头表达的崇拜对于祈祷来说并不重要，对于无须口头表示的心灵提升来说，也不重要。另一方面，在其最低级的形式中，它类似于巫术的化身。如果这种口头崇拜的目标不是为了强迫上帝的意愿，甚至也不是为了强迫众多精灵的意愿的话，它至少是为了赢得它们的青睐或好感。按照多神教的理解，祈祷的地位一般位于最高级的崇拜形式和最低级的崇拜形式这两极的中间位置。毫无疑问，古代也偶然发生过祈祷的崇拜形式，这些形式体现了人们获得心灵提升的愿望。但这些发生在古代的祈祷形式只不过是一些例外情况。这些祈祷形式似乎是对纯粹宗教信仰的一种期待，更广泛地说，多神教把一种原型仪式强加给祈祷。它有一种潜在的观念，即赋予祈祷实际效力的因素不仅仅在于措辞的意义，还在于祈祷用词的先后顺序，以及与之相伴的全部手势动作。我们甚至可以说，多神教进化程度越高，它在这一点上表现得越显著和独特。牧师的中介作用对于保障信徒的教化也显得越来越必不可少。我们怎能看不到，一旦某种习惯被唤醒，它将使上帝的形象更具客观性呢？这种习惯就是，通过规定的措辞和既有的态度对上帝的意旨进行引申。我们在其他地方曾经表明，构成某一感知到的事实并把它与想象和虚构的事实区分开的，首先是一整套初始动作。这一套初始动作是这一感知到的事实传达给人体的，这一感知过程是通过某一自发的初始动作完成的，这类动作也可能由其他原因引发。但是，它们的实际结果将同样回归到产生这一实际结果的表现上，并把这一表现转变成某一具体事物。

至于献祭，毫无疑问，它首先是人们为了获得上帝的支持和保佑或躲避自己的怨气而献出的贡品。如果这样的话，贡品的成本越大，价值越高，它被上帝接受的可能性也就越大。这或许至少是人类献祭习俗的部分解释。如果我们能够对古代宗教追溯得足够久远的话，这一习俗可以在绝大多数古代宗教中被找到。甚至说，这一习俗可以在全部的古代宗教中被找到。当逻辑被用于不属于纯粹理智的事物时，它造成错误或引起恐慌的程度是没有限度的。献祭还有其他方面的意义，否则，我们就无法解释为什么贡品必须是动物或蔬菜，而且动物几乎占据了贡品的全部。首先，人们一般认为，献祭起源于上帝和信徒们共同享用的圣餐。其次，最重要的是，血液含有一种特殊功效。作为一种生命本能，它为上帝提供力量，使得上帝能够更好地帮助人类。它或许也能（但这只是一种知觉）确保把一种更加真正的存在形式赋予上帝。像祈祷一样，献祭也是人与上帝之间的纽带。

静态宗教的一般功能

多神教及其神学具有双重效果。它可以使环绕在人周围的无形力量越来越强大，同时它可以使人类与这些力量之间的关系更加密切。多神教伴随着古代文明的发展而发展壮大，它汲取了一切古代文明成果。这些古代文明创造了辉煌灿烂的文学和艺术，多神教从这些古代文明中的收获，远远大于它给予这些文明的影响。这就意味着，在古代，宗教情感是由多种因素构成的。这些因素，在不同的人与人之间，存在着巨大的差异。所有这些因素都围绕着某一源发性核心因素而进行归类，我们探讨的重点就集中在这一核心因素上。因为，我们想揭示古代宗教中所含有的特定因素。其中有一些宗教，比如印度宗教和波斯宗教，又被加入了一种哲学因素。但哲学和宗教始终是截然不同的。实际上，通常情况下，哲学的产生是为了满足更多的受过教育的知识阶层的需要。宗教则以我们所描述的方式，在人类中存在。

即使在宗教和哲学混合存在的情况下，构成它们的因素仍然保持各自的特性。当然，宗教有时也往往倾向于思考，哲学也不回避各种行为观念。但是，前者主要还是涉及人的行为问题，后者则主要涉及人的思想。如果宗教真正变成了古人的哲学的话，它反而对行为有阻碍作用。它实际上就放弃了自己原本应当完成的使命。那么，它还是不是宗教呢？在我们首次对某些用词进行解释时，我们可以随意赋予它们我们喜欢的意思。但是，当我们碰巧解释一个与某一完整事实的自然切分过程相对应的词语时，我们如果再这样随心所欲地解释它的意思，就是极其错误的。这时，我们能够做的事情至多是，从这个词的引申意义中，排除掉它以前已经偶然包含的某个具体意思。宗教就属于这种情况。我们已经表明，在通常情况下，这一名称是如何应用于指向行为的各种表现的。同时，我们也表明了，这一名称是如何为了某一明确的目的而在自然的驱使下产生的。词语的意思在特殊情况下，也可以因为一些显而易见的原因，而被扩展和引申，以便能够包含其他的对象。同样，宗教也必须按照我们所称的自然意图来进行解释。

我们已经对意图在这种情况下的含义解释过多次。在本章中，我们还详细讨论了自然赋予宗教的功能。如果我们对它们进行单独讨论的话，巫术、动物或精灵崇拜、上帝崇拜、神学，以及各种迷信活动都是显得非常复杂的。但是，如果把它们综合起来考试，它们则构成一个非常简单的整体。

人类是唯一的一种行为难以确定的动物。他不断地在成功的希望和失败的恐惧中犹豫、摸索和谋划。他形单影只地认识到自己会遭受疾病，并形单影只地意识到自己必定会死亡。自然界中的其他事物都在绝对的默无声息中永不停息地扩展着自己的事业。尽管植物和动物都是偶然产生的物种，但是它们的产生和发展却依赖于过去流逝的一切时光。当然，它们的继续进化和发展，同样也要依赖于未来的永恒时光。或许当我们在乡间小道上漫步时，我们可以在无形中获得这种坚定不移的信念。然后，我们安静地、释然地回到住处。但是，这还不足以说明问题。在世界上生存的所有物种中，只有人在集体利益受到威胁时，会背离社会准则，而保全个体利益。在所有其他种群中，个体利益与群体的利益是绝对一致的，而且，个体利益要无条件地服从群体利益。

人类的这一双重缺陷是他为理智所付出的代价。人类如果不对捉摸不定的未来进行想象的话，就无法充分发挥自己的思维能力。人类对未来的想象唤起了他对未来的恐惧感，同时也使他对未来无限憧憬。这时，他不会想到自然的需求，因为他自己已经变成了一种社会性生物。不过，他心里未必在想，忽视其他物种的利益，而只考虑自己的利益对他是最有好处的。在这两种情况下，都会出现事物正常的自然秩序的断裂。然而，正是自然为人类设定了理智，也正是自然把理智置于生物两大进化线路的终点之一，成为最高形式的本能。本能实际上是生物两大进化线路中另一条线路的终点。自然不可能没有采取相应的预防措施，以确保一定程度上使被理智扰乱的秩序条件可以再次自发地建立起来。事实上，神话创造功能正是具有这样一个目标。神话创造功能属于理智的范围，但它不是纯粹的理智。它的作用是详细解释我们到目前为止一直在讨论的宗教问题，我们把它称为静态宗教。关于静态宗教，我们可以说，如果这个词不用于其他意义的话，它实际指的是自然宗教。那么，我们就要对我们已经讨论的宗教问题进行一下总结，以便更加清晰地对宗教进行定义。宗教是自然的一种防御反应，它是自然对于理智造成的个人压抑和社会散乱现象的抵制。

我们最后再做两点总结评论，以避免产生两种误解。当我们说，自然为宗教设定的功能之一是维持社会生活的运转时，这并不意味着宗教和道德之间必然存在一种稳固的关系。历史所见证的情况正好与之相反。作恶始终是对上帝的冒犯，但是上帝并非总是受到不道德行为或犯罪行为的冒犯，它有时甚至还规定一些犯罪行为。的确，一般情况下，人类总是希望上帝是善良的，他经常把各种善良行为置于上帝的保护之下。甚至我们所指出的两种原初现象，即原始道德和原始宗教的同时存在，也在人类心灵的深处留下了一种模糊不清的假象。他把这两种原初现象误以为是高度发达的道德和高度组织化的宗教之间的相互依存。这样的观点同样是事实，即道德沿着自己的发展路线呈现出明确的形式，而宗教也在沿着自己的路线向前发展；人类始终是从传统中承袭上帝的形象。他不会要求上帝出示其善良德行的证据，也不指望上帝来保障和维护道德秩序。我们应当严格区分一般人维系生存所必需的社会义务，和特定的具体社会关系之间的不同之处。特定的具体社会关系将促使特定社会群体的成员致力于自己所在群体的维持和发展；而一般人维系生存所需的社会义务，是从我们最初认识到的复杂习惯背景中逐步产生的。这些维系基本生存的社会义务在发展过程中，经历了纯粹化和简约化，经历了抽象和概括，最终形成社会道德。但是，把某一特定社会群体的成员团结凝聚在一起的真正力量是社会传统，是抵御其他团体的入侵并使自己的团体凌驾于所有其他团体之上的需要和决心。

毋庸置疑，保持和加强团体成员之间的这种关系是我们所发现的自然宗教的目的之一。这是团体成员的共同目标。它通过宗教典礼和仪式把各个成员密切联系起来，成员之间的这种凝聚关系也把一个团体与另一个团体明确区别开。它还保证了团体共同事业的成功，并使团体成员有效抵御他们共同面临的威胁。从自然的束缚中获得解放的宗教，用今天的话说，同时具有道德功能和民族功能。这一事实对我们来说，似乎是无可置疑的，因为这两种功能在原始社会必然是不会有什么差别的。原始社会只存在习惯，而没有道德和民族的概念。根据我们已经做出的解释，社会在自身发展过程中，会同时在另一个方向带动和促进道德的发展，这一点是很容易理解的。实际上，我们很快就应该得出这一结论。因为，人类社会在伟大的生物进化路线的一端与位于这一伟大进化路线另一端的高度发达的动物群体形成对照；神话创造功能，尽管不属于纯粹的本能，但它在人类社会中所扮演的作用，完全等同于本能在动物群体所扮演的作用。

在进行了这些反复讨论以后，我们要做的第二点总结评论实际上也可以省略不谈了。如果要说的话，它涉及我们在谈论“自然宗教”时的一个用语，也就是“自然意图”这一术语到底是什么意思。实际上，我们讨论的不是自然宗教本身的问题，而是它造成的后果。有一种生命冲动穿越物质世界，并从中获得它可以获得的一切。生命冲动在穿越物质世界的过程中，也因此得到传播和扩散。在这样建立的两大进化路线的终点，分别存在着理智和本能。正是因为在这一过程中，理智和本能一样是成功的，理智要想把自己的地位确立下来，就必须形成一种趋向，来清除影响其作用完全发挥的所有障碍。对于理智及其所预定的一切而言，这一趋向形成了一个不可分割的整体。

但在我们人类的感知和分析能力范围内，这一整体是可以分割的。人类的感知和分析能力实际上与理智本身也是完全相联系的。

我们可以再回到前文中说过的眼睛和视力这一话题上。我们每个人都有视觉行为，这是再简单不过的。我们的视觉行为由无数的要素组成，这些无数的要素之间发生无数次的相互作用。解剖学家和生理学家正是借助这些要素间的相互作用来重构视觉这一简单行为的。作为对于抵抗的抗拒，从理论分析的角度，这些要素及其作用，也可以说是消极地表达了一种不可分割的行为。单独来看，这一行为是积极的，是自然有效地获得的。同样，人类把焦虑投射到世间，个人总是面对把自己的利益放在群体利益之前的诱惑，这些焦虑和诱惑是理性动物所特有的。这些焦虑和诱惑可谓林林总总，不可胜数。各种迷信活动或者静态宗教的形式同样是不可胜数的。静态宗教是对迷信活动等抵抗和阻碍力量的抗拒。但是，如果我们使人类整体上重新回归到自然状态，如果我们认识到，理智往往通向我们可以在任何其他地方所发现的安宁的障碍，而且这种障碍必须被克服，原有的平衡必须被恢复的话，各种焦虑和诱惑造成的复杂局面就会消失得无影无踪。从这一观点来看，这当然是一种原初的观点，而不是基于理性分析的观点。理智在被赋予生命的过程中所引发的所有不安和软弱因素，以及宗教带给人的所有安宁就变成了一件完美、简单的事情。这样，所有的不安和神话创造都可以相互对抗，相互抵消了。在上帝的眼里，从空中俯视人间，整个世界似乎变成了一个不可分割的整体，它像一簇簇鲜花，充满自信地向着春天绽放。

第三章 动态宗教

“宗教”一词的两个含义

我们首先对生命过程进行一下简单回顾。我们前面已经对其进化和发展过程进行过追踪，我们一直追踪到宗教被注定从这一过程中产生。我们发现，有一股强大的创造性潜流被积淀和蕴藏在物质世界中。这股创造性潜流在积淀和蕴藏的过程中，从物质世界中获得了自己存在所需要的一切。我们应当记住，在大多数时候，它会突然中止。在我们眼里，这些突然中止就等同于众多的生物现象。也就是说，这些突然中止等同于有机体的正常发展过程。在这一过程中，人类具有基本的分析能力和综合能力的感知可以分辨众多的生命因素。这些因素有机地结合在一起，从而完成各种各样的功能。这种有机结合工作，只是其工作过程的一个步骤。这是一个非常简单的行为，这种简单行为就类似于人从沙地上走后留下的脚印。这些脚印很快就会引起无数沙粒的聚集结合，形成各种图案。沿着上述发展路线中的一条路线进行分析，实际上是沿着促使生命进化不断向前推进的这条路线进行分析，我们会认为，这一生命能量的作用在其进化过程中得到了最充分的发挥，而且它会勇往直前地发挥其作用。但是，它却突然向内转向，整个循环过程发生了改变：某些新的物种产生了。这些物种的生命活动在一个循环过程中无限重复。它们的器官都是现成的工具，这就没有为以后不断地发明工具留出余地。这些物种的意识也陷入了本能的梦游状态，而不是自我振作起来，充满活力地进行反思性思维。这就是昆虫社会的个体存在状态。在这样的昆虫社会中，社会组织高度完善有序，但其结果却是完全的无意识行为。

只有沿着最终走向人类的进化路线，创造性努力才能成功地向前推进。在其穿越物质世界的过程中，意识像刚长出的菌芽，呈现出能够制造工具的理智形态。人类的发明创造功能得到了自由发展。伴随着这一过程，人类的反思性思维功能也得到自由发展。

但是，理智的发展并不是没有面对过任何危险。直到危险来临以前，所有的生物都贪婪地吮吸着生命的琼浆玉液。它们津津有味地舔食自然沿着其边界所涂洒的蜜露，它们正准备把剩余的一切都盲目地吞食掉。但理智动物就不会这样做，它能窥视到这杯生命琼浆玉液的底部。因为，理智动物的生存不仅仅关注今天的生活状态。理智动物懂得，没有预见性就没有反思，没有综合性思维就没有预见性，而没有对生命依附的片刻放松，就没有综合思维。更为重要的是，没有社会的存在，就没有人类的存在。社会要求个人做出某种放弃。对于昆虫而言，它们在无意识中，就把这种放弃发挥到完全忘却自我的程度。人类不能依靠反思来保持这种放弃的态度。除了某一位含蓄的实用主义哲学家以外，一般人的理智更有可能倡导利己主义。因此，理智需要从两个方面进行平衡。更确切地说，它已经获得了某种平衡。因为，我们反复强调过，自然不是一点点地创造某种物种的。它的这种多样性表现在某一物种的初创阶段可能是非常简单的。新创造出的物种，在整个创造行为过程中，使自己具备了所有的生命要素。人类在其创造过程中所表现出的对于创造性冲动的抵制，在为人类提供理智的同时，也为人类提供了设计和确定宗教结构的神话创造功能。当然，它为人类提供的理智，仅限于人类理智的范畴。这里所说的宗教结构指的就是宗教礼仪，这就是我们所说的静态宗教或自然宗教的意义。在被赋予理性的人类社会中，人类要求宗教这一存在要素善于利用与生命进化相关的各种缺陷。

的确，我们也许会立即想到另一种可能的解决方式。我们已经发现的独立存在的静态宗教，通过类似于我们哄小孩入睡的方式，向人类讲述神话故事。通过这种方式，它把人类与生命相连，最终把个体与社会相连。当然，它所讲述的这些神话故事不同于其他的故事。神话创造功能创造这些神话故事的目的，是为了响应某种实际需要，而不是仅仅为了获取愉悦。这些神话故事按照人们的实际感知来复制和再现现实，他们复制和再现现实的逼真程度达到了促使人们采取相应的行为的地步。其他的虚构性创造虽然也具有同样的趋向，但它们不要求人们服从并采取相应的行为。它们可以只停留在思想意识层面上，而神话故事却是些动态概念，它们仍然是神话。正如我们所看到的，这些神话对于具有批判精神的人来说，通常能够被实际地接受。但是，他们仍然应当享有拒绝接受这些神话的权利。

无疑，积极活动的原则要求所有的物种都应依附于生命。这一原则在某一终点上仅有的停止表现在人类的产生之中。但是，正如我们前面所表明的，如果这一原则可以完整地创造所有的物种，这就像一棵大树向四周伸出长满嫩芽的树枝，那么，只有自由创造能量在物质中的不断累积，只有人类，或其他具有类似意义的生物，才能解释生命进化的完整过程。这里我们提到和人类具有类似意义的生物时，我们强调的是类似意义而不是和人类具有类似的形式。整体的意义可能远远优于个体本身的意义。尤其是在能量的潜流穿越物质的强度不如我们人类的生物群体中，很可能会发生这种情况。这一能量潜流似乎从来没有找到一个自由释放的出口，它甚至连一个可以稍加缓解和释放的出口也没有找到。在这种情况下，我们人类所代表的创造性能量的品质和数量永远也不可能在我们所生存的地球上得到释放。

但是，不论我们以什么方式看待它，人类对生命的渴望程度至少和任何其他物种一样。甚至说，人类比任何其他物种对生命的渴望程度还要强烈。因为人类以外的物种把生命看作创造性能量产生的附带结果，而人类则把生命看作他为成功所付出的努力过程。不论他所获得的成功是多么不可靠、多么不完善，人类都这样看待它。既然如此，人类为什么不沿着生命冲动产生的方向，重新找回他所拥有的生命冲动，从而恢复他所缺失的自信，或者恢复他被理性反思严重损伤的自信呢？他要恢复自信的话，也不是通过理智，至少不是单独通过理智。理智更有可能在相反的方向对其恢复自信起阻碍作用。它被设定了一个具体明确的目标。当它试图从更高的层次思考这一问题时，它至多能让我们设想一些可能性。它无法达到客观现实的目标。但是，我们知道，在理智的周围，仍然徘徊着模糊不清、瞬间即逝的直觉。难道我们不能牢牢抓住这种模糊不清、瞬间即逝的直觉，并使它得到强化，尤其重要的是，在行为中使它得到完善？仅仅通过弱化它的原则，而且如果我们可以借助对其实质的抽象而做到这一点的话，这一直觉就会变成纯粹的沉思。

如果一颗心灵能够强大和崇高到付出这种努力的话，它就不会停下来询问，它现在所接触到的原则是一切事物至高无上的目标，还是这一目标在尘世间的授权代表。它会陶醉和满足于自我在保留个人人格特性的情况下，被一种无比强大的力量穿越的感觉。这就像一个铁块被能将其化为铁水的火焰穿越一样的刚烈。从此以后，它对生命的依附也变得与这一原则密不可分。它可以从它的欢乐中获得欢乐，它热爱一切值得热爱的事物。此外，它还把自己的一切奉献给社会，奉献给包含全人类的社会。这里所说的全人类，以其自身所潜伏的爱的原则，被人们热爱。静态宗教带给人们的自信将因此发生改变：他们不再只是关注和思考即将发生的事情，他们不再焦急地进行自我检讨；物质上的目标已经失去价值，道德上的目标将呈现出极其重要的意义。因此，脱离每一个具体事物将意味着对生命的完全依附。但是，在这种情况下，我们是否还继续谈论宗教呢？或者说，我们在过去的讨论中使用宗教这个术语是否合适呢？难道这两件事的差别如此之大，还没有造成它们相互排斥，并使得人们不可能再以同样的名称来称呼它们吗？

共用“宗教”一词

然而，人们有许多理由把宗教这个术语用于这两种情况。

首先，我们一直在想，神秘主义的确可能已经把我们的心灵提升到了另一个层次。但它仍然可以在非常显著的程度上，确保心灵的安宁。这种心灵的安宁是静态宗教的功能可以提供的。不过，我们尤其应当记住：纯粹的神秘主义是一种罕见的本质，它通常以一种被冲淡的形式被发现。即使在这种情况下，它依然服从于色、香、味与之相融的实质。如果我们在它处于积极活动状态时观察它，我们就必须把它和实质一起看待，并把它视为实际上与实质密不可分。因为只有在这种积极活动的状态下，它才能最终掌控整个世界。从这一角度来看待神秘主义，我们就会感受到一系列的过渡状态。表面上看，这些过渡状态似乎存在程度上的差异，而实际上，它们之间存在着明显的本质差异。我们现在对这些问题进行一下逐一回顾。

当我们根据神秘主义与生命冲动的关系来定义和说明它时，我们实际上隐约承认了真正的神秘主义是非常罕见的这一事实。现在我们讨论一下其意义和价值。我们先暂时把我们的讨论局限于对这一事实的注意，即根据我们前面所叙述的、神秘主义处于精神的潜流在穿越物质的过程中，渴望到达却又无法到达的位置。因为，它鄙视各种障碍。自然被迫就这些障碍与它达成妥协。而且，另一方面，只有当我们把生命进化视为追求某种超越性目标，追求伟大的神秘主义所达到的目标时，我们才能真正理解生命的进化过程，而撇开它被迫走过的偏僻小道。如果所有的人，不论数量多少，都可以提升到这一神秘的超人的地位，自然的进化就不会停止在人类这一节点上了。因为这样的神秘超人已经不仅仅是人了。我们也可以这样来谈论各种其他形式的天才，他们都是稀有之物。真正的神秘主义之所以是杰出的，不是偶然的因素促成的，而是其本质理性决定的。

但是，当听到神秘主义的呼唤时，绝大多数人都会发自内心地产生共鸣。如果我们真正希望神秘主义为我们揭示未来前景的话，它会在现在或者在将来向我们揭示生命的美好前景。但是我们不希望它这样做。实际上，在多数情况下，我们无法希望它为我们揭示这一美好前景。我们因陷入极度的紧张而濒于崩溃。但这时，魔咒已经发挥作用了。这就像一位天才艺术家刚完成一部超越我们所有人能力范围的杰作，我们没有人能够领会其精髓。但是，这一杰作会启发我们认识到，我们过去曾经仰慕的一切显得多么的幼稚和平常啊。同样的道理，静态宗教虽然依然存在，但它已经不是原来的样子了。尤其重要的是，当真正的神秘主义登上舞台时，静态宗教再也没有以前的那种自信了。不管怎样，人类仍然需要求助于静态宗教，来获取自己所需要的支持。人类将告别神话创造功能，尽最大努力对它进行重新塑造，使它继续发挥应有的作用。总而言之，人类对生命的自信将仍然保持自然所预定的状态。但是人类将在某种程度上，掩饰自己在试图寻找与自然原则的联系。这种联系表现为对于生命全然不同的依附形式，表现为更高度的自信。如果无法达到这一高度，人类就会经历生命运动，表现出适当的态度，并在言语上为某些表达形式保留出最重要的位置。他永远也看不到这些表达方式被赋予的全部意义。整个过程会使人联想到某种仪式，在这一仪式中，某些专门为最尊贵的客人留出的席位还仍然空着。

这样，就可能产生一种混合宗教，为原有的宗教表示出一种新的方向。古代上帝产生于神话创造功能的多少有些引人注目的愿望，与能够有效地揭示自我存在的上帝结合在一起。这位上帝启示和警告那些神秘的超级灵魂们注意他的存在。因此，正如我们所表明的，我们发现，在两个不同的事物之间非常明显地插入了一些过渡和变化。这两个事物实际上性质截然不同，而且，在我们最初看到它们时，我们几乎不相信它们应当使用同一个名称。在很多情况下，这两个事物之间的对比是非常明显的。这类似于，当两个国家交战时，交战的双方都宣称自己有上帝的保佑，他们所宣称的上帝因而也就成了异教徒的国家之神。而实际上，他们认为自己在召唤的上帝是全人类的保护神。如果所有的人都能获得他的远见的话，这就意味着战争和敌对状态必须立即被废除。然而，我们也不能凭借这样一种对比的力量，来贬低产生于神秘主义的宗教。这些宗教总结概括了神秘主义各种表达形式的用法，但它们却无法使神秘主义的全部灵魂穿越整个人类。神秘主义几乎完全空洞的形式、一些纯巫术的化身，试图策划在各地唤起可以赋予它们自身实质的灵魂。一位冷漠的校长，在机械地传授天才们创造的科学知识时，可能在他的某个学生内心里唤醒一种使命感。这种使命感是这位校长自己从来没有感受过的。这样，这位校长就不知不觉地把他的这位学生变成了那些天才们的追随者，而这些天才们却从来没有在他们传递的信息和知识中出现过。

然而，这两种情况之间存在着很大的差别。如果我们把这种差别考虑在内的话，我们会注意到，在宗教问题上，静态宗教和动态宗教之间的对立在逐渐消失。这也是我们为了阐明这两种宗教的特征而一直坚持的主张。绝大多数人可能对数学实际上并不熟知，但他们却对科学家笛卡尔和牛顿羡慕不已。但是，那些因为自己听到神秘这个词的微弱回声而从远处向它低头的人，将不再对它所传递的信息保持冷漠。如果他们有了自己不愿意摆脱也无法摆脱的其他信仰，他们会使自己相信，他们在对这些信仰进行改造。实际上，他们也确实在这样做：同样的因素会保持下来，但这些因素会被磁化和吸引。通过这一磁化和吸引过程，这些因素会转向另一个方向。一位宗教历史学家不难在某种具体形式中发现某种隐约存在的神秘信仰。这一隐约存在的神秘信仰已经在人类中间广泛传播了众多的神话甚至巫术因素。这位历史学家会由此来证明，的确存在一种对人类来说非常自然的静态宗教，而且人类的本质是永恒不变的。但如果他就此止步，他就会忽视某种重要因素，他也许把本质因素忽略了。不管怎样，他不知不觉地为静态宗教和动态宗教之间的分歧架起了一座沟通的桥梁。他仍然在研究宗教问题，但这已经是一种全新的宗教了。

动态宗教在不断地努力，试图嵌入静态宗教之中，并随时准备取代静态宗教。如果我们考虑一下它做出的这些努力的话，我们将会对它更加充满信心。我们将会从另一个角度看到，这两种宗教是如何由最初的相互敌对，发展到最终握手言和的。实际上，是我们人类通过回顾和追忆这一行为活动把这两种宗教的演变过程变成了实现各种企图的努力过程。在最初产生时，它们都是完整的和自足的行为。只是在最终的成功借助现在施加给过去的一种神秘力量，把它们还原成一次次局部的失败时，它们才呈现出了开始准备努力的假象。但这仍然有助于我们标注和划分它们发展过程所涉及的各个阶段，有助于我们把动态宗教得以确立的完整不可分割行为分解成各种虚拟的因素。同时，这也有助于我们通过所有这些已经被证明是成功的努力方向的显而易见的一致性，来表明标志人类进化最终成功的突然飞跃绝不是偶然得来的。

古希腊神秘主义

在导致即将产生的神秘主义各种尝试性努力中，异端神性主义的某些方面占据了最重要的地位。我们自己不要被神秘主义这一术语引入歧途。实际上，大多数神秘主义并没有什么神秘之处。这些神秘主义都与既有的宗教有关。既有宗教认为，神秘主义与宗教共存是非常自然的事情。这些神秘主义美化和颂扬相同的上帝，或美化和颂扬起源于同一神话创造功能的上帝。它们只是强化了新入教的信徒们的宗教精神。它们给这些新入教的信徒们增加某种满足感，这种满足感是人们在一个大的社会群体中形成小的团体或组织时产生的。同时，它们还借助于入教仪式的神秘力量来把某个团体的成员确立为享有最高特权的神秘超人。这些封闭团体的成员们感到，只是因为这些神秘表演比其他公共表演仪式发挥的作用更大，自己仿佛更加接近他们所呼唤的上帝了。从某种程度上说，上帝是存在的。这些新入教的信徒分享了上帝的一些神性。因此，他们可以期望在来生得到比信奉一般的民族宗教更多、更好的报答。

但是，这一切或许都不过是从异域引入的一些既有观念。我们知道，古代埃及人是多么的专注于人死后的命运啊。我们一定还记得，希罗多德所提供的证据。根据这些证据，我们可以判定，依洛西斯神秘主义中的德默忒耳和俄耳甫斯主义中的迪奥尼索斯，都是伊西斯和欧西里斯的转型。因此，神秘仪式，或者至少我们所知道的关于神性仪式的情况，并没有揭示出与一般公共崇拜仪式的明显不同之处。那么，一开始看的时候，一种宗教与另一种宗教之间的神秘主义似乎没有什么差别。但是，我们不能把自己局限于这一个方面。这也许是多数新入教的信徒唯一最感兴趣的方面。我们必须问一下自己，至少某些这样的神秘主义是否不具有某种声称其灵魂可以复活的伟大人格的印记。我们还应当注意，大多数作者对于宗教热情情形的重视。在这种情形下，人们认为心灵可以被它所乞求的上帝真正占据。实际上，这些灵魂当中最明显具有活力的，那些最终把依洛西斯吸引到它们轨道上的，是迪奥尼索斯和它的继承者俄耳甫斯的灵魂。

作为一个来自色雷斯的外来神灵，迪奥尼索斯以它的暴力形象与奥林匹亚山上众神的安宁形成鲜明对比。他原来并不是酒神，但是由于人们对他所创造的灵魂的痴迷和陶醉无异于对酒的痴迷和陶醉，因而他很容易就变成了酒神。我们知道，当威廉·詹姆斯为了科学研究的目的，把人吸入过氧化氮以后的情形描述为神秘，或至少把这种情形作为神秘看待时，人们是如何对待他的。人们把这看作一种对神秘主义的亵渎。如果哲学家已经从人的“内在启示”中得出一种与过氧化物引起的反应相对应的心理状态的话，人们把这视为对神秘主义的亵渎也许是正确的。正如形而上学的哲学家们所说的，这将是所产生的结果的充分有效的原因。但是，在威廉·詹姆斯的眼里，这种痴迷和陶醉只是被认定为一种情形，而不是原因。这一心理倾向，或者还伴随其他心理倾向，已经存在，它只是在等待某一信号，从而把这一心理倾向表现在具体行为中。它也可能是由其自身精神层面的努力而引发的，它也可能是由对某种阻止力量的抗拒或者由对某种障碍的排除而从物质层面被引发的——这一后果就类似于由毒品引发的一种完全消极的后果。心理学家往往更喜欢利用后者所产生的作用。这样，他就能随时获得他所希望得到的结果。也许当其结果被比做迪奥尼索斯狂热时，与酒相关的意义对这一心理倾向来说，就没有什么重要作用了。但这还不是问题的关键所在。我们想要弄清的是，在我们的回顾和追忆中，一旦神秘主义登上舞台，这种狂热是否可以被视为预示着某种神秘状态呢？为了回答这一问题，我们只需要看一下古代希腊哲学的演化过程。

这一演化过程是纯理性的，它把人的思维提升到抽象和概括的最高水平。它对人脑的辩证思维功能增加了如此强烈的动力和灵活性，以至于今天我们还要到希腊人的学校来接受这种思维培训。但是，有两点必须注意。第一点是在这一伟大成就的根源中，蕴藏着一种不属于哲学性质的冲动和震荡。第二点是，被这一哲学运动推向顶峰的信条，当然也是把古希腊思想推向顶峰的信条，宣称超越了纯粹理性的层面。毫无疑问，迪奥尼索斯狂热继续发展，就变成了俄耳甫斯主义。俄耳甫斯主义再继续发展，就变成了毕达哥拉斯主义。实际上，后来的柏拉图主义的灵感就可以追溯到毕达哥拉斯主义或者俄耳甫斯主义。我们知道，柏拉图神话曾经被裹胁在一种什么样的神秘主义氛围之中。我们同样知道，柏拉图的理念论本身是如何通过一种隐含不露的亲密感，倾向于毕达哥拉斯数论的。的确，在亚里士多德及紧随其后的继承者们那里，这种影响的存在并不明显。但是使希腊哲学发展到顶峰的普罗提诺哲学，无疑是属于神秘主义的。普罗提诺哲学很大程度上应归功于亚里士多德和柏拉图。如果说这一哲学也经受了亚历山大统治地区的东方思想的影响的话，这是在普罗提诺本人不知情的情况下发生的。因为他认为，自己为了实现用这一哲学抵御各种外来信仰的总体目标，只是集所有希腊哲学之大成。

因此，总的来说，在经历了最初俄耳甫斯主义的潜移默化影响后，辩证法最终成了神秘主义的变形。这样，我们就可以得出结论，是一种特殊的理性力量导致了这种理性发展，并把这种发展推向了超越理性的顶点。同样，我们唯一可以看得到的缓慢、稳固的积淀现象，是一种无形的震撼力量造成的结果。这一震撼力量，在某些时刻造成地壳隆起，从而按照某一特定方向开启了积淀活动。但是，也可能存在另一种解释。我们往往倾向于认为存在另一种解释的可能性更大一些。我们可以假定，希腊思想的发展只是理性作用的结果。我们还可以假定，与理性作用同时存在，并且独立于理性作用之外的，是在某些具有预先倾向的心灵中，会产生一种猛然出击的努力。这一猛然出击，将超越理智的限制，去探索和发现某种远见、某种联系、某种超越现实的启示。这一努力也许永远无法实现其目标。但是，每一次，就在这一努力即将耗尽时，它把自己依然保留下来的本质传递给辩证法，而不是完全消失殆尽。因此，在付出同样的能量和努力时，一种新的尝试必定会到达更远的目标。理智在哲学发展到更高的程度时，又一次被赶超。哲学在这期间，获得了更大的灵活性，并在更大的程度上显示出神秘主义特征。

实际上，我们的确看到了第一次思潮。在这次思潮中，纯粹的迪奥尼索斯主义融入了具有更高度理性特征的俄耳甫斯主义；我们可以把第二次思潮称为俄耳甫斯主义。俄耳甫斯主义又被引向毕达哥拉斯主义。也就是说，它被引向了另一种哲学。同样，毕达哥拉斯主义又把其精神实质传递给了柏拉图主义。柏拉图主义在接受了毕达哥拉斯主义的精神实质后，最终自然地发展为亚历山大神秘主义。两次思潮中，一次为理性化思潮，另一次为超理性化思潮。但是，不论我们以什么方式来想象这两次思潮之间的关系，只有把我们人类放在这两次思潮的终点时，我们才可以称后者为超理性的或神秘主义的，并把产生于神秘事物之中的某种冲动视为神秘主义。

原初神秘主义

在这种情况下，这种运动或思潮发展到最终阶段后，是不是完全的神秘主义，还有待观察。当一个人最早对一些词语进行解释时，他可以根据自己的意愿赋予这些词语任何含义。在我们眼里，神秘主义的终极目标是与以生命为表现形式的创造性努力建立某种联系，并最终与之建立某种一致性。这种创造性努力即使不是由上帝本身做出的，也具有上帝创造的性质。最伟大的神秘主义者被认为是一个具体的个体。他可以凭借自己的本质特征，超越整个种群被施加的各种限制和束缚，并继续扩展其神圣行为。这就是我们对神秘主义所做的解释。如果我们问一下自己，神秘主义是否找到了自己的适用场合，并问一下自己它是否适合于某一特定情况时，我们可以自由地对神秘主义的用途进行设定。

至于普罗提诺是什么情况，答案无疑是肯定的。他被准许从空中俯视应许之地，却不能踏上这块土地半步。他几乎沉浸在狂喜之中。在这种狂喜状态下，他的内心感觉到，或者说他自认为其内心感觉到，自己见到了上帝，自己被上帝的灵光照亮了。但他没有超越这最后的阶段。他没有到达最终时刻。在这一时刻，一切思想都蕴涵在行为之中，人类将变成具有神圣意志的人。他认为自己已经到达了这一巅峰时刻：在他的眼里，再向前迈进则意味着倒退和下滑。这是他用少有的溢美之词表达出的意思。他的这些用词不完全具有神秘主义性质。他曾经说，行为是思想的弱化，这句话充分流露出他对希腊理智主义的忠诚。他甚至用一个显明的公式对其进行了总结。不管怎样，他都在试图赋予希腊理智主义一种神秘主义色彩。总之，从我们所认同的这个词的绝对意义上来说，希腊思想从来没有达到神秘主义这一高度。毫无疑问，在希腊思想中，神秘主义的端倪早就显示出来了。作为一种纯粹的实质，神秘主义曾经多次向希腊思想叩门。虽然这扇思想之门开得越来越大，却永远也无法满足神秘主义完全进入的需要。

在这种情况下，神秘主义和辩证法之间有着巨大的差异。这两者在很长的时间间隔内才会聚集一次。但相反，在其他情况下，两者则经常结合在一起。表面上，两者相互支持，而实际上，两者或许会不断地相互抑制。任何一方都在试图阻止对方走向成熟，印度思想的发展似乎就属于这种情况。我们不想对印度思想进行深入的研究，也不想从本质方面对其进行总结。它的发展经历了相当长的时间。印度思想既是一种哲学，也是一种宗教。它随着时间和地域的变化而变化；它的表述语言晦涩难懂，即使对其有深刻了解的人有时也无法透彻理解其含义和背景。而且，即使我们认为有些用词的含义始终是明确的，或者至少到目前为止是明确的，这些词语的含义也绝不会永远保持一成不变。但对我们来说，了解一下印度思想的大体情况就足够了。而且，由于要大体了解这一情况，我们也必须安下心来，通过筛选那些相互一致的线索，来对专家们所持的观点进行汇集和综合，这样，我们才很有可能不会出现比较严重的误读。

我们首先说，印度一直保持着与古代希腊类似的宗教信仰。上帝和灵魂所发挥的作用和其他地方完全一样。宗教典礼和仪式也非常类似。献祭是一个非常重要的因素。

对神灵和灵魂的崇拜同样存在于婆罗门教、耆那教和佛教中。这些崇拜是如何与佛教等宗教教义融合在一起的呢？我们应当注意到，前来拯救和解放人类的佛教认为，神灵同样也需要被拯救和解放。因此，佛教把人类和神灵看成是相同的物种，他们要服从同样的命运法则。这在与我们所秉持的假说类似的信条中，很容易想象到：人类很自然地生活在社会中。作为我们所说的神话创造功能这一自然禀赋的结果，他被自己所创造的幻影人物包围。这些幻影人物在一个更高的层次上，过着和人类类似的生活，而且与人类的生活紧密相连。这就是我们所认为的自然宗教。印度思想家是否从这个角度看待事物呢？这几乎是不可能的。但是，任何越过世俗的城门，走向神秘道路的人，都会或多或少清晰地感觉到，他正在把人类和上帝抛在身后。这一事实使他看到，人类和上帝是相互交织、密不可分的。

那么，印度教按照这一方向向前走了多远呢？当然，我们正在讨论的只是古代印度教。我们只是单独考虑这一种宗教，不触及西方文明一直以来对它的影响，也不触及它抑制这些影响的冲动。因为，不论是静态宗教，还是动态宗教，我都在从其根源上来看这些宗教。我们已经看到，静态宗教曾被预示在自然中。我们现在可以看到，动态宗教是对自然的跨越。我们研究在冲动不足或冲动被削弱的情况下，它是如何跨越的。印度教灵魂似乎以两种方式向这种冲动努力。

其中一种同时具有生理学和心理学两种性质。它的最远古根源可以追溯到印度人和伊朗人分裂之前共同参加的一种神秘活动：他们都求助于一种被称为苏摩的令人沉醉的饮品。这种饮品可引发一种极度狂喜和沉醉的状态。这种狂喜类似于迪奥尼索斯的崇拜者们从酒中获得的狂喜和沉醉。后来，就产生了一套旨在抑制人的情感，麻木人的精神的行为活动。总之，这一套行为活动可以引发一种类似于催眠的状态。这些行为活动后来被系统化了，成为了人们经常练习的瑜伽。那么，按照我们对这个词含义的理解，瑜伽是否可被称为神秘主义呢？实际上，这类催眠状态中根本不存在什么神秘之处。但是，它们可以通过在这些行为活动中得到的暗示，变得神秘起来。或者说，它们至少对真正的神秘主义起到预示作用，并为其铺平道路。如果它们已经产生了幻影和狂喜，并因此而使理智的重要功能停止发挥作用，它们就很容易变成这种状态。它们的形式也往往倾向于被这些实质内容填充起来。这至少在某一方面，体现了这些行为活动的意义。这些活动在瑜伽中达到顶峰。这里，神秘主义只不过呈现出了大致轮廓。但是，一种更鲜明的神秘主义，一种纯粹的精神专注可以在其具体要素中，充分利用瑜伽，并在这一行为过程中，把它精神化。实际上，在不同时间和不同地点，瑜伽似乎成为一种更加流行的神秘主义沉思形式，或者一种包含这一沉思的完整行为系统。

我们必须按照个人的理解来确定这种沉思到底是怎么一回事，并确定它与神秘主义之间到底是什么关系。从最远古的时期，印度人就开始从总体上来对人类进行思考，对自然和生命进行思考。但是，他们的这些思考和努力，在经历了许多世纪以后，并没有像希腊哲学家们的思考努力那样，最终产生一种类似于希腊科学的适合于进行无限拓展的知识。原因在于，对印度人来说，知识始终被看作一种手段，而不是目标。印度人所遇到的问题是逃避生活。他感到生活是一种无休止的残酷折磨，但通过自杀的方式他却无法达到逃避生活的目的。因为在他死后，他的灵魂会被转移到另一个人的体内。这就意味着生活和痛苦是一种永恒的循环。但是，自婆罗门教开始，他不知不觉地陷入了通过严格克己来实现救赎的信仰，这种克己是对整个自我的高度专注和内在收敛。佛教对婆罗门教带来了新的转折，但是并没有使它发生根本性变革。最重要的是，佛教使婆罗门教变得更为复杂化了。到那时，人类的经验实际上已经表明，生活则意味着痛苦。佛教重新追溯导致这一痛苦的原因。它在人的各种欲望中找到了这一根源，在人们对生活的渴望和追求中找到了这一根源。因此，通往救赎的道路也可以非常明确地被找到。

因此，婆罗门教、佛教，甚至耆那教都更加热衷于宣扬熄灭人的生命欲望。这种布道最初会使我们想到，这是对理智的呼唤。这三大教义的区别只是表现在理智被唤起的程度更高一些或更低一些上。但是，当我们进行更密切的观察和研究时，我们会感受到，这三大宗教努力宣扬和灌输的信条，绝不是一种纯粹的理智状态。古代婆罗门教已经到达了终极教义这样的说法，既不是靠理性分析得出的结论，也不是靠认真研究得出的结论。这种说法存在于某种幻影之中；这种说法是由所谓声称看到过这种幻影的人传递下来的。与婆罗门教相比，佛教一方面更具有哲学的元素，另一方面它又更具有神秘主义的元素。它把人的心灵引向一种超越喜悦和痛苦、超越意识和理性的状态。一系列不同的修行阶段和一整套神秘主义原则把人的心灵最终引向极乐世界，引向人生在世时各种欲望的消除和死后因果业报的消除。

我们一定不要忘记，佛陀的使命根源于他在年轻时期产生过的一种幻影。佛教中一切可以用语言表达的教义都可以毫无疑问地被认为是一种哲学，但其根本实质在于超越理性和言语的最后启示。人要实现最终目标这一信条在逐渐接近，最后会突然实现。人的痛苦终于结束了。它是生命中唯一确定的元素，当然也是生命中唯一具有生命力的元素。如果我们认为，我们正在讨论的不是一种理论观点，而是一种非常类似于狂喜或沉醉的经历；如果我们认为，在努力与创造性冲动进行融合的过程中，人的心灵可以采取我们所描述的道路，而且他只是因为追逐两种活动之间虚无缥缈的东西，追逐他抛在身后的人生和他还未实现的超越性人生之间虚无缥缈的东西时半途而废，才遭到失败，那么，我们就应当毫不犹豫地从佛教的信仰中来看待神秘主义。但我们会理解，它为什么不是完全的神秘主义。神秘主义将意味着行为、创造和仁爱。

不是佛教不重视慈善。相反，它最高调、最积极地倡导慈善，它也是倡导各种宗教戒律的典范之一。但它缺乏热情和凝聚力。正如某一位宗教历史学家指出的，它对自我完美和神秘的天赋一无所知。信仰可以单独变成一种移山填海的力量。一种完全的神秘主义可以有如此强大的力量。这种力量可能会在印度产生，但是要在相当长的时间以后。两个最近的例子是，我们可以在罗摩克里希那和维韦卡南达那里发现他们对仁慈的热衷，发现与基督教神秘主义非常类似的神秘主义。但问题的关键在于，基督教在这期间，成为入世宗教。如果我们审视一下基督教对印度的影响，像通常情况下对伊斯兰教的影响一样，它对印度的影响也是相当肤浅的。但是，对于已经有了一定的内在倾向的心灵来说，一种简单的暗示，一种最轻微的前兆就足矣。但我们甚至也可以认为，作为一种教义，基督教在印度的影响几乎等于零。因为，基督教把全部的西方文明赋予了这一文明所产生的一切成果，让人产生一股芳香扑面而来的感觉。正如我们将试图证明的，工业主义本身就间接地产生于西方文明之中。正是工业主义和西方文明让罗摩克里希那神秘主义和维韦卡南达神秘主义获了救赎和解放。当印度人感觉到自己深受自然的压榨时，当印度人感觉到任何人为的干预都不会有什么结果时，这种熊熊燃烧、活力四射的神秘主义永远也不可能燃烧起来。

当成千上万贫苦的民众注定要遭受饥荒，死于饥饿时，这又如何是好呢？印度悲观主义的主要根源就存在于这种绝望之中。悲观主义也使得印度无法把其神秘主义推行到得出最终结论，因为完整的神秘主义是一种行为。但后来，随着可以增加土地产量，尤其是可以使产品在不同地区间交流的机器时代的到来，随着现代政治和社会组织形式的产生，一种全新意义上的救赎和解放成为可能。现代政治和社会组织形式的产生通过实验证明，普通民众并非像被一些无情的需求所迫那样，注定要遭受艰辛劳作和悲惨痛苦的命运。如果神秘主义冲动以足够的力量发挥作用，那么不论在什么地方，它都不再是针对没有外界干预的可能性而产生的，它也不会再被带回到克己或系统的狂喜沉醉状态这一信条。人的心灵将敞开通向普遍仁爱的大门，而不是转向内在或封闭状态。这些发明和组织形式主要是西方式的，正是这些西方式的发明和组织形式使得神秘主义得到全面发展，并实现其最终目标。我们可因此而得出结论，不论是古代希腊还是古代印度，都不存在完整意义上的神秘主义。这一方面是因为，神秘主义的冲动力量不够强大；另一方面是因为，神秘主义受到物质条件和过于狭隘的理智框架的阻碍。它在某一特定时刻的外在表现，使得我们可以追溯它的酝酿和准备阶段。这就像火山的喷发活动可以解释过去发生的许多地震的原因一样。①

基督教神秘主义

完整神秘主义是伟大的基督教神秘主义者所秉持的信条。

① 我们都非常清楚这样的事实，即在古代，除了新柏拉图主义和佛教以外，还存在其他形式的神秘主义。但是，对于我们可以看得到的目标而言，我们只需考虑那些发展程度最高的神秘主义。

我们先暂时不考虑其基督教的一面，我们研究一下他们脱离实质内容的形式问题。毫无疑问，他们都经历了类似于古代神秘主义的各种顶峰阶段的状态。[①]但他们只不过是这样经历这些阶段的：他们振作起精神，以一种全新的努力，破除堤坝；然后，重新卷入生活的大潮之中；从他们不断增强的活力中，散发出一种非凡的能量、勇气以及想象和认识能力。我们可以思考一下下列杰出的神秘主义者们在行为领域里的成就：圣保罗、圣特蕾莎、圣凯瑟琳西耶娜、圣弗朗西斯、圣女贞德等等。像这样的杰出神秘主义者真是数不胜数啊。几乎所有与上述杰出神秘主义者有关的丰富多样的活动都是致力于传播基督教信仰的，但是他们之中也有例外。圣女贞德的例子就足以说明，形式可以脱离内容而存在。

当我们领会，这就是伟大的神秘主义者们内心发展和进化的顶点时，我们只是疑惑，他们为什么曾经被归入精神病患者的行列里。的确，我们生活在一种非常容易变动和失衡的环境中。正常的心理健康实际上和身体的健康一样是非常难以说清的。但是有一种非常与众不同而且深植于人心灵底层的精神健康是很容易识别的。它可以表现为善于付诸行动、较强的适应环境和反复适应环境的能力；它还可以表现为坚定性与灵活性的结合、对于可能或不可能发生的情况的预见能力；它甚至表

① 亨利·德拉克洛瓦在其经典著作（《神秘主义的历史和心理研究》，1908年，巴黎）中，已经唤起人们对伟大的神秘主义者重要的积极因素的注意。伊夫林·恩德晓在其著名论著中也表达了同样的观点（《神秘主义》，1911年，伦敦；《神性主义的方式》，1913年，伦敦）。后者把她的某些观点与我们在《创化论》中的一些观点联系起来。我们将在本章中对《创化论》中的一些观点进行更深入的论述。关于这一观点，请参考《神秘主义的方式》。

现在可以征服复杂局面的简约精神之中。总之，这是一种最佳的心理感觉。难道这不正是我们从上面各位神秘主义者的名字中可以发现的心理状态吗？难道他们不是为我们提供了对理智的强大生命力的最好诠释吗？

如果说人们还以别的方式来判断他们，那是因为，他们的非正常状态往往是其最终发生变革的前奏。他们会尽情谈论他们的幻影、沉醉和狂喜。这些状态通常也是患有精神疾病的人的表现，而且是其病症状态的部分表现。最近出现了一项关于沉醉状态的重要研究工作，这种沉醉状态被视为一种心理虚弱的表现；但还存在一种模仿健康状态的病态。后者仍然是健康的，而前者则属于真正的病态。一位精神病患者可能认为他是皇帝。他可能把拿破仑的一些日常行为风格引入他的肢体动作、语言和行为中。他的疯狂病态就表现在这些肢体动作、语言和行为中。他是否对拿破仑进行过真正的思考和研究呢？人们也可以用同样的方式来模仿神秘主义，结果将是一种病态的神秘主义。那么，我们是否就可以说，神秘主义是一种精神病态呢？人们不否认，沉醉、幻影和狂喜都是不正常的心理状态；人们也不否认，有时不正常的心理状态和心理病态的确非常难以区分。实际上，那些伟大的神秘主义者们自己也持有这样的观点。他们首先告诫其信徒们，必须提防很有可能发展成为纯粹幻觉的幻影。当他们自己产生幻影时，他们一般把自己产生的幻影放在次要地位，或作为一种附属性事件。他们最终会超越这些幻影，把狂喜和沉醉远远甩在身后，达到自己的终极目标。这个目标就是，把人类的意志视为上帝的意志。

实际情况是，只要我们停下来想一下，人的心灵从静态转向动态，从封闭转向开放，从日常生活转向神秘主义生活，是一种多么令人惊心动魄的转变啊，那么，这些类似于病态的非正常状态，或者说有时无疑是与之非常相像的非正常状态，就很容易理解了。当心灵深处最黑暗的部分被搅动和激发时，如果它浮现到表面并获得意识，而且如果它的力量足够强大，它就会以意象或情绪的形式呈现出来。这一意象通常是纯粹的幻影，这就像情感可能是一种无意义的激动或兴奋一样。但是两者都可以表现这样的事实：这种心理的混乱和失常是人的心理为了实现更高层次的平衡而进行的系统调整。这种意象是即将发生的情况的象征，而情绪则是心灵对于变革的期待和专注。后者属于神秘主义，但它可以具有前者的某些特征。原本非正常的心理状态可能为某种明显的心理病态所伴随。我们不可能在不冒任何风险的情况下，打乱有意识的心理状态和无意识的心理状态之间的正常联系。因此，如果有时神经错乱或心理失常与神秘主义同时发生，我们不应该感到吃惊。我们也可以在其他的天赋形式中，尤其是在音乐家中，发现同样的心理失常。这些音乐家表现出的心理失常通常只被视为偶然现象。与后者和音乐没有什么关系一样，前者与神秘主义也没有什么关系。

人的心灵深处受到一股向前推进的溪流的震撼。它不再以自我为中心进行循环运动，也不再暂时逃避要求种群的存在与个体存在互为条件这一法则了。它似乎停下来倾听某个声音的召唤，然后，沿着自己的路程继续前进。它无法直接感受到推动它前进的力量，但它可以感觉到一种难以言表的存在，或者它通过一种象征性的幻影把这一力量预示出来。然后，就产生了一种无穷的欣喜、可以包容和吸收周围一切事物的沉醉或令人痴迷的狂喜。上帝就在那里，心灵已经属于上帝。神秘主义风光不再，一切问题迎刃而解，一切黑暗烟消云散。整个世界到处弥漫着光明。但这一状态能持续多久呢？一种无法感知的焦虑在这种沉醉之上徘徊，最后像一片阴影降临下来，笼罩和缠绕着人的心灵。即使没有即将到来的各个阶段的表现，这种焦虑本身也足以把真正完整的神秘主义与过去那种满怀期待的模仿或酝酿准备状态区别开来。因为，它表明伟大的神秘主义者们的心灵并没有像到达旅程的终点那样，停留在沉醉状态而止步不前了。

如果人们愿意这样认为的话，沉醉状态实际上是心灵的一种休息调整。但这就好像驾驶车辆来到某个站点，发动机仍然在运转，只不过是向前的运动变成了原地震动，直到车辆再次向前行驶。我们说得更清楚一些就是，不论人的心灵与上帝的关系多么亲密，只有达到完整状态时，才算到达了终点。无疑，思想与其目标之间的距离也就消失了。因为，可以测试甚至构成这一距离的问题都已经消失不见了。施爱的人和被爱的人之间的明显差异也不存在了。上帝在那儿，人的幸福没有边际。但是，尽管在思想感情方面，人的心灵被上帝吸收和同化，但它有些外在因素仍然保留下来了。这些外在因素就是人的意志。如果人采取行动，其行为将因此自然而然地继续下去。但是，这时人的生活还没达到神圣状态。

人的心灵意识到了这一点，因而也意识到它难以说清的不安，进而意识到它在平静状态中的兴奋和躁动。这种平静状态中的躁动就是我们所说的完全神秘主义的明显特征。这意味着，生命冲动获得了向前奋进的态势。这同时还意味着，沉醉状态实际上影响了人的视觉和感觉能力。但是，除此之外，人还有意志。人的意志必须找到回归上帝的道路。当这种情感发展到取代其他一切事情的地步时，沉醉状态就消失不见了，心灵再一次陷入孤立状态之中。人有时甚至感到极度的孤独，他已经有很长时间习惯于在灯光耀眼的环境中存在了，现在突然两眼什么也看不到了，只能在黑暗中摸索。人意识不到其内心存在隐约发生的深刻变化。他感到自己失去了好多，但没有意识到局部的牺牲是为了整体上的获得。这就是伟大的神秘主义者们所提到过的“最黑暗的夜晚”。这在基督教神秘主义中，或许是最有意义的事情，甚至是最有启发性的事情。以伟大的神秘主义为主要特征的最终阶段即将来临。我们不可能对于这最后的酝酿准备阶段进行详细分析，因为神秘主义者自己也很少对其机制和原理进行简单的思考和回顾。我们只是想表明，如果专门为某一重大表演制作的性能良好的钢鼓在它被组装起来时，意识到自我的存在，它也可能处于某种类似的状态之中。

钢鼓的各个部件逐一接受了严格的检测，其中有些部件被其他部件排斥和取代。它感觉到处缺少东西，它感觉浑身疼痛不已。但是，为了获得一件精美上乘的乐器这一最终期待，这一整体上的外在痛苦，可能还会更加强烈。它抛弃了其实质内容中一切不够纯粹、不够灵活、不够坚强的因素，变成了一件可被上帝使用的东西。它已经感觉到上帝的存在。它认为自己在某种象征性幻影中，亲眼看到了上帝。它甚至在沉醉状态中，与上帝紧密结合在了一起。但是，这样的狂喜很少能够持久，因为这只是一种沉思。人的行为把心灵又重新拉回到原来的自我之中。心灵因此与上帝分离。上帝通过人的心灵发挥作用，而且就在人的心灵中发挥作用。上帝与心灵的结合是紧密的，因而也是最后的结合。在这个时候，人们最好先把像原理和仪器这类词语所激发起的想象搁置一下。这些词可以使我们产生一些有关最初工作效果的想法。但对于最终结果，它们不会给予人们任何启发。

因此，我们可以说，以后人的内心生活会更加丰富多彩。生命冲动的力量将无限强大，一种难以抑制的生命冲动将把它拖入更大的冒险行动之中。它的全部功能的平静提升，使它只从更加宏大的方面看待事物。尽管它也有很多弱点，但它却能产生只有经过千锤百炼才能得来的结果。尤其重要的是，它可以非常简单地看待事物，这种简约性指引它穿越了它自己甚至没有明显感受到的复杂性。这种简约性在它所使用的语言当中以及它随后的行为当中表现得同样明显。一种固有的知识，或者一种后天愚昧直接向它暗示了所要采取的步骤、果断的行为和无可辩驳的言语。但是，努力和付出仍然是必不可少的，毅力和恒心同样必不可少。但是，在一颗能够影响外界或者能够被外界影响的心灵当中，这一切都可以自发地产生，并自然而然地得到发展。这颗心灵的自由与神圣性活动并存。这一切意味着巨大的能量支出，但这一能量支出可以按需提供，因为它所需要的丰富活力产生于生命的动力之源。

现在，幻影被远远甩在了身后，神圣性就无法从外部展示给一颗内涵极为丰富的心灵。人们无法根据外在表现把这样一个人与周围的人们区分开。这样，一个人只意识到自己被提升到上帝的助手这一变化了。在上帝面前，他是一位服从者，在人类面前他是一位主导者。在这一提升中，他没有感到任何骄傲。相反，他却非常谦恭。当我们所说的伟大神圣的谦卑以默无声息的方式，通过似乎令整个心灵融化的强烈情感展示给他时，而且只展示给位于孤单独处状态中的他时，他为什么只表现出谦卑，而没有一点神圣的感觉呢？

即使在只发展到沉醉状态，也就是沉思状态的神秘主义，也可以预示某种行为线索。这些神秘主义者几乎无法从天堂再回到人间，但他们感觉到教化人类是自己的天职。他们要告诉全部人类，通过人的眼睛所看到的世界无疑是真实的世界，但是，除此之外，还有另外的人眼无法看到的世界。这个另外的世界并不是像对一次争论做出总结那样，全都是可能性或大致性判断，而是对经历过的事情做出的一种肯定性判断。做出这一判断的人亲眼看到、亲自接触过所经历的事情，因而对事情经过是了解和熟悉的。但这些还只不过是作为一名使徒的尝试性开端，整个冒险经历实际上是令人沮丧的。产生于过往经历的某种教义或信条是如何通过语言传递下来的呢？而且，更为重要的是，那些无法用语言表达的情况是如何被表现出来的呢？伟大的神秘主义者的头脑中，从来没有想到过这些问题。他认为，真理像一股积极活跃的力量从它的源头直接流入了自己的心灵。他像太阳不由自主地向四周散发光线一样，把真埋从自己的心灵传播给外界。只是，他传播真埋的方式并不仅仅限于言语表达。

因为，他内心所充满的爱不仅限于人类对上帝的爱，这也是上帝对全人类的爱。通过上帝，借助上帝的力量，他以最神圣的爱来热爱全人类。这不是哲学家们以理性的名义，按照所有的人生来就享有一种共同的理性本质这一原则，教导我们的友爱关系。这一理想如此高贵，它不由得会令人敬畏。如果这一理想不是过于让自己或整个群体产生厌恶感，我们每个人都会竭尽全力去实现这一理想。但我们永远也不会满怀激情地参与其中。或者，即使参与的话，也是因为我们在人类文明的某个角落里，呼吸到了神秘主义留下的迷人芳香。如果不是神秘主义者们以一种简单的、但必不可少的爱来拥抱全人类的话，哲学家们还会充满自信地确立如此脱离日常经历，却又同样要求所有的人都要在更高的本质层面上参与其中的原则吗？这并不是说爱始于一种观念，然后，一种理想便随之确立起来；这也不是对人与人之间所固有的同情心的强化。的确，我们可以问一下自己，这一本能除了存在于哲学家们的想象中以外，在其他地方还是否存在呢？哲学家们的这些想象是他们为了占据与神秘主义相对称的地位而设计的。对于家庭和国家来说，人类呈现的范围越来越大。他们认为，人应该很自然地热爱人类，因为他热爱自己的国家和自己的家庭。

然而，在现实中，家庭团体和社会团体是唯一由自然预定的人类团体，也是唯一与本能相对应的团体。与其说社会本能可以把社会团体凝聚起来从而构成团结一致的人类，还不如说，它更有可能导致不同的社会团体之间的相互争斗。我们最多可以说，家庭和社会情感偶尔也可能外溢，以更高尚的价值超越其自然疆界。但这种情感永远也不可能外溢或超越得太远。神秘主义者对于人类的爱却是另一回事。它不是本能的扩展，它也不是产生于某种观念。它既不属于感觉方面，也不属于理性方面。它模糊不清地位于两者之间，却显得更加有效。因为这种爱和所有其他的爱一样，存在于情感和理性的深处。这种爱与上帝对他所创造的人类的爱并存，这种爱是万物之源。对于任何懂得如何对其提出质疑的人来说，它将展示创造的秘密；它在本质上比道德更加抽象。它想要做的是，在上帝的帮助下，完成人类的创造。而且，如果它不需要人的亲自帮助就可以呈现出最终形态的话，它可以使人类直接呈现其应有的面貌。或者，用我们已经知道的表达相同意思的其他术语来说就是：它正好是朝着生命冲动这一方向发展的。这一生命冲动被完全传递给那些非凡人物，他们接着再欣然把它赋予整个人类。通过生存竞争的矛盾冲突，这些非凡人物又把这种生命冲动转变成创造性努力。正是这种生命冲动带来的创造性努力，创造了物种，并把一种明显的停止状态转变为运动状态。这样，生命冲动能否成功呢？如果神秘主义要变革人类，它通常采取的方法，只是把它的一部分内容一点点地从一个人传递给另一个人，这样依次传递下去。神秘主义者们对此非常清楚。他们在创造神圣人类的道路上，所遇到的巨大阻力和障碍是完全一样的。人们必须通过流血流汗来生产自己所需要的食物。换句话说，人类是一种动物物种，这样他就要服从动物物种的法则。这一法则主宰和支配整个动物界，并迫使一种动物为了生存去猎杀其他的动物。由于人类为了获取食物既要与自然抗争，又要与其同类抗争，在获取食物的过程中，他就必然要消耗能量。正是为了向人类提供斗争和劳动所需要的武器和工具，人类的理智才得以发明。那么，人类是如何把他的注意力从专注于人间事务转向上天的呢？如果可能的话，他只能通过同时使用或连续使用两种方法来实现这种转变。

第一种方法或许在于，把人类理智的功能强化到一定的程度，使其远远超出自然所赋予它的功能。这样，简单工具让位于巨大的机械生产系统。这种机械作业系统可以大大解放人类的活动，而且，人类获得的这种解放和自由可以通过系统的政治和社会组织得到巩固。政治和社会组织将保证机器工具用于真正的生产目标。随着其发展，危险的机械生产方法可能会与神秘主义背道而驰。而且，正是由于机械工具明显地与神秘主义方法作对，它才获得了高度发展。但是，这也必然存在某些危险：某种只需要较低级别的秩序就可以正常运转的活动，这时可能也要求这种高级活动，或者至少允许它发挥其功能。必要的时候，它甚至可以付出对它进行防御的代价。经验表明，在相互对立，又相互补充的两种倾向中，如果我们看到，其中一种倾向已经发展到独占一切空间的程度，另一倾向如果能生存下来的话，它肯定会从中获利。而且，它还可能再次获利，它甚至可能从所有它没有付出任何帮助的事物中获利。这些事物甚至可能是在专门反对它的行为中得到了强有力的发展。不论如何，这种方法只能在非常晚的阶段使用。

同时，还有另外一种完全不同的方法相伴而来。这种方法不在于潜心思考神秘主义冲动的普遍和快速传播。这显然是不可能的。这种方法主要在于把这种已经被弱化的神秘主义冲动赋予小部分享有特权的心灵，这些心灵共同构成一种神灵群体。这类群体的数量可能相当大。在其特别富于天赋的成员的努力下，每个这类群体都可以派生出一个或几个其他群体。因此，生命冲动将得以保留并继续下去，直到自然赋予人类的物质条件的深刻变化将允许其在精神方面发生剧烈变革为止。这就是伟大的神秘主义者们所采取的方法，这是非常必要的。由于没有其他选拔，他们只能这样做。他们特别愿意把自己的多余精力花费在建设修道院或建立宗教秩序上。他们暂时还不需要看得更远。在他们眼里，驱使他们把人类提升到神的地位，并使他们完成神圣创造的爱的冲动只有在上帝的帮助下，才能达到其最终目标。他们自己只不过是受上帝驱使的工具。因此，他们的所有努力都必须专注于一项非常巨大、非常艰难但又有一定限度的工作，其他的各种努力也会随之到来。实际上，有的已经到来了。所有的这些努力将会聚集在一起，因为上帝已经把团结凝聚性赋予它们。

在上述讨论中，我们实际上对问题进行了非常简单化的描述。为了把问题描述得更清楚些，特别是对比较难的问题进行逐一说明，我们的解释和判断似乎是，基督教神秘主义者，也就是给人内在启示的导师，在人类当中出现时，好像完全忽视了这种冲动。事实上，他与之对话的人都和他拥有完全相同的宗教信仰。如果他拥有幻影的话，这些幻影将以各种虚构性图像的形式向他展示宗教观念给他留下的印象。当他的沉醉状态发作时，这种沉醉把他与上帝紧密结合在一起。这时，在他的眼里，上帝比他可以想象到的一切圣贤都伟大，但上帝仍然与宗教所提供的抽象描述相对应。如果这些抽象教义不是神秘主义的根源，如果神秘主义不是对这些教义的文本仅仅简单地浏览一下，那么，为了从热衷的程度和特征上对神秘主义进行追溯和回顾，人们可以提出许多质疑。在这种情况下，为了恢复其生命的热情和冲动，神秘主义者所要做的，只能是把他们所激发起的热情带给宗教。那么，宣称自己同意这一观点的人的主张肯定很容易被接受。因为宗教教义和所有的教义一样，是针对人的理智而言的。任何属于纯粹理性秩序或原则的事物都可以被所有的人触及。不论我们是否支持宗教，只要我们承认其神秘性的存在，我们就可以从理智上来吸收和同化它。相反，如果一个人对于神秘主义从未有过丝毫的接触，那么，对他来说，神秘主义就没有任何意义。

因此，每个人都会认识到，神秘主义可以确定和维护自己的存在。它的这种存在可能是原始的和难以用语言表达的，也可能是时而存在的。它还有可能存在于根据理智建立的既有宗教中。然而，如果一种宗教观念只能借助神秘主义存在，而且它只是对神秘主义的抽象，那么，这种宗教就难于被人们接受。虽然它对神秘主义的抽象，可以通过理智而建立，并且可以被任何人理解，人们仍然难以接受它。我们无法确定，哪一种解释更符合宗教传统。我们只能说，从心理学的角度来看，第二种的可能性比第一种更大。纯粹的教条不可能让人热情洋溢，它也不可能对人们产生启示，更不可能让人产生移山填海的信念。但是如果具有了这种热情，已经熔化的本质就可以很容易地被铸造成一种信条。随着它的巩固，它甚至可以变成一种教义。我们可以把宗教描述为一种结晶。这是神秘主义的炽热高温被灌输到人的心灵之中后，经过科学的冷却过程，而产生的结晶。通过宗教，所有的人都可以得到某些享有特权的心灵所占据的全部内容中的小部分。

的确，为了使自己得到外界承认和接受，自己首先必须大量地承认和接受外界的东西。人类只有大量地继承旧的传统，才能真正理解新的事物。一方面，旧的传统是由古希腊哲学家所确立起来的；另一方面，它也是古代宗教虚构和想象的产物。

毫无疑问，基督教从上述两方面中接受和获得了大量的启发。基督教中渗透了古代希腊哲学思想，并从我们所说的静态宗教或自然宗教中继承了许多仪式、典礼甚至信仰。这样做非常有利于它的发展，因为它对亚里士多德新柏拉图主义的部分继承使它最终战胜了哲学思想，而它对古代宗教的继承和借鉴，必定会有助于这一新型宗教的流行和普及。这一新型宗教显然是向着相反的方向发展，它除了名称以外，和以往的宗教几乎没有什么共同之处。但这一切都不是实质所在。这一宗教的实质在于，它是对神秘主义的传播和扩散。基督教高度普及这类的事情确实存在。它的高度普及符合科学真理传播的大致轮廓，使普通的受教育者能够对它有一般性的理解和领会。直到有一天，通过更大的努力，它可以详细地被揭示给人类。尤其重要的是，它可以使人类最终深入理解它的本质意义。对我们来说，宗教所宣扬的神秘主义似乎就属于这种情况。从这一意义来讲，宗教对于神秘主义而言，就如同科学的传播和普及。

神秘主义者发现，等待他的是，人们都在准备倾听其他神秘主义者们传播他的启示。人们无法用肉眼看到他的启示，但它实际存在于人们被传授的宗教信仰之中。事实上，他的神秘主义启示中就充满了这一宗教信仰，因为宗教信仰是它的起点。他的神学思想一般情况下与其他神学家们的神学思想是一致的。他的理智和想象力将利用这些神学家们的教诲，以便用语言来表达他所亲身经历的事物，用具体形象来表达他的精神体验。实际上，他可以非常容易地做到这一点，因为，神学已经深入汲取了这股发源于神秘主义的思想溪流。因此，与有时候宗教因神秘主义作用而变得更加丰富和完善相比，神秘主义也会因宗教的作用而受益。这一点可以解释，为什么神秘主义者感到自己被授予了重要使命。这一重要使命就是使人的宗教信仰得到强化，他首先要解决最迫切需要解决的问题。实际上，伟大的神秘主义者的任务主要是通过树立典范，来引发人类社会的剧烈变革。只有最初在理论上应当存在的圣人最终产生时，这一变革目标才有可能实现。

以色列先知

神秘主义和宗教是互为因果关系的，而且它们还会永不停息地相互作用下去。但这必须有一个开端。实际上，基督教的根源在于救世主的存在。从展示整个人类的神圣性这一立场来说，救世主是否应当被称为人并不重要，它被称为救世主甚至也并不重要。那些过于极端以至于否认耶稣存在的人们无法阻止登山宝训和其他神圣格言成为福音书。对于福音书的作者，你可以随便赋予它任何名字。但不可否认的是，这些福音书的作者肯定有一个名字。这些问题的提出不是我们现在要关注的事情。我们只是说，如果伟大的神秘主义者们真是像我们所描述的那样的话，他们就是为人类传播福音的伟大的救世主的仿效者和最初的但并非完美无缺的继承者。

上帝也可能被看作以色列先知的继承者。毫无疑问，基督教被认为是对犹太教进行深刻变革的结果。我们一再强调：最初主要作为民族宗教存在的一种宗教被可以发展成为普遍宗教的一种宗教取代了。一位无疑会与所有其他上帝形成显明对比的上帝，被一位热爱整个人类的上帝所继承。这位与其他上帝形成显明对比的上帝的独特性，表现在他的公平正义和强大力量。但是，他的强大力量是用来为他的子民带来福音的。尤其重要的是，他的公平正义也是作用于他的子民的。这就是我们不轻易把犹太先知归入古代神秘主义者的原因：耶和华是位过于严厉的判官。以色列与它的上帝之间关系的紧密程度不足以使犹太教被列为我们所定义的神秘主义宗教。但是，没有任何一种思想或情感涌流像犹太先知们的思想和情感那样，对于产生我们所说的完美神秘主义做出如此重大的贡献。这里的完美神秘主义也就是基督教神秘主义者们所持有的神秘主义。原因在于，如果其他思想涌流也能把某些人的心灵带向冥思苦想的神秘主义，并因此值得人们称之为神秘主义的话，他们仍然不过是纯粹沉思，而不是别的。为了弥补思想和行为之间的差距，某种冲动力量就成为必要。这种冲动力量不是随时可以得来的。我们在先知们那里发现了这一冲动力量。他们强烈地渴望公平正义，他们以以色列上帝的名义要求得到公平正义。作为犹太教继承者的基督教各种神秘主义活动的开展及其成效的取得，很大程度上归功于犹太教先知们的启发。这使得它能够在征服世界的道路上继续前进。

上帝的本质

如果神秘主义的确像我们所说的那样，它就应当同以往的试验一样，为我们提供某种手段，使我们能够接近人类存在这一问题，使我们能够接近上帝的本质。实际上，我们无法知道哲学是如何以任何其他方式接近这一问题的。一般而言，如果某一物体可以被感知或有可能被感知，我们就把它视为具体存在的物体。这样一种物体会表现在实际的或虚拟的经验之中。无疑，人们可能会像几何学家思考某一几何图形那样，来构建某一物体或某种生物的概念。但是，经验本身就可以断定，这一物体或生物是否存在于按这种方式构建的概念之外。现在人们可能就此断定，这正是问题所在；而且，真正的问题在于知道某种存在物是否与所有其他存在物并没有什么不同之处。因为，这一存在物位于我们的经验范围之外，但是他却和所有其他存在物一样，真实地存在着。尽管在我看来，这类判断以及与之相伴的争论只意味着一种基本错觉，我们也可以假定，这一次它是成立的。但紧接着，我们就必须证明，以这种方式定义和表现的这一存在物，实际上是上帝。

人们也许会争辩说，按照定义他就应该是上帝。人们也许还会争辩说，只要一个人第一次对某些词进行定义，他就可以随意赋予它们任何含义。我们可以再一次假定，这种说法也是成立的。但是，如果我们赋予一个词与以往完全不同的含义，它就只能适用于一个新的物体。你的判断所指的已经不是原来的物体了，人们会认为你在谈论另外一个物体。这正是在大多数情况下，哲学家们谈到上帝时，真正发生的情形。这一概念与多数人头脑中的上帝相差如此遥远，以至于如果与哲学家们的观点相反，人们这样定义的上帝便奇迹般地步入了经验领域，谁也无法把他识别出来了。因为不论是静态宗教，还是动态宗教，都把上帝看作与我们沟通交流的存在物：这不是圣人亚里士多德所能做到的。虽然他的大多数追随者们对他的信条进行了一些修正，但仍然无法做到。在没有对亚里士多德学派的神学思想进行深入研究的情况下，我们只能说，它使我们想到有两个问题要提出来：第一，为什么亚里士多德把做一名静止不变的推动者确立为第一原则。也就是一种自我思考、自我封闭、仅仅通过自我完善这一要求来发挥作用的思想。第二，为什么在确立这一原则后，他把这样一位推动者称为上帝。但在每一种情况下，答案都非常简单：柏拉图的理念论在进入现代哲学以前，一直统治着古代希腊和罗马的思想；亚里士多德第一原则与世界的关系与柏拉图所确立的理念与客观事物之间的关系完全一样。

对于任何在理念中只能看到社会和个体理智的人来说，有限的静止不变的理念应当与我们所经历的无限变化和多样的具体事件相对应，这一理论主张绝对没有什么令人惊讶之处。因为，尽管事物千变万化，我们还是可以设法找到它们之间的共同之处的。尽管事物不可能固定不变，但我们可以对它们持有比较稳定的看法。这样，我们就可以获得自己可以支配的理念，但对于客观事物本身我们可能无法捕捉到。所有这些都是人的作用得以发挥的结果。但是，当社会的作用已经非常强大时，开始进行哲理性思维并发现结果就储存在人的语言中的人，可能对这一理念系统本身羡慕不已。因为，它似乎为所有的事物确立了判断标准。当这些理念处于稳定不动的状态时，难道他们不就是不断变化和移动的事物唯一可效仿的模型吗？难道他们有可能不是真正的客观现实吗？难道变化和运动不能表达所谓不存在的事物为了与理念的稳定不变性相符合，所进行的持续不断却无法成功的各种尝试吗？他们实际上在持续不断地尝试着追赶自己。因此，柏拉图把一个理念层次置于感观世界之上，其中“众理之理”位于最顶端。这里的“众理之理”也就是“善理相”。这时，柏拉图就应该断定，普遍理念和普遍的善是通过他们追求完美至善的吸引力发挥作用的。柏拉图做出这样的判断实际上是可以理解的。

柏拉图所判定的这种吸引作用，与亚里士多德所描述的“思想的思想”的作用是完全一样的。亚里士多德所描述的“思想的思想”和柏拉图所说的“众理之理”实际上是非常类似的。的确，柏拉图没有把这一理念等同于上帝。《蒂迈欧篇》所描述的主宰世界的造物主也不同于“善理相”。但是《蒂迈欧篇》只是一部神秘主义对话。因此，造物主只是一种半存在物。弃绝神话传说的亚里士多德，把看起来只是一种思维性存在的思想，视为与上帝一致的东西。我们宁愿称它为理念，而不把它称为思想。因此，圣人亚里士多德完全不同于希腊人所崇拜的众神。他与圣经《福音书》中的上帝也没有更多的相同之处。不论是静态宗教还是动态宗教，它们与哲学家的冲突都在于宗教中的上帝提出了完全不同的问题。然而，宗教中的上帝却常常是形而上学思想的依附。这些形而上学者，有时候甚至付出很大的代价，把与上帝的本质完全不符的特征赋予他。

为什么不对他的起源进行一下追溯呢？这样，人们就可以看到，全部的理念融为一体，就产生了上帝。为什么不对每一种理念继续进行更深入的思考呢？通过思考，人们可以发现：这些理念意在为社会和个体对客观事物发挥作用铺平道路；为此，社会向每个个体提供了各种理念；把这些理念的精髓确立为上帝只不过是对社会的神话。最后，为什么不对这种个体行为作用的社会条件，以及个人在社会的帮助下，所实施的行为作用的性质进行一下分析呢？人们还可以发现：如果为了简化行为过程，并促进相互协作，人们首先把事物归结为几种可以用语言表达的类别或理念的话，那么，每一种理念都代表一种稳固的特征或状态。这些特征或状态是从事物变化过程的某一阶段精选出来的；客观世界是流动的，或者说它本身就在运动，我们只能感受到连续不断的变化；但为了作用于客观世界，尤其是为了完成对客观世界的建设任务，这当然是人类理智的固有目标，我们必须设法做到随时随地停下来。这就像我们在向某个移动的目标发动射击时，应当等待机会做片刻的减速运动或直接停下来。

但是，正是因为它们与我们人类对于客观事物的作用有关，在我们眼里，我们所做的这些停止及其品质就变成了客观世界及其实质。每一次停止实际上是两种或两种以上运动的并存，而不是像它表面看起来的那样，成为对运动的抑制；这些品质不过是对事物的变化产生的一种单独印象。对我们而言，歇息就变成了运动的先导，并优于运动；运动则被视为着眼于静止的一种激发或兴奋状态。因此，不变性的级别高于可变性。可变性则意味着一种缺陷或缺失，是对固定不变形式的追寻。不仅如此，正是凭借着事物的实际状态与它应有的状态或它希望呈现出的状态之间的差异，运动和变化的程度才得到解释和测定。从这一点来说，间隔过程实际上也是事物的改变过程。时间是对永恒的剥夺。这一整套形而上学系统包含在亚里士多德学派的上帝观念之中。它存在于对为语言发展铺平道路的社会作用的神化和对需要特定结构和模式的个体建设作用的神化：理念或形式对应于这种双重作用；“众理之理”或“思想的思想”因而也就是上帝本身。在对亚里士多德关于上帝的起源和含义进行了以上追溯之后，我们可能只会感到疑惑，为什么在面对上帝的存在及其本质等问题时，现代思想家们总是被一些不可解决的问题所困扰。只有当他们按照亚里士多德的观点来研究上帝时，而且只有当他们愿意把人类从来也没有想到过要乞求的某个神灵称为上帝时，这些现代思想家们才会遇到这些难以解决的问题。

那么，神秘主义的经验能否解决这些问题呢？人们很容易看到这样一种想法将遭到的反对和抵抗。我们已经对一些反对意见进行了讨论。这些反对意见顽固地坚持，所有的神秘主义者头脑都是不健全的，所有的神秘主义都是一种心理病态。我们所谈到的这些伟大神秘主义者们，通常都是善于付诸行动的非凡人物。他们具有优于一般人的常识意识：他们中的一些人拥有很多堪称疯狂的追随者，这一点并不重要；甚至有时他们自己感到一种极端后果和漫长的心理和意志疲劳，这一点也不重要。许多天才都经历过同样的情形。但是还有其他一些我们无法忽视的反对意见。有人声称：伟大的神秘主义者们的经历都是个案和例外；他们的经历无法被普通人验证；他们的经历无法与科学实验相比，他们的经历也不可能解决实际问题。关于这类主张的讨论为数很多。首先，人们根本无法确定，科学实验，或者更广泛地说，科学观察的记录始终是可以被重复和验证的。当中部非洲还是未知领域时，如果某一位探险家所做记录的可靠性和完备性是无可置疑的，地理学就会凭借他的叙述和记录来得出结论。通往利文斯敦的旅游线路曾经长期出现在非洲地图或地图集上。人们可能反驳说：虽然科学验证未必实际进行，但它却是可能的，可以操作的；如果其他旅行者愿意的话，他们也可以前去亲自考察；根据某一位旅行者的标记和指示所画出的地图只是一种暂时版本，它还有待于通过以后的考察来进行确定。

我同意这样的观点：神秘主义者也在进行一次旅行。其他人虽然未必实际进行这样的旅行，但是他们完全有进行这种旅行的可能；有能力进行这种旅行的人的数量至少等同于有勇气和能力像斯坦利那样，前去探险并发现利文斯敦的人的数量。实际上，这还只是一种保守说法。与有能力沿着神秘主义道路走完全程的人相伴随的是，还有许多人至少走完了一半路程。那些通过意志努力和内在趋向而已经迈出步伐的人更是不计其数。威廉·詹姆斯曾经说过，他从来没有经历过神秘主义状态；但他补充说，如果他听到经历过这种状态的人谈到它，“他的内心一定会引发强烈的共鸣”。我们大多数人可能都会与威廉·詹姆斯有同感。把反对者愤怒的抗议作为反面证据是无济于事的。那些反对者们在神秘主义中，只看到了庸医和愚蠢者的行为。有些人无疑对神秘主义经历完全无动于衷，他们无法从中获得任何感受或想象。但我们也碰到过只把音乐视为噪音的人，他们以同样的愤怒表情和同样的个人怨恨来表达他们对于音乐家的意见。没有人会把承认这一点视为反对音乐欣赏的理由。现在我们把这些消极的反对意见搁置一下，我们看一下，对于神秘主义最肤浅的检验是不是不会促使我们支持和赞同它。

神秘主义的哲学价值

我们必须首先注意这样一个事实，神秘主义者之间一般情况下是相互支持和赞同的。这一点在基督教神秘主义者之间表现得尤为突出。为了达到对上帝的最终认同，他们经历了一系列不同的状态。不同的神秘主义者对这些状态的经历可能也会有所差异，但是他们所经历的神秘主义状态有着非常明显的相似性。无论如何，他们所走的道路都是一样的。即使承认他们在途中的停止地点之间的间隔距离可能有所不同，但不管怎样，他们都走向相同的终点。在对于最终状态的描述中，我们发现了同样的表达术语、同样的图形、同样的对比方式。只是这些描述的作者之间通常并不了解或认识。人们可能回答说：在某些情况下，他们之间是相互认识的；而且，通常情况下存在着一种神秘主义传统；所有的神秘主义者都可能感觉到这一传统的影响。我们同意这一主张，但是，我们必须注意这样一个事实，伟大的神秘主义者们通常很少思考这一传统。每个人都有自己的原创性。这不是他有意为之，他并没有试图寻求这一原创性。但我们认为，这一原创性对他来说是非常重要的。这意味着，尽管不一定完全恰当，但他是人们特地拥护和赞同的目标。

可能有人反对说：一个教区就足以解释他们之间的相似性；所有的基督教神秘主义者都靠《福音书》生存；他们都接受同样的宗教教诲。但是，这样说就等于忘记了：如果幻影之间的相似之处可以由共同的宗教来解释的话，在伟大的神秘主义者们的生活中，这些幻影只占很小的一部分空间；这些幻影很快就会被忘掉，只被作为一种象征性的符合来对待。至于普遍的神学教义，他们似乎的确完全接受并服从这些教义，尤其服从受过各种迫害的宣信者们的教诲。但是，正如人们敏锐地指出的，“他们只服从自己所真正信仰的人。一种实际的本能会直接把他们引向自己真正信赖的人，这个人将指引他们走向自己要走的道路。如果这个人碰巧偏离了方向，神秘主义者们将毫不犹豫地放下自己的权威，凭借他们直接与上帝接触的力量，把他们自己的自由看得高于一切”。[①] 此时此刻，我们研究精神导师和寻求指导的心灵之间的关系，实际上是一件很有趣的事情。人们会发现，在这两者中，非常谦逊地默默接受指导的人，常常同样非常谦逊地变成了别人的导师。但对我们来说，这还不是问题的关键。我们想要表明的是，如果基督教神秘主义者之间的外在相似性是因为他们有着共同的宗教传统或接受过共同的宗教教诲的话，那么，他们之间所保持的根深蒂固的一致性就是他们共同的身份直觉的象征，这种身份直觉象征可以在实际存在的上帝那里得到最简单的解释。他们认为自己可以直接与上帝保持联系和沟通。如果我们考虑到，其他的神秘主义者，不论是古代的，还是现代的，可能在这方面走得会更远些，他们之间所表现出的一致性就更是如此了。他们可能在某个阶段有所中止，但最终都指向同一个方向。

然而，我们可能承认，神秘主义经验本身无法为哲学家提供完全的确定性，哲学家只有通过其他方式才有可能做到绝对令人信服。比如，他可以通过把感官经验和理性判断相结合，从而得出结论：可能存在一种特许经验，通过这种特许经验，人类可以与某种超越性原则相连。神秘主义者们遇到的这类经

① 蒙特马郎（M. de Montmorand），《天主教正统派神秘主义研究》（巴黎，1920 年版），第 17 页。

验将使他们已经确立的结论有可能得到某种程度的补充，而这些已经确定的结论也可以把某种客观性反射回原有的神秘主义经验之中。经验是知识的唯一源泉。由于对于客观事实的理性记录会不可避免地超出事实的原貌，所有的经验都远远不能等同于最后结论，它也同样无法对其确定性进行证实。根据这些经验和事实，我们只能得出大体性结论。

然而，随着这些可能性的累积，它的总和就几乎等同于最终的确定性了。我们曾经在其他地方提到过这些“事实的线索”，但每一条线索只能表示出真理存在的方向，因为它与真理的距离还相差很远。然而，如果二者都可以被延长到它们的交会点，它们就可以同时到达真理了。一位测量人员在测量到达某一地点的距离时，会在所到达距离的两端之间画一条直线。按照我们的观点，二者向交会点延长的方法，是唯一可以导致形而上学取得决定性进步的方法。这就意味着哲学家之间可以建立合作关系。像科学一样，形而上学可以通过已有成果的逐渐累积而取得进步，而不是通过一种可以全部拿来或全部抛弃的方法系统来取得进步。这种全部拿来或全部抛弃的方法系统会始终处于争议之中，并注定要不断地重新从头开始。恰巧，对完全不同于宗教问题的某一层次的问题全面研究，已经促使我们得出结论。这一结论使得像神秘主义经验这类独特经历的存在成为可能。另外，从其自身利益来看，神秘主义经验为我们提供了各种指针。这些指针可以被添加和应用到，用一种完全不同的方法，从某一完全不同的领域获得的知识。在这种情况下，两者可以相互支持、相互完善。我们先从第一点开始讨论。

我们通过尽可能密切跟踪生物学方面的证据，得出了生命冲动和创化，即创造性进化的概念。在上一章的开头，我们刚一接触这一问题时，这一概念绝不是根据任何形而上学的系统和方法发现的理念假说：它是对客观事实的浓缩，是概括基础上的概括。那么，生命冲动到底来自哪里呢？它背后的原则又是什么呢？如果它是一种自足体系，它本身又是如何发挥作用的呢？我们应当对它的总体表现赋予什么含义呢？对于这些问题，我们所讨论的事实无法为我们提供直接的答案。但我们可以比较清楚地看到答案来自什么方向。由于在我们看来，通过物质所积淀起来的能量，在处于相同层次意识的情况下，往往显得低于或高于这一意识层次。这一能量不得不绕过许多障碍，有时要挤入其他物质中，甚至沿着两大完全不同的进化路线把自己一分为二：在这两大路线的终点，我们最终发现了两种知识形式。这一能量最后融入了这两种知识中，从而使自己具体表现出来。这两种形式的知识就是昆虫的本能和人类的理智。

本能是一种直觉，而理智则是反思和判断。的确，直觉只有通过自我贬抑才能成为本能。它像被实施了催眠术一样，专心于种群的利益。它最后残存下来的一点意识以梦游的形式呈现出来。但是，就像动物本能的周围仍然保持着某些理智成分一样，人类理智中也保持着某种直觉的光环。后者即这种直觉光环在人类中，保持着完全客观和清醒的状态。但这只是一点微弱的光线，不可能辐射到太远的地方。然而，如果生命冲动的内在活动的意义和目标得以明确的话，从这一微弱的光线中，必然散发出更为明亮的光束。因为这一直觉就是指向人的内在活动的。如果在第一次强化中，它使我们认识到我们内在生活的延续不断；如果我们大多数人就此止步，那么对这一直觉的再次更为深入的强化可能把它带到我们人类存在的根源，因而也就把它带到普遍的生命原则之中。难道这不正是神秘主义心灵的特殊荣幸吗？

创造与爱

这一问题把我们带到我们所说的第二个问题上来。第一个问题是要弄清，神秘主义者们是否只是些古怪之人，他们的经验叙述是否都是纯粹想象性的。但至少就伟大的神秘主义者们来说，这一问题很快就解决了。下一个问题是要弄清，神秘主义是否仅是一种更为强烈的信仰，是否是一种传统宗教在充满激情的心灵中所呈现出的一种想象形式；或者说，这个问题要弄清，在尽可能多的从这一宗教中吸收和借鉴其有益成分的同时，在借助于它来获得确定性的同时，在借用它的语言的同时，神秘主义是否不具有原创性成分，神秘主义是否不独立于宗教所依赖的一切传统、神学和教派，而从宗教的源泉中直接产生的。在第一种情况下，神秘主义必须远离哲学，因为哲学无视有着明确的年代和日期记载的启示，无视使神秘主义得到传播的制度，无视承认和接纳神秘主义的信仰。哲学只能把自己局限于经验和理性分析之中。但在第二种情况下，人们把神秘主义看成是一种纯粹的存在就足够了。这种纯粹的存在远离幻影、远离寓言和传说、远离表达它的神学语言，从而成为哲学研究的有力助手或工具。在神秘主义与宗教关系的两个概念中，毫无疑问，对于我们来说，第二个是正确的。那么，我们就必须弄清，在多大程度上，神秘主义经验是把我们引向信奉生命冲动这一经验的延续。哲学将以实证的形式来回报神秘主义提供给它的所有信息。

我们首先应该注意到，神秘主义者们往往忽视我们所说的“虚假问题”。或许会有人反驳说，他们无视所有的问题，不论是真正的问题，还是虚假的问题。这的确也是事实。不过人们仍然确信，神秘主义者们对一些问题提供了一种模棱两可的答案，这些问题迫使神秘主义者们去关注哲学家。人们同样确信，一些本来也不会给哲学造成任何困惑的难题，在神秘主义者这里，似乎根本不存在。我们曾经在其他地方表明，部分形而上学有意无意地围绕事物为什么存在这一问题展开，即为什么物质、精神和上帝都是“有”，而不是“无”？但是，这一问题假定：实在填补了虚无，存在的下面潜藏着虚无；理论上讲，一切都是虚无的；我们必须解释，为什么现实中却存在着“有”。这一假定纯粹是一种错觉，因为绝对的虚无观念和一个“方形的圆”一样是毫无意义的。一个事物的不存在始终意味着另一个事物的存在。不过我们常常喜欢把“另一个事物的存在”搁置起来，不予考虑，因为它不是我们所关注或期待的事物。压制和取代实际上没什么两样，这指的是一种操作的两个的方面，不过我们往往一致同意只从其中的一个方面来看待这一操作。因此，把世上的一切事物都清除掉的观念就等同于自我毁灭。这是一种令人不可思议的观念，是一种伪观念，是我们想象中的海市蜃楼。

但是，由于我们在其他地方曾经表明的原因，出现上述错觉也是自然而然的事情，其根源在于人们理解问题的深度。这一错觉为我们提出了一些问题，这些问题是形而上学所面临的痛苦和焦虑的主要根源。那么，对于一位神秘主义者来说，这些问题根本就不存在。它们不过是人的内心世界的一种错觉，这种错觉是由人类的理智结构造成的。当神秘主义者的观点提升到优于人类的观点时，这种错觉就会自行撤退或消失。因为类似的原因，哲学界围绕形而上学的神圣特征所积累的各种难题，也不再让神秘主义者感到困扰和忧虑。神秘主义者与形而上学纯粹虚无的特征，或者只能以虚无的方式表达的特征没有任何关系。他相信自己能够看见上帝到底是什么。对他来说，他无法看见上帝到底不是什么。因此，哲学家必定就上帝的本质特征这一问题对神秘主义者提出质疑。这里所说的上帝的本质特征，是直接从其“实在”的一面来理解的，也就是从人的肉眼可以感知和观察的一面来理解的。

如果哲学家希望为神秘主义找到一种阐释形式的话，他马上就可以对上帝的这一本质特征做出解释。上帝的本质在于“爱”与“爱的对象”，神秘主义的全部内涵成分就在于此。但对于这种双重的爱，神秘主义者从来未表现出过极大的热情。他对这种爱的描述也是冗长拖沓的，因为他想要描述的爱简直是太妙不可言了。他的陈述可以清晰地表明，神圣的爱不是上帝要完成的一件事情，它实际上就是上帝本身！这一点正是哲学家必须坚持的观点。哲学家把上帝看成是一个具体的人，但他不主张把上帝与人完全融合起来。他会想到，比如，热情可以点燃人的心灵，耗尽人的心灵中的一切，然后填补它的整个空间。这样，他就变成了一位具有情感的人了。但他永远也不可能成为一个完全充满情感的人，他会变成一个情绪单纯、一致和不断被强化的人。

如果的确如此的话，他从来没有像这样充满思想。正如我们所说过的，世上存在两种情感。一种潜伏在理智下面，它只是与某种理智表现相伴随的不安和躁动情绪；另一种则位于理智之上，它先于思想观念，又超越思想观念。但是，如果，纯粹的心灵选择赋予自己实质内容，那么这种情感就有可能突然爆发出思想观念。但是，有什么能够比贝多芬的交响乐更加系统完整、更加发人深思呢？但是，当作曲家从理智的层面上，完成乐曲的整个设计、修改和筛选过程时，他实际上转回到位于这一理智层面以外的某一点上，去寻求接纳与拒绝、去寻求指导与灵感。这里，潜伏着一种必不可分的情感。无疑，理智有助于把这一情感展现为音乐，但这一情感本身已经超越了音乐，也超越了理智。与低级的理智情感相反，这一情感要依赖于人的意志。为了回顾这一情感，艺术家们应当付出反复的努力。这就像人的眼睛努力去重新找到一颗刚一出现，就迅速消失在黑暗的夜空中的星星一样。尽管存在着很大的差距，但毫无疑问，这种情感非常类似于被神秘主义者视为上帝根本实质的庄严崇高的爱。无论如何，当哲学家为了用理智的方式来表达神秘主义直觉，而不得不给予情感越来越多的压制时，他应当把这一点牢记在心。

哲学家可能不会去创作音乐，但他通常会写作学术论著。在写作时，他对自己心理状态的分析会有助于他理解，被神秘主义者视为上帝实质的爱为什么既是一个具体的人的行为，又是一种创造性力量。在写作时，他的思想通常位于一些概念和词语的范畴之内。社会可以为他提供一些现成的思想观念，这些思想观念由他的祖先创造并保留在语言当中。哲学家只是把这些思想观念用一种新的方式组合起来。在组合的过程中，他会对某些思想观念形态进行一定程度的改造，使之与新的组合形式相一致。这种方法始终会取得一些满意的效果，但这只是在一定时间限度内的一种效果。有时，所取得的这些效果也许是原创性的和充满活力的。在多数情况下，人的思想会因此而变得更加丰富，但这种思想的丰富只不过类似于年收入有所增加。社会理智将继续凭借原有的资本和原有的股份而生存。除此之外，还有另一种写作方式。这种写作方式更富有雄心，但成功的把握性更小。我们无法说出它什么时候才能成功，甚至也无法说出它是否能够成功。这一方法在于，从理智和社会的层面转回到人类心灵的某一点上。人类创造性的必然要求正是产生于这一点。这一创造性要求所在的心灵，可能一生当中只能有一次能够完全感觉到这一要求。但它始终存在于心灵之中。它是一种独特情感，它是一种冲动，它是来源于事物深处的一种冲力。为了服从这一创造性冲动，人们必须创造更多新的词语，新的思想观念。但这一创造性冲动将不再表现为思想观念的传播，也不表现为写作。

这时候，作者将不得不试图去认识一些无法认识的事物。他将转回到简单情感，转回渴望创造实质内容的“形式”。他将伴随着这一形式去迎接已经形成的思想观念、已经存在的词语和社会现实的简单片段。自始至终，他都会感到形式在产生于自身的标志性符号中得到了表现。这里所说的标志性符号实际上是指它的各种具体表现要素。那么，这些独特要素是如何与已经表达事物含义的词语相一致起来的呢？他将被迫加重词语的负担，强行增加话语的含义。即使这样，他也难以确保成功。

每前进一步，这位作者都会疑惑，他是否应当坚持到最后呢？对于所取得的每一步成功，他都会庆幸自己运气好，这就像爱说俏皮话的人庆幸突然想到的词语增加了玩笑的笑料一样。但如果最终取得成功，他将大大丰富人的思想。这一思想将为每一代人带来新的面貌，给他们提供一笔可能循环增值分红的资本，而不是被一次性消费完毕的资本。以上说的是文学创作的两种方法。实际上，它们不可能完全相互排除，但它们有着明显的不同。第二种方法提供了通过形式进行物质创造的概念。为了把神秘主义者视为上帝实质的爱作为一种创造性能量，哲学家必须牢记这一方法。

那么，这种爱有没有具体对象呢？我们应当记住，一种超越层次的情感是自足的。我们可以想象一首表达爱的音乐，它表达的不是对某个具体人的爱。另一首音乐可能表达另一种爱。这里，我们有两种不同的情感氛围，两种不同的爱的芳香。但在这两种情况下，爱的品质都取决于它的本质，而不取决于它的对象。然而，人们很难想象，一种所谓效果非凡但却没有实际对象的爱是什么情形。实际上，所有的神秘主义者一致证明，正如我们需要上帝的爱一样，上帝也需要我们的爱。为什么上帝只有在爱我们的时候才需要我们呢？信守神秘主义经验的哲学家必然会得出这一结论。对于这样的哲学家来说，创造似乎类似于上帝承担了创造出创造者的使命。除了自己之外，他还必须拥有值得自己爱的对象。

如果问题只在于，作为宇宙一个角落的地球上居住的都是平凡的居民，我们将不会轻易地承认这一点。但是，正如我们前面所论述的，生命有可能驱动所有的行星围绕着恒星旋转。

无疑，根据千变万化的存在条件，这些行星围绕恒星旋转的形式也可能是变化最多的。有些可能与我们的想象相差甚远。虽然旋转形式变化多样，但它们的实质却是完全一样的，是慢慢累积起来的潜在能量在自由运动中突然得到释放；如果在充斥于整个地球的植物和动物中，我们把能够“爱”和“被爱”的人这种动物的外貌特征视为偶然，我们可能也不会轻易地承认这一点。可是，我们已经表明，人的外貌特征虽然不是上天预定好的，但也不是偶然得来的。尽管除了最终导致人类产生的进化路线以外，还存在其他的生命进化路线；尽管人类的进化还存在很多不完善的地方，我们可以说，在与实际经验紧密联系的同时，只有人类才是对地球上存在的生命现象的最好解释。最后，如果我们相信宇宙主要是由原始物质组成的，而生命是被添加给这些物质的，我们可能还是不能轻易接受这一点。相反，我们已经表明，正如我们所解释的，物质和生命是共同存在、相互依赖的。如果这样的话，什么也无法阻止哲学家按照事物的逻辑判断，接受和服从神秘主义者暗示给他的宇宙观。这一宇宙观强调的只是“爱”看得见、摸得着的一面，强调的是对“爱”的需求，以及这一创造性情感所引发的所有后果。我这里所说的后果，指的是生物的外貌特征，这一特征可以使情感得到补充。同时，我还指其他生物的外部特征。没有这一特征，这些生物也不可能出现。最后，我还指高深莫测的物质实体的外部特征，没有这一特征，生命就不可能存在。

毫无疑问，在本章的论述中，我们已经超越了我们在《创化论》中所得出的结论。我们只是想尽可能地接近事实。我们的论述最终都可以得到生物学的检验。我们认为，在得到这一检验之前，我们可以通过哲学的方法，来证明我们所得出的结果是正确的。当然，这种证明也只能属于可能性的范畴。但我们应当反复强调：哲学意义上的确定性允许程度差异的存在；它既需要直觉判断，也需要理性判断；如果直觉可以在科学的支持下得到扩展，那么，这种扩展也只是具有神秘性的直觉。我们所进行的这些论述，虽然不一定必要，但实际上却很自然地完善了我们以前做出的一些论证。假定存在一种创造性能量，这种创造性能量本身就充满了爱，而且，这种创造性能量还要求从其自身中产生一种值得爱的存在物，那么，这种创造性能量将被播撒到整个宇宙和所有动植物生存的世界。与神圣精神性相对，它的物质性只表示“被创造”和“创造”之间的区别，表示像成串的珍珠一样连在一起的各种交响乐音符与产生这些音符的情感之间的区别。这种情感是艺术家创造这些音符必不可少的条件。在所有的动植物世界中，生命冲动和原始物质是对创造性的必要补充。生命穿越了物质，被细分成各种不同的生物，而且生命自身蕴涵着强大的潜在力量。由于这些原因，生命与展示这些创造性因素的物质空间之间将最大限度地相互渗透，但真正的相互渗透还未必在我们所生活的地球上发生过。任何事物都会让人产生这样的观念，即不论什么物质，虽然它能够保证对生命的容纳，但它未必适用于促进生命冲力的发展。

人类与宇宙

原初冲动被分成了各种不同的进化路线，而不是永不分割地沿着一条路线进行到底。即使生命冲动本质所走过的路线，最终也是以耗尽其全部的努力而告终；甚至以直线运动开始的进化，最后却以循环运动告终。人类正是在这一终点上做循环运动。这就是我们要得出的结论。为了不仅凭主观猜想而把这一结论再向前推进一步，我们就应当服从神秘主义者的引导。我们只是把穿越物质并解释自己存在的生命溪流视为理所当然的事情。对于处于生命进化主线终点的人类，我们没有质问过他，除了自己本身的存在，他是否还有其他目的。现在，这一双重问题包含在了神秘性直觉所给出的答案中。人类自存在起，就注定是“爱”与“被爱”的产物，因为创造性能量就被定义为“爱”。与作为这一创造性能量本身的上帝不同，人类只能在宇宙之中形成，因而就出现了这样一个供人类存在的宇宙。

在作为宇宙一部分的地球上，或者说在整个行星系统中，人类在产生时，必须和某一个物种交织在一起。这个物种的存在还涉及众多其他物种，这些其他物种有的为人类的存在创造了条件，有的为人类的存在提供了支持，或者有的就成为多余或累赘。或许在其他星球中，同样存在完全不同的生命个体，他们也可能都是芸芸众生。他们也可能是突然之间形成的，以至于他们从一开始就是完整无缺的。在地球上，无论如何，可以解释所有其他物种存在的物种其自身就是不完整的。如果这一物种的一些代表，通过个体对整个生命过程付出的努力，没有成功地突破落后生产工具的障碍，没有成功地征服物质世界，一句话，如果他们没有成功地回归上帝，那么这一物种永远也不可能想到要完善自己这一问题。这些代表就是神秘主义者。他们为后人开辟了道路；通过自己的行为，他们向哲学家表明了生命来自哪里，它又走向何方。

人们常常不厌其烦地说，人只不过是地球表面很小的一个斑点，地球只不过是茫茫宇宙中很小的一个斑点。然而，即使从物理空间上说，人也绝不是仅仅占有所分配到的很小的空间。当他宣称“会思考的芦苇”实际上除了只是一根芦苇以外，什么也不是时，帕斯卡尔本人实际上也是非常赞同这一观点的。如果说人的躯体是意识的物质实体的话，那么躯体和意识就是协同扩展的。它包含我们所感知到的一切，它可以无限扩展，甚至延伸至触及天空中的星星。但这一庞大的实体在不断地变化，有时这一变化非常剧烈。这一变化在于它的中心部分会发生最轻微的位置移动。当然，它的中心部分占据宇宙中很小的一部分空间。这一相对恒定的内在中心实体是一直存在着的；它不仅存在着，而且在发挥着作用。通过这一实体，而且只能通过这一实体，我们才能移动庞大躯体的其他部位。由于只有行为才具有意义，由于“只有发生行为的地方，才有存在”已成为人们心照不宣的共识，所以，人们已经习惯于把意识限制在比较小的实体中，而把比较大的实体忽略掉。

而且，这一习惯似乎得到了科学的证实。它认为，外部感知是与大脑的内部活动过程相伴的“附带现象”。因此，我们对较大的实体的所有感知都被看作只是一个幻影，这一幻影借助于较小实体的存在而被具体化。我们前面已经揭示过这一形而上学理念所包含的错觉。如果较小实体组织有序的外表（为了迅速采取行动而进行的精心组织）是潜在的或理论上有可能发生的行为的中心场所，大脑的感知中枢是为后序的行为铺平道路并对这些行为进行内部规划的先锋，那么，一切事物的发生都好像人的外部感知是由大脑建立并由大脑发射到外部的。但实际情况却全然不同。我们自身实际上存在于我们感知到的一切事物中，只是我们要通过自身不断变化的各个部位来存在。一些可能发生的行为就是要通过这些部位来实施的。如果我们从这个角度来看待事物，我就不会再说，包括我们自身的躯体在内的一切都消失在宽广无垠的宇宙之中了。

的确，当人们谈论人类的渺小和宇宙的庞大时，他们在想到宇宙规模庞大无边的同时，也想到了宇宙组成成分的高度复杂性。从某种意义上说，一个人看起来非常简单，但物质世界的复杂多变却令人不可想象。即使人的肉眼可以看到的最小的物质微粒，其本身也是一个世界。那么，我们如何才能相信，后者的存在是为前者的存在服务的呢？然而，我们可能相信这一点，也必须相信这一点。当我们发现自己面临这样一种困境时：我们连续不断地清点事物组成部分的个数，但却永远也无法把它们清点完毕。问题或许在于，事物的总体本来很简单，但我们看问题的角度不对。请试着把你的手从一点移动到另一点，这时你会从动作的内部来感知手的移动。所以对你来说，它是一个完整不可分割的动作。但我从外部来感受这一移动行为，我的注意力集中在它的移动路线。所以我心里想到，你的手首先要划过移动线路间隔的第一部分，然后划过另一部分的一半，再划过剩余部分的一半，如此进行下去。我可以一直这样想一下去。我甚至可以想象，人们可以持续几个世纪，没完没了地把这些动作列举下去。在我看来，你感觉到完整不可分割的动作，实际上是可以分解成这些细小的动作的。

因此，肢体动作促进了人类这一物种的形成，或用更常用的术语说，肢体动作促进了造物主“爱”的对象的产生。但这些动作的发生也必须具备相应的条件，这些条件也有自己相应的条件，这样的条件链条将无限持续下去。也就是说，“含义的含义”是无法穷尽的。每当我们想到这些数不清的条件关系时，就会感到困惑难解，但这只是不可分割的单一事物的对立面。的确，我们把手的动作进行无限次分解的这一无穷数字，是一个纯粹虚拟的数字。不过，这些数字的虚拟性是由手的实际动作决定的。然而，宇宙的组成部分，以及这些组成部分的组成部分却都是现实存在着的：当这些组成部分是生物时，它们具有可以自由活动的本能。因此，我们不能肯定在上述两种情况下，复杂性与简单性之间的关系是完全一样的。通过这一对比，我们只是想说明，即使在无限复杂的情况下，复杂性也不是重要性的证明条件；一种简单的存在也可能要求具备一系列难以穷尽的条件。

人类的痛苦遭遇

我们可以得出这样的结论：把适合于我们的地位归结为人类，把适合于我们的意义归结为生活，一切就显得非常乐观了。不过，我们面前可以也会同时立刻展现出生活中所交织的各种苦难的幻影。从人类意识发展的最低阶段一直到完全的人类理智形成，其间人类所经历的种种艰难，可能会一一浮现出来。如果我们反驳说，在动物中，这种苦难绝不会像人类想象得那么巨大，这样的反驳没有任何意义。我们甚至不用把问题想象得严重到笛卡尔动物机器理论的程度。我们可以认为，对于没有敏捷的记忆功能的动物来说，绝大部分的痛苦都会消失不见。

它们也不会把过去的经历展延到现在；它们还不具备完全的人格特征；它们的意识也属于梦游的性质；它们所谓的愉悦和痛苦都不会像人类的苦难经历那样，产生如此深刻持久的影响和反思。我们是否把自己在梦中感受到的痛苦视为真实情形呢？即使在人类中，难道肢体感觉到的痛苦通常不是由粗心或草率行事、举止品位过分讲究、人为需求过多等造成的吗？至于道德上的痛苦，那通常都是我们自己的过错造成的。无论如何，如果我们自己的感觉不是过分敏感和剧烈，以至于到了令人恐惧的地步，道德上的痛苦实际并没有那么严重。我们越是翻来覆去地思考自己经历的痛苦，这种痛苦就越显得旷日持久，就越显得在接连不断地增加。

总之，人们要为莱布尼兹的《神正论》增加一些段落是件非常容易的事情，但人们却根本不愿意这样做。哲学家在自己的独立研究中，可能会沉浸在对这类问题的思考之中。但是，在一位刚刚痛失爱子的母亲面前，这位哲学家又如何来思考和看待这件事呢？他可能就不会再想那类问题了。痛苦是一种残酷的现实。把邪恶定义为先验性的，甚至把它的实际情形变成是较小的善，这只是一种没有根据的盲目乐观主义。但是还存在一种实证乐观主义，这种乐观主义直接表现为它注意到两种事实：首先，人类认为生活在总体上是好的，因为人类的存在要完全依赖于生活；然后，还有一种超越欢乐和痛苦的纯粹欣喜状态——这是神秘主义者的最终心理状态。从这两种观点来看，在这种双重感受中，乐观主义都应当得到认可。这一点不需要哲学家去乞求上帝给出理由。当然，人们会说，如果生活总体上是美好的，它最好就不要经历痛苦。人们还会说，痛苦不可能是由来自上帝的爱所驱使的。

人们的确无法证明痛苦是由上帝驱使的。我们已经指出：从一个方面来看，包括痛苦在内，表面上似乎无限多样的事物，从另一个方面来看，可能就是一个不可分割的简单行为。因此，清除其中的一部分，则意味着把整个行为全部清除掉。现在人们也许会提出，事物在整体上可能是完全不同的。在这一事物的整体中，没有为痛苦留出存在的余地。因此，人们又提出，虽然生活是美好的，但它有可能会更好。这样，人们就可以得出结论，如果的确存在一种原则，如果这一原则就是爱，那么这种爱也不是万能的，那么它就不是上帝。问题就出在这里。“万能”到底意味着什么呢？我们已经表明：“无”这一观念就等同于“方形的圆”这一观念；当我们对它进行分析时，它就会消失不见，只留下一个空洞的词；总之，这是一个伪观念。如果“一切”这一名称不仅命名给实际存在的全部事物，而且命名给全部的可能性，那么我们根据“无”这一观念得出的结论也同样适用于“一切”这一观念吗？当我听到实际存在的事物的全部这一概念时，我脑子里会立刻浮现出某种相应的观念，但在根本不存在的全部这一概念面前，我只能看到一连串空洞的词。

因此，这里给出的反驳理由又是建立在某种伪观念之上的，这只是一种口头上的实体。但我们还可以更进一步思考：这一反驳意见产生于一系列完整的争论之中，这些争论表示方法上存在的明显缺陷。某种代表性观念是已经确立的先验假设。人们理所当然地认为这是关于上帝的观念。由此，人们推断出世界应当显示出的特征。如果世界实际上并没有显示出这些特征，我们就会被告知，上帝不存在。那么，谁能认识不到，如果哲学是经验和理性判断的结果，它就必须遵循相反的方法，质问经验：关于上帝，经验到底能传授给我们什么，这里所说的上帝，在超越人类意识的同时，超越了人类可触摸到的一切客观现实；它就必须根据经验提供的事实材料做出判断，从而领会上帝的本质？上帝的本质因而将会出现于我们因相信上帝的存在而做出的理性判断中。我们将不再从关于上帝本质的一些随意性概念中，来推断上帝是存在的，还是不存在的。如果我们可以就这一点达成一致，人们在谈到上帝万能时，就不会存在反对意见了。我们发现这些神秘主义者使用过这样的表达方式，我们将向他们求教关于上帝的经验。他们这样表达，显然意味着，上帝的经验是一种超越一切限制的力量，是一种超越一切想象的创造能力，是一种超越一切的“爱”的能力。他们当然不是要形成某个封闭的概念，不是给上帝下一种定义，按照这种定义，人们可以得出世界像什么或者世界应该像什么的结论。

人类的生存

同样的方法也适用于一切有关来世的问题。对于柏拉图来说，他可以给灵魂提供一个先验性的解释：灵魂由于简单而无法被分解；由于无法被分解，它就不会被腐蚀；灵魂的本质决定了它是不朽的。这一推理过程，把我们引向灵魂最后落入时间之流这一观念，由此，它又把我们引向回归永恒的观念。但是，我们如何回答对上述解释持否定态度的人呢？当整个解释不过是对于某种可能毫无根据的灵魂概念做出的简单思考时，或至多是根据这个词的通常定义做出的思考判断时（社会已经把这个通常定义镌刻在某一现实的碎片上。之所以把现实分解成无数的碎片，是为了人们表述的方便）时，那么，这些触及真正的灵魂、其真正根源和真正命运的问题，如何根据客观现实来得到解决呢？甚至说，这些问题如何按照社会现实来进行断定呢？

与这一定义本身的随意性一样，这一结论的确定性也是无效的。尽管对于柏拉图所提出的概念，人们已经进行了两千多年的思考，但它没有帮助我们把关于灵魂方面的知识向前推进一步。这一概念和三角形的概念一样完整和圆满，而且，它们如此完整和圆满的理由也是一样的。我们怎能不会想到，如果确实存在灵魂的问题，那么人们就必须根据过往的经验来对它进行判定，它就必须按照经验来不断地得到解决？当然，它得到的这种解决始终是部分性的。我们将不再转回到以前关于这一主题的论述了。我们只回顾一下，通过感官和知觉意识，我们对正常现象和病态所进行的观察，曾向我们揭示：生理学对记忆的解释是不充分的，把记忆的保持简单地归结为大脑的功能也是不可能成立的；另外，存在对记忆的一系列解释进行逐步跟踪的可能性。这种跟踪，可以从记忆的大门收缩到只允许当前行为最需要的事物进入那一刻开始，一直持续到在更深远的层面上，记忆的大门展开一幅发生在过去的一切事物不可磨灭印记的全景画面这一时刻为止。

我们曾形象地比喻说，我们这样做就类似于从某一高大的圆锥体的顶点一直跟踪到它的底部。只有在圆锥体的最高点上，它才真正耸入苍穹，它才真正嵌入实质。当离开这一最高点的时候，我们就进入了一个新领域。这是一个什么领域呢？我们可以称这为精神领域，或者如果自己愿意，也可称之为灵魂。但在这种情况下，我们一定记住对语言进行改造，使词语的意思包含一些经验成分，而不是一些随意性说明或定义。这一实验性探究将表明灵魂存在的可能性或概率。因为即使在下界，我们也将会观察到某种独立于躯体之外的东西。实际上我们也对此有过感知，这只是这种独立性的一方面表现。我们还不完全了解来世的情况，尤其是它的持续时间间隔的长短：它是一时性的，还是永久性的呢？但我们至少应该发现经验可以掌握和支配的情况，这样我们就可以获得一种无可争议的确定性，我们的知识也将会在未来的时间里得到进步。

对于我们所说的较低层次的经验，我们就讨论到这里。现在我们集中讨论较高层次的经验。我们将看到另一种类型的经验，即神秘性直觉经验。这种经验或许可以分享神的本质。那么，这两种经验有没有可能相遇呢？来世对于我们的灵魂来说，显然是确定无疑的，因为有这样的简单事实存在，即纵使在下界，它的大部分活动也是独立于躯体之外的；还存在着另一种生活，对这种生活来说，即使在下界，某些特许的灵魂也已经插入其中了。那么，来世是否等同于这样一种生活呢？只有通过坚持不懈地对这两种经验进行更为深入的研究，我们才有可能说出答案。这必将是一个开放性问题。而且，对于这一问题，我们已经有所了解、有所收获了。就其本质方面来说，我们已经掌握了一些非常可能的情况。条件具备时，这些情况会由可能性转变成确定性；就其他方面来说，对于有关灵魂和命运的知识，我们也会不断地取得新的进步。

的确，最初的时候，这种解决问题的方法将不会使正在论战的两方之间的任何一方满意。两方正在围绕灵魂的先验定义问题争论得不可开交：一方持明确肯定的态度，另一方则持断然否定的态度。持否定态度的人将无视摆在他们面前的经验，继续坚持他们的否定立场，他们相信自己面临的还是同样的问题。他们持否定态度的理由是，他们拒绝把某种毫无根据的心理解释确立为已经存在的现实。持肯定态度的人只是藐视那些被公认为暂时性、有待改进的观念。他们在这些观念中，只看重自己提出的论题。他们自己提出的论题实际上也有不少缺陷，甚至是贫乏的、缺少说服力的。他们要经过相当长的一段时间，才能认识到，正如他们对论题的表述与现行的语言要求存在一定的差距一样，他们对论题的总结和概括，同样是有待改进的。社会在涉及灵魂问题时，无疑也会服从某些内在经验给出的建议。但是，像创造其他词语一样，它只是为了便于使用，才创造了灵魂这个词。社会用灵魂这个词来表示某种区别于躯体的东西。两者之间的区别越明显，创造这个词的目的就越能更好地被体现出来。那么，当灵魂的品质被视为对作为实质的躯体品质的完全否定时，它们之间的区别就达到了极限。这就是哲学家经常通过语言，从社会中获得的既有观念。

正因为它追寻到了事物的终极层面，它似乎代表了精神的最高点。但这里所说的事物只能是“虚无”。人们不可能从“虚无”之中抽象概括出任何本质。关于这样一个灵魂的知识，当然也是无法得到扩展的。它在受到来自与之对立的哲学的首次撞击时，也只能发出空洞的声音了。我们最好转回到我们起初产生的不甚明了的知觉暗示中。我们最好对这些暗示进行深入探究和跟踪，直到我们获得一种清晰的直觉为止，这就是我们提倡和推荐的研究方法。同样，它也无法令双方都满意。使用这一方法所带来的危险，类似于人被裹胁到树皮与树干之间时感到的痛苦和折磨。这也没关系。当新流出的树液充满整个树干时，树皮自然会发生膨胀和开裂。那种被裹胁的感觉便会被一种突然获得释放的愉悦所取代。

第四章　结语：机械化与神秘主义

封闭式社会与开放式社会

我们上述分析所产生的结果之一是，在社会领域中，我们对封闭式社会和开放式社会进行了严格区分。封闭式社会的个体成员能紧密团结在一起，对其他的人类社会群体的事务毫不在意。他们随时警惕着来自外界的侵犯，随时准备进行攻击和防御。实际上，他们处于永久性的作战准备状态。这就是刚刚摆脱自然束缚的人类社会的存在状况。对于这样的社会，人类的产生就如同蚁山上蚂蚁的产生一样。但是，我们也不要过分夸大这一比喻的效果。我应当注意到，正如人类社会位于两大动物进化路线的一端一样，膜翅类昆虫群体则位于这两大动物进化路线的另一端。因此，从这个意义上说，人类社会和膜翅类昆虫群体是相互对等的。的确，膜翅类昆虫社会是顽固不化的，而人类社会则是发展变化的；前者服从于本能，而后者则服从于理智。

但是，既然自然使人类具有了理智，如果说她以同样的原因，也赋予人类一定程度上选择社会组织类型的自由的话，那么，在任何情况下，她都会规定，人类应当在社会之中生存。一种朝着固定方向前进的力量把全体社会成员的意志集中到同一个目标上，从而确保社会团体的凝聚力。这一力量对于心灵来说，就如同人体感觉到的地球引力。这种力量就是道德义务。我们已经表明，在一个日益开放的社会，这种道德义务范围可能得到扩展。但我们也表明，道德义务是针对封闭式社会而产生的。我们同样表明，封闭式社会应当如何生存、如何抵制理智的各种消解作用，以及如何通过产生于神话创造功能的宗教，保持必不可少的生存信念，并把这一信念传递给它的每个社会成员。因此，宗教和义务是封闭式社会的根本实质。我们称这种宗教为静态宗教，而这种义务则等同于生存压力。

通过简单的拓宽，我们永远也不可能从封闭式社会过渡到开放式社会，从一个城市的民众过渡到人类。两者之间存在着本质的不同。人们认为，原则上讲，开放式社会应当包含整个人类社会，这种开放式社会是选民的灵魂中不时产生的梦想。在任何场合下，它都包含某些内在的创造性因素。每一个这样的创造性因素，都可以通过人类一定程度的变革，来克服迄今为止尚无法解决的各种困难。但是，每一次创新和变革以后，这扇暂时打开的大门将被重新关闭起来。但部分新的要素已经流入到旧的社会模式之中，个人愿望已经变成社会压力，义务则包含所有这一切。那么，这些进步是否总是发生在同一个方向呢？每当我们一致认为，它们的确在进步时，我们都会理所当然地认为，它们进步的方向是一致的。因为，每一次这样的进步都被定义为向前迈进了一步，但这不可能只是一个比喻。如果确实有一个预先存在的方向供人类沿着向前发展，那么，道德革新就应该是可以预见的。那么，人类就没有必要每一次创新时，都付出如此巨大的努力了。

实际情况是，最新阶段的革新始终是可能的；对这一革新进行解释并说其他的革新或多或少也包含这一解释的内容也始终是可能的；说所有这些最终都能促进或引发这一革新，也同样始终是可能的。但是，事物的这些形式只有在人们的回顾和追忆中才能呈现出来。事物的变化总是表现在量的方面，而不是质的方面。这些变化只能预示和说明人们的一切期待。然而，在一个方面，这些变化有共同之处。这一方面的共同之处是指它们本身的内在相似性，而不是仅仅通过概念性解释而表示出来的。这一共同之处就是，他们都致力于把封闭的社会打开。每一次，在经过最后一次开放后又自动关闭起来的社会团体，都被重新带回到人类当中。我们可以进一步探讨，严格说来，这些连续不断的努力，并不是对某一理想的逐步实现。因为，任何一种已经形成的观念都不可能表现一系列的累积和增长。每一次这样的累积和增长本身都可以创造自己的观念。然而，这些各种各样的努力最终都可以归结为同一个目标：生命冲力。这种生命冲力在封闭式社会中已经消耗殆尽了，它已经无法把物质世界推向前进。但是，这一生命冲力后来注定会在其原来所处的种群以外，被一些特许的个体发现并捕捉到。

这一冲力借助某些人的中介作用向前推进。每一个这样的人便构成一个物种，不过这个物种只有这一个人组成。如果这个人能够完全意识到这一点，如果环绕在他的理智周围的这一小部分直觉能够被充分地扩展到包含它的最终目标，那么，它的这一最终目标就是神秘性生活。这样产生的动态宗教正好与产生于神话创造功能的静态宗教相对立。这完全类似于开放式社会与封闭式社会之间的对立关系。正如新的道德愿望只能从封闭式社会中借鉴义务这一自然形式才能形成，动态宗教也只能通过神话创造功能提供的符号和图形才可以得到扩散和传播。我们没有必要对这些问题全部进行回顾。我只是想强调我们对开放式社会与封闭式社会之间的区别进行的讨论。

当我们集中论述二者之间的区分问题时，我们也许会感觉到一些重大问题似乎消失不见了，其他的一些问题也呈现出了新的形式。不论我们对宗教持赞同还是质疑的态度，我们是否总是对宗教的具体特征加以考虑呢？我们可以珍视或拒斥一段对于引发或传播某种情感非常必要的经历。但是，宗教实际上就是这样一种情感。我们讨论它所确立的定义以及它所提出的理论。它实际上是利用了形而上学的方法使自己具有了实际本质。但它也可以突然间呈现出某种不同的具体形式，或者它什么形式也不呈现出来。如果人们相信通过简单的扩展和提高过程，就有可能从静态宗教过渡到动态宗教，从外在表现或具有一些真理印记的假象过渡到直觉，这是非常错误的。事物本身的错误有时是它的表达方式或象征符号造成的，这是纯粹理智主义经常犯的错误。同样，当我们从宗教过渡到道德时，也可能会发现类似的错误。有一种静态道德实际存在于社会的某一特定时刻。它已经根植于社会的习惯、观念和制度中。其义务性特征可以追溯到自然对于人类的普遍生活提出的要求。

另外，还存在一种动态道德。这就是生命冲力，它与人的普遍生活有关，它是由创造社会需求的自然创造的。第一种义务，作为一种压力，属于较低级的理性。而第二种义务，作为一种愿望，属于超级理性。但是，理智作为一种障碍介入两者之间，它将探寻这两种道德准则的动机或者说探寻其理性内涵。

由于理智具有系统化特征，它认为问题的根源在于如何把所有的道德动机简化为一种道德准则。如果这样的话，它就可以随意选择自己喜欢的一种道德准则了。普遍兴趣、个人兴趣、自爱、同情、怜悯、逻辑一致性等行为原则都可以演绎出某种被人们普遍接受的道德准则。的确，这一演绎过程如此简单，而所得到的结果又如此接近道德准则的本质特征，以至于我们可能有时对其真实性产生怀疑，甚至有时产生一种提防或戒备心理。如果人们可以从如此变化多样的原则中，通过不同的推理方法演绎出几乎完全相同的行为准则，那或许是因为，没有一种原则可以被分解成它的各种具体特征。

哲学家要到社会环境中去搜寻他的猎物。在这种社会环境中，一切事物都是相互交织、相互渗透的；在这种社会环境中，利己主义和浮华虚荣中渗透着社会交际性。如果他在每一个原则中，又一次遭遇到自己曾经搁置或留存在那里的道德准则的话，这也绝不是什么令人感到稀奇的事情。但他并没有对道德准则本身做出解释，因为他首先必须对社会生活进行深入的研究和探讨；因为这种研究和探讨是自然要求人们必须遵守的准则；因为他必须对作为普遍生活创造性本身的自然进行更加深入的研究和探讨。通过这些研究和探讨，他将深入到道德的本质根源，这也使他避免对纯理性主义哲学进行研究。后者只能提供一些建议和实证性原因。我们可以非常自由地就这些建议和原因，与其他方面的建议和原因的合理性开展针锋相对的论争。实际上，这类哲学家总是在表明：他确定为一种原则的动机在合理性方面胜过其他的动机；不同动机之间的价值是存在差异的；存在一种普遍的理想原则，这一理想原则可以用做对客观现实进行评估的参照。这样，这类哲学家就使自己的理论主张得到了柏拉图理念论的庇护。“善的理念”将统领和主宰所有其他理念：显然，人们可以宣称，行为的原因应当依据“善的理念”，按照功德的大小进行排列。最接近“善的理念”的当然就是最好的。那么，对“善”的吸引力就表现在义务原则上。

但是，这样一来，最大的困难就是，我们根据什么来认识到哪种行为更接近理想的“善”，哪种行为距离它更远。如果我们已经明确知道了这一认识和判断标准，这就意味着我们已经抓住了问题的实质。那么，我们就没有必要再来讨论“善的理念”了。同样困难的是，我们要解释：相关的理想原则是如何产生出强制性义务的，尤其是如何产生出最严格的义务的。这种义务与原始、封闭社会中的习惯密切相关。实际上，除非某种理想原则已经变得十分活跃，否则的话，它是无法变成义务的。在这种情况下，对义务的形成发挥真正作用的，不是这一理想原则中所包含的理念，而是它所包含的实际行为。或者说，只有我们给予这一实际行为可能产生的最终结果的名称，才是正在推动我们前进的真正力量。我们或许感觉到这一行为在持续不断地进行。我们给予这一最终结果的名称，实际上也就是给予这一运动行为的终点的名称。当然，这一终点也是我们假定的。

在一切理论的根源之处，我们都会发现两种错觉或假象。我们已经对这两种错觉或假象进行了反复的驳斥。第一种假象十分常见，它存在于运动这一概念之中。这一概念把运动视为运动物体不同位置之间距离的不断缩小。这一运动物体被视为静止不动，它的运动终点也同样是静止不动的。人们却认为物体到达了它的终点。这里，位置的概念只不过是人脑对整个运动过程产生的简单印象。由此得知，人们要重置或恢复已经发生的运动过程是绝对不可能的。也就是说，在这种情况下，重置或恢复过往经历的愿望或压力就直接或间接地构成了义务。第二种错觉或假象更多地涉及生命进化。由于我们注意到了道德不断丰富和完善的过程，我们往往倾向于认为，不可能存在一种与人类的产生同时出现的原始的、不可约束的道德。然而，实际上我们必须认定，这一原初道德是和人类同时产生的。我们还要承认，在最初的时候，存在着一种封闭式社会。

自然的永恒存在

封闭式社会与开放式社会之间的区分，对于解决或消除一些理论问题是十分必要的。那么，它对于我们解决实际问题是否会有所帮助呢？如果在封闭式社会的构建中，它总是在每一次短暂的开放以后，都再次自动封闭起来，它对于我们解决实际问题就不会有任何帮助。这时，不论我们多么不知疲倦地追寻过去的经历，我们都无法回到原始状态中。自然将成为我们后天获得性经历的简单巩固。但是，正如我们曾经说过的，实际情况却完全不同。实际上，确实存在着一种原始自然，也确实存在着人们后天获得的经历。当这些经历与原始自然遭遇时，它们会对原始自然进行模仿，却不会与它融为一体。这样一步步对过去进行追溯，我们将重新回到原始的封闭式社会。这一封闭式社会的总体规划与人类的生存方式或结构相适应，这类似于蚁山要与蚁群的存在方式相适应。两者之间的区别在于：

对于蚁山来说，蚁群的社会组织形式实际上事先已经被详细规定好了；而对人类来说，只存在一些社会组织形式的大致轮廓和一些发展方向。在其他方面，由自然预示为每个人迅速提供合适的社会环境就足够了。

如果关于上述群体生存规划知识方面的一些特点都已经被其他特点驱逐或代替了，那么，毫无疑问，这种知识在今天只能作为一种历史兴趣来探讨了。但是自然却是不可毁灭的，也是不可能被驱逐或代替的。法国诗人这样的描述是错误的："赶走了一个自然，她又回到另一个同样的自然。"人不可能把自然从自己身边赶走，自然会永恒地存在，自然会永远与人类相伴。我们曾经思考过获得性特征的传播问题，一种习惯绝对不可能永久性地流传下去。如果这类事情确实发生的话，那是由多种有利条件的巧合造成的，这些条件的巧合纯粹是偶然性的。所以，这样的情况也当然不会再次出现，更不会被嵌入到人类的习惯之中。人们在道德方面的获得通常被积存在习惯、制度、甚至语言之中，然后在连续不断的教育过程中，得到传播和普及。正因为如此，人们世代相传的习惯最终被看成了世袭性的或遗传性的。但是，通常情况下，所有的事物都会协力促成一种错误解释，比如，被误导的自豪感、表面化的乐观主义、对进步真正本质的错误认识，最后还有，当然也是最重要的，内在趋向与获得性习惯之间的矛盾和困惑。这种内在趋向实际上是父母遗传给子女的，获得性习惯经常被移植或嫁接到内在趋向之中。

但毫无疑问，这一错误认识已经影响了实证科学。尽管要求用来支持它的事实材料数量少，而且有的还存有疑问，但实证科学可以根据常识来接受这一错误认识。而且，实证科学可以通过自己无可置疑的权威，来强化这一错误认识，然后再把它回馈给常识。关于这一点，最有启发意义的是赫伯特·斯宾塞的生物学和心理学论著。他的著作几乎完全是根据获得性特征的遗传写成的。在其著作流行时期，这种观念也渗透到了科学家们的进化学说中。但在斯宾塞这里，这一观念只不过是他在早期著作中，对社会进化理论进行的一种理论化概括和总结。他的兴趣最初完全集中在社会问题的研究上，只是到了后来，他才开始研究生命现象。因此，认为自己从生物学当中借用了获得性遗传观念的社会学，实际上只是把自己已经借出的东西再索要回来。虽然这一未经证实的哲学理论在其通往科学的道路上，呈现出借用科学承诺的姿态，但它仍然还只是一门哲学，而且它比过去任何时候都显得更加无法得到证实。因此，我们还应当坚持相信已经得到证实的事实，坚持相信这些事实所暗示出来的可能性。按照我们的观点，如果我们把今天的人类通过持续不断的接受教育而获得的文明特征完全排除掉的话，人们会发现他与他的远古祖先没有什么两样，或几乎完全等同于他的远古祖先。①

---

① 我们说，他“几乎”完全等同于他的远古祖先，因为我们必须考虑到生物在其祖先提供的进化主线上似乎表现出的种种变异。但这些变异都是偶然发生的，而且它们发生的时候也没有固定的方向。这些变异无法随着时间的流逝而聚集起来，从而使物种的本质发生改变。关于获得性特征遗传理论，以及某些生物学家根据这一理论发现的进化主义理论，请参考《创化论》第一章。

我们可以补充一点，正如我们曾经论述过的，最后以人类这一物种告终的跨越式突变可能已经在时间和空间的一个节点被尝试过，而且只获得了部分的成功，从而产生了我们可以称之为“人类”的这一物种，但它未必是今天的人类的祖先。

那么，我们从上面的论述可以得出什么结论呢？既然人类的内在倾向已经稳固地在其内心深处保持下来了，这就必然要求道德家和社会学家来考虑和研究这些内在倾向。的确，可能只有少数人被要求对其进行研究。他们的研究首先应当深入到获得性经验层面以下，然后深入到自然层面以下，最后再转回到生命冲动的研究上来。如果我们可以对这种研究和努力进行总结概括的话，生命冲动的发展将不应当突然中止在人类这一物种上，也不应当像被一堵高墙挡住了去路而最终停止在封闭式社会里。一种同样存在的事实是，这些特许的道德家和社会学家会非常高兴地吸引人类模仿和追随他们。由于他们不可能把自己内心状况的最深层元素传达给整个世界，他们只好把自己的内心状况移植到表层。他们试图把动态的内心世界转变成一种静态的心理状况，以便社会可以通过教育来接受和巩固它。但他们只能在考虑到自然因素的方面取得成功。

人类不可能从总体上让自然驯服于自己的意志，但人类可以设法绕过自然。只有当人类对自然的总体结构有所了解时，他才有可能绕过自然。如果这要求我们对心理学进行普遍研究的话，这就是一项非常艰难的任务。但是，我们这里只需要研究它的某个特定方面，即研究被预设某种社会形式的情况下，人类的本质特征。我们已经表明，仿佛有一种自发的人类社会被预示给我们，而且自然特意事先向我们提供了有关这一自发的人类社会图式，同时使我们的理智和意志完全自由地向这个方向努力。在理性和自由活动的领域，这一模糊不清且有待完备的图式，对应于本能领域中，位于生物进化另一端的蚁山或蜂房清晰明了的群体组织设计。因此，我们所做的一切，只不过是重新回到生命进化最简单的原初设计中。

自然社会的特征

但当获得性经验已经覆盖原有的自然经验时，我们又如何找到这些最简单的原初设计呢？如果要求我们必须提供一种切实可行的研究方法，这会让我们对回应这一要求感到不知所措。实际情况是，我们也不得不摸索着前进，我们也要进行各种尝试，要系统地进行复核，要同时采取几种方法。我们所采取的这些方法也只能为我们提供一些可能性或概率。通过这些可能性的相互交错，我们获得的结果会相互中和、相互强化，最终得到修改和验证。因此，我们应该研究和考虑“原始民族”，而且不要忘记，在“原始民族”中同样有一层获得性经验覆盖了自然经验，只不过这一层获得性经验比我们文明人的获得性经验厚度要浅一些。我们还要对儿童进行观察和研究，但同时不要忘记，自然已经事先考虑到各个年龄层次的人的不同情况。儿童的本质未必完全等同于人类本质。最重要的是，儿童具有很强的模仿能力。我们看起来是本能的东西，经常不知不觉地成了儿童效仿的对象，从而对他们产生影响和教育效果。但是主要的信息来源还应是人类对过去的回顾和追忆。我们应当探寻社会性和非社会性的基本原则。如果已经存在的社会尚未赋予我们适应这一社会的习惯和内在倾向，那么我们的知觉意识就可以感知到这一基本原则。除了极少数特殊情况或在瞬间内，我们才可能很少再觉察到这一原则层面。我们必须重新捕捉到这个瞬间的洞见，并服从和坚持这一洞见。

我们首先说，人类的原初设计就是为了适应小的社会群体形式而存在的。而且，一般情况下，人们普遍认为，原始群体的规模都是很小的。但是，我们必须补充一点，人的原始心理状态潜伏在习惯下面而被保留下来了。实际上，如果这些原始心理状态没有被保留下来，也就不会有文明的产生。虽然被驱使到内在层面，而且也失去了原有的力量，但这种原始心理状态继续生存在人的心灵深处。如果说它的作用已经无力决定人的行为，但它可能通过语言来表现自己的作用。在一个较大的国家，某些地区可能被管理得相当不错，从而得到多数人的满意认可。但是，这些地区的民众感到如此满意以至于一致拍手叫好的政府在哪里呢？当民众们说这个地区被管理得不比其他地区差时，他们认为，这就是对政府足够的赞赏了。甚至说这些地区被管理得最好，也只是从这一意义上来说的。这里，实际上隐含着一种固有的不满。事实上，对于管理一个大的种族的艺术来说，绝对不会存在相应的技术培训或有效的教育措施。尤其是当一个人位于最高领导岗位时，更是如此。具有一定才能的政治领导人极度缺乏的原因在于，他们要随时应对一些棘手问题，并做出具体决策。这些问题对于规模不断扩张的社会来说，几乎是无法解决的。研究一下一些现代化大国的历史，人们会发现，在这些国家的各行各业中，有众多伟大的科学家、艺术家、军事家和其他方面的专家，但杰出的政治领袖又有多少呢？

然而，为人类设定小规模社会群体的自然，却为这些小型社会群体预留出了扩张和膨胀的出口。因为她也为人类预定了战争，或者说她至少为人类制造了不可避免要发生战争的生存条件。这样，战争的威胁使一些小型社会群体团结起来抵御来自共同敌人的威胁。的确，这样的联盟很少能够维持长久。无论如何，这种联盟促进了与某一单独的社会群体处于相同规模等级的社会群体之间的集中与联合。从另一个意义上说，战争还是帝国产生的根源。帝国的产生是大国对小国征服的结果。即使战争在最初阶段不是征服性的，但它最终会变成一种征服。因为获胜的一方会发现，对他们来说，占领被征服者的土地，劫掠被征服国家的人口太方便了；他们甚至可能通过对被征服者进行奴役而获利。古代的东方大帝国都是这样建立起来的。由于各种因素的影响，这些帝国最后都走向了衰落。但实际上，真正导致衰落的原因在于，这些帝国都太过庞大了，它们在管理起来就显得笨拙，显得非常缺乏灵活性，因而无法长久存在下去。

当获胜者给予被征服者一种表面上的独立性时，这种稍显宽容的国家组织形式就可以维持得长久一些。罗马帝国就见证了这种情形。但是，毫无疑问，人类的原始本能还照样存在，它在不断地对规模日益庞大的社会群体组织起拆解作用。如果任其发展，一个社会的政治架构就会趋于坍塌。正是由于这一原因，封建制度在不同的国家，由于不同条件和不同事件的促成作用，而最终形成。这些国家形成封建制度唯一的共同因素是，它们都存在一种抑制力量。这一抑制力量的作用是防止社会走向解体，但社会的解体最后还是自动发生了。如果说现代时期，大国可以稳固地建设和发展自己的国家的话，这是因为，古代帝国用于防止国家解体的抑制和约束力量，已经逐渐让位于产生于组合在一起的基本社会群体中心的一种一致性原则。

古代帝国的抑制和约束力量是产生于外部和整个国家综合体之上的一种凝聚力量。而现代大国的一致性原则却产生于威胁国家统一的破坏性力量的中心地带。对于这种破坏性力量，必须有一种相反的抵抗力量与之抗衡。这里所说的一致性原则就是一种与之抗衡的力量。这种一致性原则是唯一可以对破坏国家统一的趋向发挥中和、消解作用的力量，这一力量就是国民的爱国主义精神。古人也深知爱国主义的重要作用，他们都深爱自己的国家。古代一位诗人曾经说，为自己的祖国而死，是一件甜蜜的事情。但是，古人对城市国家的这种依恋之情远远不能等同于爱国主义。作为一个团体，古代城市国家忠诚于在战争中为它提供保佑和支持的战神。而爱国主义既指一种爱好和平的德行，又指一种好战伦理；它可能带有一些神秘主义色彩；它也可能没有考虑任何宗教方面的因素；它可以超越某一大国的疆域，并唤醒一个民族的崛起；它也可以吸引和凝聚最美好的心灵；它渐渐地、虔诚地从人类的记忆和期望中散发出来，从人的诗意和爱情中萌生出来，像刚刚从花蕊里采撷的蜜露，弥漫着天下一切道德魅力的淡淡芳香。

那么，刚刚摆脱自然束缚的人类社会的组织形式是什么样子的呢？实际上，人类社会很可能开始于分散和独立的家庭组织，但这些家庭组织只能是人类社会组织形式的胚芽状态。就像博物学家不能仅仅通过研究植物的胚芽来研究物种的习性一样，哲学家也不能仅仅通过研究这些最初的家庭组织来研究社会生活的基本趋向。我们必须研究完整的社会。也就是说，我们所研究的社会团体应当具有自我防卫能力。不论这个社会团体规模多么小，它都应当能够被组织起来应对外来战争。那么，从这个意义上说，它的政府的自然组织形式又是什么样子的呢？如果我们不是把下面的词语用于野蛮人的政府组织状态，从而亵渎了这些希腊词语的话，我们就应该说，这种政府的自然组织形式应当采用君主制或寡头制。或许两者兼而有之。在初期阶段，这两种政府组织形式没有什么区别：两者都必须有一位最高长官。所有的社区都应当有一位享有特权的人，这位享有特权的人从长官那里获得授权，充当社区的管理者。或者说，他也授权长官作为整个集团或国家的管理者。或者，正如他通常所做的，他直接从某种超越性力量中获得授权。在这样的组织形式中，一方面，存在着绝对权威；另一方面，也存在着绝对的服从。我们已经强调过多次，人类社会和膜翅类昆虫社会分别位于两大生物进化路线的终点上。上帝禁止两者合并到一起；人类是理性的、自由的。但是我们必须始终牢记：就像蜜蜂群体的组织形式一样，社会生活是人类组织形式方案中的一个重要组成部分；它是一个非常必要的组成部分；自然不会完全依赖我们的自由意志；因此，自然应当保证，一个或几个精英分子应当向其他成员发布命令，而所有其他成员都应当服从这些精英分子的命令。

在昆虫世界，群体功能的多样性与群体组织形式的差异性密切相关。昆虫的群体组织形式是“多态性”的。那么，我们是否可以说，人类社会的组织形式是“二态性”的呢？当然，人类社会组织形式的“二态性”不像昆虫世界那样，既表现在生理方面，也表现在心理方面；人类社会组织形式的“二态性”只表现在心理方面。我们同意人类社会组织形式“二态性”这一说法。不过，我们必须明白，这种“二态性”并没有把人类硬性区分为两大固定不变的类别：天生的领导者和天生的被领导者。尼采的错误就在于，他坚信人类应当这样被区分为两大类别，即“奴隶”和“主人”。事实上，这种“二态性”划分方法通常使我们每个人既成为一名具有控制和管理天才的领导者，又成为一名愿意服从指挥的被领导者。不过，第二种倾向，即愿意服从指挥，一般占主导地位，致使绝大多数人仅仅明显地表现出这一种倾向。

人类社会组织形式的“二态性”，在某种程度上可以与昆虫的群体组织形式相比较。因为所谓“二态性”就是指两种组织形式、两种不可分割的品质系统（在道德家的眼里，这些形式或系统是存在缺陷的）。我们在选择某种品质系统时，不像染上某种习惯那样，要经历一个循序渐进的过程，而是同自然的二态性发生时的情形一样。这也类似于生物胚胎在两性之间做出选择的瞬间情形，突然间冒出一支“万花筒”。在革命爆发的时刻，我们可以对人类组织形式的这种选择情形有清晰的认知和想象。一直到这一刻，一向卑微驯服的谦谦市民，这一天终于觉醒了。他们大胆地主张权利，要求成为人类的领导者。这只形态稳定的万花筒，突然转动了一个等级。这时我们再看一下万花筒内的五彩世界，与刚才的样子完全不一样了！这一改变有时会产生良好效果：它可以产生伟大的活动家。他们自己也未曾意识到自己的真正才能，但这也常常是一件不幸的事情。表面上看起来诚实、温和的人，其内心深处可能喷发出残暴的本性。这是一位政治上失意的领导者的通常表现。这里，我们可看到人类这种“政治性动物”的本质特征。

但我们还不至于说，残暴是蛰伏在我们中间的具有领导才能之人的一种本性。有一点是肯定的，如果说自然必定为人类提供领导者的话，这个可以在片刻内毁灭一切个体生物，创造一个新的生物物种的自然，必定会驱使一些领导者变得残酷无情。人类的整个发展历史见证了这一切。那些肆无忌惮地残酷下令对人进行痛苦折磨，然后再令人难以置信地进行集体屠杀的暴君，还要把他们的血腥记录镌刻在石碑上，流传后世。人们也可能争论说，这都是发生在遥远古代的事情了。如果说血腥的形式已经发生了变化，如果说基督教已经结束了一些暴行，或者至少做到不再把残忍施暴这类事情作为炫耀的资本，那么，对于玩弄政治来说，谋杀虽然不一定是最主要的手段，但通常是最基本的手段。毫无疑问，这类恶行只能归罪于自然和人类。因为自然既没有对实施这类恶行的人采取关押手段，也没有对他们采取流放手段，她只知道对他们判处死刑。我们可以回顾一下一段往事。

我们曾经碰巧遇到一些来自遥远异邦的杰出人士。他们的穿着和打扮和我们没什么两样，同样也说法语；他们十分善良友好地往来于我们中间。但是，不久以后，我们从一份报纸上获悉，这些人刚一回到自己的国家，刚一回到各自所依附的敌对党派中，他们中的一位便动用全部的司法手段，把另一位绞杀了。他这样做的原因只是为了除掉自己可怕的竞争对手。报纸上这则新闻的旁边还附上了这位对手被处死的绞刑架的画面。在这个世界上，有多少所谓成功的政客在众目睽睽之下，进行着半赤裸地角逐和争斗啊！这真是太可怕了！本来都是受过文明教化的人，但是人类原初的政治本能已经把这些文明教化给吹得烟消云散了。因而，裸露出来的只是位于最底层的自然本性了。自认为能够依法量刑的人，在惩处罪犯时，甚至会走向另一个极端，为了政治的权宜之计，而杀害无辜者。同样，在蜜蜂群体中，当工蜂认为雄蜂对于群体的存在已经失去作用时，它们就会把它残忍地杀死。

现在我们先搁置一下领导者的残酷本性这一问题，讨论一下统治者和被统治者各自的心态。在已经得到一定发展，但还没有对“原有的自然社会”进行重大改变的社会，社会群体之间的界限更加明确，统治者和被统治者的心态表现得也更明确。统治阶层往往在漫长的历史过程中通过各种不同的方式进行招募和选拔。如果存在国王的话，他的招募和选拔也是如此。但无一例外的是，统治阶级总认为自己属于某一优越种族。这一点没有什么值得大惊小怪的。如果我们对于社会性的人的“二态性”不了解，更令我们感到吃惊的可能是，人们自己可能就认可统治阶层的这种内在的优越感。毫无疑问，统治阶层的寡头们也在有意促成这样一种心态。如果这一心态来源于战争，他就会坚信自己具有军事才能，并迫使其他人也相信他是天生的军事家，而且他的军事才能是世代相传的。实际上，他之所以能保持优势力量和地位，主要是由于他强行施加给自己的组织纪律性，同时也是由于他采取措施阻止了较低阶层组织起来反抗他。然而，在这种情况下，经验会让被统治阶级知道，统治他们的人实际上是和他们完全一样的。但是人的服从本能却与这认识背道而驰。只有当上层阶级由于自身的原因导致这种本能削弱时，它才会真正开始动摇。有时候是由于上层阶级明显的无能，而不知不觉地导致了人们服从本能的动摇，甚至是由于统治阶级遭到人们的痛骂而丧失信任造成的。

有时候，这种服从本能的动摇是被故意促成的。统治阶层的一些成员有时出于个人野心，或出于正义感，起来反抗。他们会屈身接近下层阶级，消除由于彼此的隔阂而造成的错觉和误解。在 1789 年的法国大革命中，贵族阶层正是通过这种方式联合起来，废除了上层阶级天生就享有特权的观念。一般而言，不论是正义的，还是非正义的，人们反对不平等的积极性反而起源于上层阶级，起源于富裕阶层，而不是像人们预想的那样，起源于下层阶级。因为人们往往把这种反抗不平等的积极性看成是由阶级利益的冲突引起的。因此，在旨在反对富有阶级特权的 1830 年和 1848 年革命中（尤其是 1848 年革命），起主要领导作用的是中上层阶级，而不是工人阶级。后来，也是受教育者阶层为全体公民争取到了受教育的权利。事实上，如果一位贵族自发地、虔诚地笃信其天生具有优越性，他所激发出的这种高贵感绝不亚于自发和虔诚本身。

自然社会与民主

人们很容易理解，随着自身不断发展，人类本来应该实现真正的民主（实际上人们并未实现真正的民主。那些古代奴隶制城邦也只解决了众多最严重的问题中最基本的不公正问题）。在所有的政治制度中，民主实际上是最远离自然的，它至少在政治意图方面是唯一超越“封闭式社会”的政治制度。它赋予人类不可侵犯的权利。为了确保不受侵犯，这些权利要求所有的人绝对忠诚自己的义务。它因此把一种理想人物视为本质典范。这种理想人物既尊重自己，也尊重他人。他自己主动参与承担绝对义务；他在承担这些绝对义务时，表现得如此默契，以至于人们很难说是义务赋予他权利，还是权利强加给他义务。按照康德的说法，被赋予这种定义的公民既是法律的制定者，也是法律的约束对象。这里，公民，也就是人民，总体上是享有崇高尊严的。这就是理论上的民主：它称赞自由，要求平等；它通过不断提醒这对姐妹不要忘记姐妹关系，通过把友爱提升到高于一切的地位，来调解两者之间的关系。共和政体的格言表明，第三个术语，也就是友爱，可以调解两位素不相识的人之间经常出现的矛盾。因此，友爱是调解人类关系的本质因素。由此可见，有了友爱这一本质因素，我们就可以说，民主的实质是给人类带来福音，爱是它的动力源泉。

我们可以到卢梭的精神中寻找到民主的源头，到康德的著作中寻找到民主的哲学原理；我们还可以在卢梭和康德那里，找到民主的宗教基础。我们知道，康德的思想主要得益于他的虔信主义，而卢梭的精神则主要得益于新教与天主教的相互作用。曾作为1791年法国《人权宣言》效仿样板的美国《独立宣言》(1776年)，实际上喊出了清教徒心声："我们认为，这是不言而喻的真理……世界上所有的人都被造物主赋予了不可被剥夺的权利。"民主的形式有时是模糊不清或难以界定的，由此也导致一些人对民主持反对意见。这些人对民主持反对意见的根本原因在于，他们对原初宗教的性质产生了误解。当未来向着各种各样的进步敞开大门时，尤其是当未来向各种新条件的创造敞开大门时，我们怎么可能要求给出自由和平等的确切定义呢？在未来创造的各种新条件下，自由和民主可以实现的形式，今天可能是无法实现的，或许有些形式今天还只停留在概念层面上。

人们只能发现自由和民主形式的大致轮廓，其内涵将伴随人与人之间友爱关系的加强而得到提升。正如这句拉丁文格言所说："你若有爱，就去做自己想做的任何事情吧。"非民主的社会希望其民主形式的格言与民主社会是逐字对应的："权威、等级、稳固。"这的确是民主的本质特征。当然，这只能被认为是一种理想，或者为人类指明前进方向的路标。首先，这种民主精神为世界带来了对既有社会秩序最强烈的反抗意识。人权宣言中的每一句话，都是对社会弊端的强烈挑战。民主的主要目标是结束一切令人难以忍受的压迫和折磨。爱弥尔·法格伊特（Emile Faguet）在向三级会议提交的备忘录中，对劳苦大众所遭受的苦难进行了详细总结。他在自己的一部著作中曾经写道，法国大革命爆发的直接原因不是为了要求自由和平等，而是因为"人民的生活已经到了即将被饿死的边缘"。如果的确如此的话，我们就要解释，为什么在那一特定时刻，人们突然猛醒，不再继续等待着被饿死了。同样确定无疑的是，如果人们要说出法国大革命的真正目标的话，它就是彻底砸碎旧世界。

通常情况下，产生某种观念的意图与这种观念之间的联系并不是非常明显地表现出来。这就像箭头所指向的方向和目标与箭头之间要存在一定的距离一样。民主的规则或格言首先被明确解释为一种反抗意识，这一规则或格言也道出了民主的起源。人们发现，利用民主的规则或格言，可以非常方便地对社会不公进行反抗和拒斥，也可以非常方便地推翻落后的旧制度。但这些规则或格言很难对人们的具体行为给出积极明确的指示。最重要的是，由于这些规则或格言最初都是些绝对理念并带有传播福音的色彩，人们必须把它们转换为纯粹与道德相关的术语或普遍适用的术语，它们才能对指导人们的行为真正发挥作用。这种转换带来的危险是对个体利益的关注始终不够。这里，我们没有必要一一记录人们对民主的反对意见，更没有必要对这些反对意见一一做出回答。我们只是想表明，在民主的氛围里，有一股巨大的力量在向着与自然力量相反的方向奋力前进。

自然社会与战争

我们已经指出了自然社会的一些特征。这些特征综合在一起，便构成了它的整体面貌。当然，自然社会的这一整体面貌是很难用语言进行表达的。以自我为中心、具有凝聚力、等级制度、长官的绝对权威等，所有这些都意味着较强的组织纪律性。这当然也是杀敌制胜必不可少的战斗精神。那么，自然会驱使人类爆发战争吗？我们再次强调，如果“驱使”指的是做出某一特有决定的能力的话，那么自然不会驱使任何事情发生。但是，如果自然不能对产生于动物的肢体结构、并使这一结构得到扩展的态度趋向和运动轨迹的大致轮廓进行规划的话，它就无法创设一种动物物种。所以，从这个意义上说，自然也会驱使人们爆发战争。自然还赋予人类制造工具的理智。自然不是像对待大量的动物物种那样，直接为人类提供各种生活工具，而是希望人类自己具备制造工具的能力。这样，不论人类什么时候使用工具，他都是工具的主人。由于工具是脱离人类而单独存在的，它们就可以被拿走。相比较而言，直接获取现成的工具比自己制造工具要容易得多。最重要的是，工具要用于某种特定职业的生产活动，如用于猎取动物或捕捉鱼类。人类所属的某一社会群体可以把自己的活动范围选择固定于森林、湖泊、河流；另一社会群体可能会认为，在某一固定地点居住和生活比四处漂泊流浪更加方便。

既然群体之间对生活的选择存在如此大的差异，他们只能通过战争来解决争执了。我们已经讨论过到森林里狩猎和到湖泊里捕鱼等问题。也可能会出现因田地的耕种、对妇女的抢夺、对奴隶的掠取等引发的矛盾和争执。但是不论他们掠取到什么东西，也不论他们这样做的动机是什么，战争的根源只能在于对生活物质的个人或集体占有。由于人类的结构注定了他的占有本性，战争就是自然而然的事情了。实际上，人类的战争本能如此强烈，以至于当我们绞尽脑汁地透过文明的表层而深入探寻自然的奥秘时，首先呈现在我们面前的，就是人类的战争本能。我们都知道，小男孩都喜欢玩打仗游戏。他们的头部可能整天被打得到处是伤疤，但是他们因为自己也能把别人的头打得到处是伤疤而感到满足。所以，人们这样说是恰当的：儿童时代的打仗游戏是自然有意为人类安排的准备性训练。这样，他们长大成人后就可以应对随时到来的战争了。但我们可以进行更深入一些的研究，我们可以共同看一下历史记载中，作为这种准备性训练或游戏的大多数战争。

当我们考虑到引发大量这类训练或游戏的动机都毫无实际意义时，我们想起了马丽恩·德洛姆（Marion Delorme）所描述的场面：两位决斗者拼死用剑刺穿对方身体，而且一直拼杀几个回合，“不为任何目的，只是好玩而已”；我们同样想起了布赖斯法官（Lord Bryce）所描述的那位爱尔兰人：每当在街道上看到两个人在互相打斗时，他都会情不自禁地问：“这是你们两个人之间的事情吗？需要有人参与进来吗？”另一方面，如果我们把导致整个种族灭绝的决定性战争与一些偶然性摩擦或争斗相提并论的话，我们就会认识到，导致种族灭绝的战争可以对后者，即偶然性的摩擦或争斗原因做出解释：人类的战争本能是必然存在的。由于战争本能的存在是为了应对突发性野蛮战争，我们也可称之为自然战争；为了防止刀叉长期入库造成锈蚀，人们便偶尔人为引发一些战争，通过不断的交火，确保宝刀不老。那么，我们想象一下，一旦战争爆发，人们的参与热情将会是多么高涨啊！从某种程度上说，这无疑是人类对于战争恐惧的一种防御性反应，也是人们作战勇气的一种本能激发。但是也有一种情绪认为，人生来就要不断地冒险，不断面临生死考验。在这些人看来，和平只不过是两场战争之间的间歇。

不过，战争的狂热很快就会消失，因为战争给人类造成的痛苦和灾难太令人难以忍受了。但如果暂时不考虑上一次战争，不考虑它给人类造成的令人难以置信的恐惧，人们会感到非常奇怪：在和平时期，人们竟然很快会把战争曾经造成的痛苦和灾难忘记得一干二净。有人断言，女子被赋予了一种心理机制，这种心理机制很快会促使她忘却分娩时候的痛苦。当然，对这种痛苦的完整记忆也可能阻止她再一次怀胎生育。实际上，在应对战争的恐惧方面，也存在一种与女子忘却阵痛一样的机制。尤其是在新建立的国家中，这种机制的作用更加突出。在这方面，自然采取了更进一步的防范措施。她在外国人和我们本国人之间巧妙地编织了一层无知、偏见和歧视的面纱。难怪我们对于自己从未到过的国家一无所知。但是，既然对它一无所知，我们就要对这样一个事实给出合理的解释：我们为什么还要对自己一无所知的国家进行批评，而且几乎总是对它进行敌视性的抨击。任何在国外生活和居住过，并试图鼓励自己的同胞也产生我们所说的国外“心态”的人，都会遭到一种本能的抵抗。但是所到国家距离自己祖国越是遥远，他遭遇到的抵抗程度反而越不会强烈。恰恰相反，他遭受的阻力大小与两个国家之间距离的远近成反比。越是我们最有机会见到的人，我们反而最不想见他们。

自然不可能让每一个外国人都成为我们的虚拟敌人。因为虽然我们与外国人之间的相互了解不一定促使我们之间产生同情心，但这至少会阻止我们之间产生怨恨和敌意。在法德战争期间，也发生过这类的典型事例。有一位德国教授和所有其他法国人一样热爱法国，一样随时准备为我们的国家献出生命，一样奋勇反抗德国。但这位德国教授的爱国心和我们法国人还不完全是一回事。他内心某个角落肯定还会有所保留，有所与众不同。任何一个人，如果他对一个民族的语言和文学充分了解，他就不可能完全成为这个民族的敌人。当我们要求教育为国家间的了解铺平道路时，必须牢记这一点。如果一个人尽可能通过吸收一个国家或民族的文学知识和文明传统来充实自己的内心世界，进而掌握这个国家或民族的语言，他就可以立刻摆脱自己内心对这个国家的人民的一般性偏见。这些偏见是由自然为他预设的。当然，我们不可能在这里对这些潜在偏见的外在后果或影响进行详细阐释。我们只是想说，这两句意思相反的拉丁文格言实际上是很容易调和的：“人与人之间互为上帝”与“人与人之间互为豺狼”。当我们引述第一句时，一般会想到自己的同胞，而第二句则通常用来指外国人。

我们曾经说过，除了一些偶发性的战争以外，人类中间还存在一些必然性战争。人类的战争本能显然就是针对这些必然性战争的，这些战争包括我们所处时代发生的众多大规模冲突。战争的目标，距“为征服而征服”已经渐行渐远了。人们不再因为自尊心、威望、荣耀等受到伤害而发动战争了。现在人们发动战争的目的往往是为了摆脱饥饿。因此，有人宣称，战争的实际目的是为了保持一定的生活水准。低于这一生活水准，人的生命就失去了价值。授权有一定限量的、经过选拔的士兵代表国家参战的观念，已经一去不复返了。类似于角斗的小规模冲突也一去不复返了。现在，战争一旦爆发，就是全民参战，举国动员。从这个意义上说，这有些类似于早期游牧部落之间的交战，只是战争所使用的武器都是现代文明所铸造出的大规模杀伤性武器。战争的杀戮给人造成的恐慌是古人无法想象的。随着科学的进步，这一天已经为期不远了：交战双方中的一方通过自己掌握的秘密反击策略可以对敌方实行种族灭绝；被灭绝的国家或民族将永远在地球上消失。

既然如此，事物是否会完全依照这种自然规律发展呢？幸运的是，一些非凡人物介入到世界事务中来，我们毫不犹豫地称他们为人类的救星。像所有伟大的乐观主义者一样，他们当初把人类有待解决的问题全部视为是可以解决的。他们成立了国际联盟。现在看来，国际联盟已经取得的成就远远超出了我们的期望，因为消除人类战争的困难甚至远远大于多数坚持战争不可消除这一观点的人的预想。尽管坚持战争不可消除观点的人属于悲观主义者，但是有一点他们和乐观主义者持有相同的意见，即双方都认为，处于战争边缘的两个民族所遭遇的情形和即将发生争执的两个人所遇到的情形是非常类似的。按照他们的观点，这两种情形的不同之处只是表现在，人们绝不可能迫使前者也像后者一样，把双方之间的争议提交到法庭解决，并服从法庭的裁定。

但是，两者之间实际上还有一个明显的不同。即使有一支实力相当雄厚的武装力量供国际联盟来支配（即使这样，桀骜不驯的国家在充分利用其原初冲动方面仍然可以超过国际联盟；即使这样，科学发现的不可预见性将使国际联盟所组织的抵抗力量的性质变得越来越难以预测），它照样会遭遇到文明这层外衣下面所掩盖的人类根深蒂固的战争本能。而提请法官解决争议的两个个体之所以这样做，似乎是因为他们隐隐约约地受到了封闭式社会固有的本能原则的鼓动和支持。两者之间的争吵可能暂时扰乱和影响了双方的正常地位。他们的这种地位已经被完整地融入社会之中了。但是，就像钟摆迟早要回归到下垂状态一样，他们还能重新回到原来的位置。因此，消除国与国之间战争的困难远远大于解决两个人之间的争执。然而，我们为克服这些困难而进行一些尝试和努力是不是都会白费呢？

战争与工业时代

我们认为人类为克服各种困难而付出一些尝试和努力不会白费。我们当前的努力目标是研究道德和宗教的根源。我们已经得出了一些结论，我们可以停留在这些已经得出的结论上。

但是，由于我们得出这些结论的根据在于封闭式社会和开放式社会之间的明显区分，由于我们认为正在走向开放的社会里仍然根深蒂固地保持着封闭式社会的一些倾向，由于所有这些本能原则在最初的时候都会向战争本能聚集，我们必须质问，人的原始本能在多大程度上是可以被抑制或回避的。通过认真仔细地思考和研究，我们必须对这一看起来非常自然的问题给出回答。

因为，尽管战争本能是单独存在的，它仍然与理性动机密切相关。历史告诉我们，这些动机也会发生重大改变。随着战争变得越来越可怕，发动战争的动机也趋于微弱。上一次大战[①]是工业文明导致的必然结果。如果人类注定还会发动更多战争的话，我们可以隐约预感到，未来战争必然也会与工业文明的典型特征密切相关。如果我们为现代冲突勾勒一个简单化、程式化的轮廓的话，我们应当首先把现代国家设想为完全由农业人口组成的。这些人口主要以农业为生；我们可以假定他们生产的粮食正好足以维持正常生存。当土地的产量增加时，人均获得粮食的份额也应当相应增加。到目前为止，粮食产量与人口之间的比例分配还算正常。但是，如果出现严重的人口过剩，如果这些过剩的人口拒绝向国外流动，或者由于其他国家向外来人口关闭了国门，那么，这些过剩人口到哪里获取他们赖以生存的食物呢？这就要求工业来改变这一现状。过剩人口可以成为工厂的工人。如果本国不具备生产工业产品所需要的机器动力、钢铁或原材料，它就必须从国外借进，然后再清偿债务。

---

① 译者注：即第一次世界大战。

它还可以通过向其他国家提供工业品来获取国内生产无法满足的食品。这样，工厂工人实际上就变成了“内部移民”。其他国家为他们提供了就业岗位，这就类似于他们被安置在这个国家的边界线以内，从事生产制造工作。这样的国家更希望他们待在本国内生产这些所需产品，而他们自己或许同样更喜欢这样做。但这批人的生产和生活却完全依赖于国外了。如果这些国家不再接受他们生产的产品或不再为他们提供生产所需的原料，他们将被迫饿死——除非他们下定决心，带领整个国家去国外掠夺这些国家拒绝提供的食品或原料。这就意味着战争的来临。不用说，事情的发生绝对不会如此简单。在被饿死的危险还没有到来以前，人们就已经认识到：如果自己不能过舒适、愉快、奢华的生活，人生就失去了意义；如果全国的工业生产只能使国民勉强维持生存，如果工业生产不能为国民创造富足的生活，那么，人们就会认为工业生产没有充分发挥其应有的作用；如果一个国家没有良好的港口和殖民地等资源，它就会认为自己是有缺陷的。所有这些都可以引发战争。但是，我们对这一轮廓的详细追溯强调，战争的主要原因在于：人口的增加、市场的关闭、燃料和原材料的中断。

消除这些原因或缓解它们造成的影响及后果就成为国际组织的主要任务，这类国际组织把消除战争作为其首要目标。其中最严峻的问题是人口过剩。像法国这样人口生育率过低的国家，毫无疑问，政府应当鼓励人口的增加。某一位曾经最强烈反对国家干预政策的法国经济学家曾经要求，对于拥有三个孩子以上的家庭，每增加一个孩子，政府都应当给予相应补贴。那么，反过来，在人口过剩的国家，是否可以考虑，每额外生育一个孩子，便在一定程度上课以重税呢？国家有权对人口问题进行干预，有权确定人口的亲子关系。简单地说，国家有权采取对于其他情况来说看似管理过细，干预过分的措施来控制人口。因为人们希望国家以法律保证全国的食品供给，所以，国家就必须对人口的出生进行干预和控制。我们已经认识到，规定一个官方的人口限制数额是极其困难的。即使规定一个弹性数字，也不是轻而易举的。如果要给出解决人口问题的大致框架，我们只能指出，问题并不是像我们想象的这样难以解决。能力更强的执法人员可能会想出更好的办法。

但有一个事实是确定无疑的：欧洲已经出现了人口过剩问题，世界其他地方很快也会遭遇人口过剩问题。人类的劳动已经开始走向“理性化”轨道，如果人类的自然繁殖不能同样趋于“理性化”，人类就只能诉诸战争来解决问题了。完全依赖于本能是世界上最危险的事情。当古代神话故事让爱神与战神结合在一起时，它就认识到了完全依赖于本能的危险性。如果人们让爱神维纳斯自行其是，她就会把战神马尔斯带到你面前。所以，人们永远也无法逃脱管制（这是一个令人不快的词，但却是不可避免的事情）。当几乎同样严重的问题发生时，例如，当原材料的分配、几乎毫无限制的产品流动、双方在涉及国计民生的重大需求方面的矛盾和冲突的公正处理等问题发生时，人们又如何应对呢？认为某一国际性机构在无权干涉各国法律甚至无权干涉各国政府管理的条件下，可以维护世界的永久性和平，是非常危险的错误。如果人们愿意维护国家主权原则，这是可以做到的。但是，当这一原则被用来处理具体国际事务时，它肯定会被削弱。我们一再强调，如果多数人下决心要解决这些问题的话，所有的困难都是可以克服的。但是我们必须勇敢地面对这些困难，并认清为了消除战争，我们必须放弃哪些利益。

那么，难道我们不能缩短一下克服这些困难的漫漫路程，甚至把这些问题一揽子解决，而不是逐一进行交涉和谈判吗？我们先把人口这一主要问题搁置一下。无论发生什么情况，人口问题都应当在单独的框架内解决。但其他问题则主要是由工业社会迅速膨胀以来，人类生存趋向的改变引发的。我们要求物质生活的舒适、温馨、奢华；我们开始追求自我享乐。如果我们的生活变得更加令人清心寡欲，那将是一种什么情形呢？神秘主义无疑是发生重大道德变革的根源。人类似乎越来越远离神秘主义了。但是谁又能说清这到底是怎么回事呢？在上一章的论述过程中，我们曾设想我们已经看清了西方神秘主义与其工业文明之间可能存在的联系。但这一问题还需要进行更深入的探讨。每个人都似乎认为，距离现在最近的未来社会的发展，将很大程度上取决于各国工业生产的组织以及工业生产所要求或接纳的条件。我们已经知道，国际和平问题可能就取决于各国工业发展；国内和平问题实际上也同样取决于工业的发展。我们一定要生活在恐惧的阴影之中，还是可以生活在希望和憧憬之中呢？长期以来，我们一直认为工业主义和机械化必然会为人类带来福音。但今天，有人正准备把工业主义和机械化使人遭遇的种种问题和弊端全部堆积在它的大门口。

有人说，人类从来未像今天这样渴望幸福、奢华和财富。似乎有一种不可抗拒的诱惑力驱使人类越来越疯狂地满足自己最卑微的生活欲望。实际情况也许就是如此吧，但我们最好还是回到冲动的根源上来。如果生命冲动非常强烈，最初时刻很小的一点偏差，就足以导致预定目标和实际达到的目标之间的差距越来越大。在这种情况下，我们不应当像关注生命冲动那样，把自己的注意力过多地集中在两者之间的差距上。的确，事物的任何发展变化都不可能是完全自发的。只有当人类全身心投入变革时，变革才会真正发生。但人类可能已经为变革的发生准备好了充分的条件或手段；或许他比自己所预想的更接近变革目标。既然我们已经对工业主义进行了抨击和指控，我们就更详尽地来研究和讨论一下这个问题。我们就权当这是本书的结语吧。

进化趋向

人们经常讨论历史的兴衰和变迁。任何一种持久的行为作用都会引发一种反向作用力。然后，新的行为过程又开始了，钟摆又开始持续不断地来回摆动。的确，在这种情况下，钟摆是具有记忆功能的。钟摆由两侧回归原位和由原位开始向外摆动时的情形并不完全一样。因为，它在回归时，已经经历了由原位向外摆动的过程，因而经验更丰富了。这就是人们偶尔使用的螺旋运动形象或许比钟摆的摆动这一比喻更恰当的原因。实际上，对于社会变迁来说，还存在各种心理学和社会学的原因，我们也许会先验地把它们预测为这些影响造成的结果。人们长期享有自己曾热切追求的优势地位也会造成内心的疲劳和麻木。优势地位的承诺不可能完全兑现，各种意想不到的弊端也可能会随时暴露出来。最终人们感到，已经被抛弃的一切似乎又突然变得那么可爱，那么引人注目。因此，人们内心产生一股强烈愿望，自己必须重新回到过去的美好生活中。这种回归过去的愿望主要产生于正在兴起的几代人。他们没有经历过去的苦难，因而也不会想到要彻底与过去决裂。而做父母的则庆幸自己好不容易有了今天的幸福生活，这是他们以前付出的昂贵代价换取的。孩子们则像对待每天呼吸到的空气一样，对这些毫不在意。另外，他们敏锐地发觉了今天所谓优越的生活消极可憎的一面。这恰恰与父辈们要付出艰辛劳动才能获得的优裕生活截然对立。

因此，年轻一代希望时光能够倒流。这种作用与反作用现象是现代国家的典型特征。这种现象之所以产生，不是历史的宿命造成的，而是因为，代议制政府的性质决定了政府要把为公众提供发表不满言论的渠道作为其工作目标的一部分。如果当政者工作业绩突出，他们只能得到公众的适度赞扬；但如果他们的工作哪怕出现丝毫闪失，也会留下不良记录。政府所有的过错都会被公众记录保存下来。当这些不良记录累积到一定程度时，就会导致政府倒台。如果存在两个对立的政党，而且只有两个，游戏就可以顺利地按规则进行下去。每一个政党都有机会上台执政，并确立一些权威性原则。这些原则在该政党下野期间仍然会原封不动地保持下来，它们被反对党接纳和利用。实际上，反对党如果明智的话，它将从执政党制定这些原则的经验中获益。它可以对执政党的思想内涵，甚至其原则意义进行适当的修改。因此，尽管钟摆仍旧会从垂直位置向两侧摆动，甚至说，正因为钟摆仍旧会从垂直位置向两侧摆动，只要人们对其给予关注，进步与发展仍然是可能的。但是，在这种情况下，钟摆在左右两端之间的摆动，是由某些非常简单的社会策略或某些非常明显的个人趋向造成的。它不是由位于特定变化原因之上的最高需要造成的，也不是由通常支配人类活动的最高需要造成的。那么，到底存在这样一种最高需要吗？

“二分法”与“双重疯狂”

我们不相信历史的宿命。如果应对及时，所有的障碍都可以通过充分激发和调动人的意志品质而被攻破。因此，没有不可逾越的历史法则。但是，还有生物法则在起作用。由于人类活动部分地受自然的驱使，在这一点上，人类社会必须服从生物法则。如果组织有序的世界进化是按照某些法则进行的，也就是说这种进化是借助某些力量的作用进行的，那么，个体的人和社会的人的心理进化就不可能完全抛弃这些生活习惯。

我们曾经表明，生命冲动的本质在于它的发展过程是呈扇形向外扩散的。事实上，它可以向周围不同的方向发展，每一个方向都可以被传递一部分生命冲动。我们可以补充说，这一规律并没有什么神秘之处。它只是表明，趋向是一种难以判明的多重前进推力。而且，只要我们对它进行一下回顾，只要我们对其原有特征的各种看法足以使我们根据它的实际发展因素，来对它进行重构，我们就会更清楚地发现，这一前进推力是多么难以判明，多么复杂多样。如果我们想象，橙色是世界上出现的唯一颜色，那么，它是否可能是由黄色和红色合成的呢？显然不是。但是，当黄色和红色依次产生以后，它就可以由这两种颜色合成了。从那一刻起，原有的橙色就可以从红色和黄色这一双重视角来看待了。如果通过想象，我们假定，黄色和红色是通过对橙色的强化而出现的，我们就可以得到一个非常简单的所谓扇形扩展的事例。

但是，现实生活中，我们没有必要进行这样的想象和对比。我们需要做的一切只不过是，不要附带任何人为修饰或改编的观念来审视生活。有些心理学家把意志行为视为一种综合反射；其他心理学家则往往发现，在这一反射过程中，意志受到了削弱。实际情况是，这些反射和自动行为可能蕴涵着关于不可分割的原初行为的两种观点。实际上，这一原初行为不属于这两种观点中的任何一种。但是，当它借助这两种观点来对自己的行为过程进行回溯时，突然就同时属于这两种观点了。我们可以说出众多与此相同的情况，如本能与理智、动物生命与植物生命，以及其他成对出现的相互区分、又相互补充的趋向。只有在生命的总体进化过程中，由这类对分过程产生的趋向才会存在于相互区分的物种当中。它们开始单独地在世界中探寻自己未来的命运。它们所呈现出的实际形态不允许它们重新结合在一起，把比原来更强烈、更复杂、更全面进化的原初趋向带回原来的状态。但人类精神生活和社会生活的进化过程并非如此。产生于对分过程的各种趋向可以在同一个人或同一个社会中得到发展。

通常情况下，它们应当依次连续发展。如果两种趋向同时出现，这是十分常见的现象，其中一个必须首先发展。我们一般应尽可能把第一种趋向向前推进一步。然后，借助第一种趋向进化过程中所取得的经验，我们再回过头来处理被暂时搁置下来的另一种趋向。现在，轮到第二种趋向发展了，第一种就会暂时被忽视。我们发展第二种趋向的新一轮努力将持续进行下去，直到在所获得的新经验的支持下，这一发展得到巩固和加强为止。这时，我们再一次回头处理第一种趋向的发展问题，而且把它再向前推进一步。由于在这一过程中，我只全力以赴发展这两种趋向中的一种，由于只有一种是至关重要的，我们往往会说，只有这一种趋向是积极的，另一种趋向则是对它的否定。如果我们这样来看待事物的话，另一种趋向实际就成了它的对立面。那么，人们就会说，进步与发展的原因在于，相互对立的两种趋向之间存在着摆动和过渡。而且，摆动和过渡的具体情形不会完全一样。等钟摆恢复到原位时，这两种趋向已经获得了新的发展。这种说法或多或少存在一定的合理性，实际情况也大抵如此。

甚至在有的情况下，这的确是一种非常正确的分析判断方法。事物相互对立的两个方面之间的确存在着一种摆动或过渡状态。当某一有利的趋向只有在与其相对立的趋向的作用下，才能获得适度平衡时，它就属于这类情形。这时，对立趋向实际上发挥了有利的平衡作用。因此，比较明智的方式似乎是，两种趋向之间相互协作。第一种趋向可以在需要时随时介入；当第二种趋向发现第一种趋向干预得有些过分，有适得其反的危险时，便立即阻止它继续干预。不幸的是，人们很难说清，干预到什么程度才算是过分或危险的。有时，干预作用超过了表面上看起来的合理限度，反而导致了新条件的产生，甚至创造一种排除危险的新形势，同时使积极有利的趋向得到加强。决定社会发展趋势的总体性趋向尤其符合这种情况。社会发展持续的时间必然超过若干代人。人的理智无法说出人类社会的发展将走向何方，甚至一位超人的理智也无法说出人类社会发展的最终归宿。因为，不断运动变化的行为将产生它自己的发展路线，并在很大程度上创造这一行为得以实施的条件。因而，这将挫败人们事先进行的任何深思熟虑的思考和算计。在这种情况下，人们往往盲目地向前走得越来越远，结果不得不在危险的边缘停顿下来；另一种与之对立的趋向则乘虚而入。反过来，它也独自奋力向前推进。如果我们把第一种趋向称为作用力的话，那么这一趋向就可以被称为反作用力。由于当这两种相反的趋向同时前进时，它们会相互中和；由于它们在某种不可分割的原始趋向中的解释就是对中和的定义，它们同时占用了所有的发展空间这一事实便使它们中的任何一种趋向被赋予生命冲动。在生命冲动的作用下，它们将奋力前进。同时，它们前进道路上的所有障碍也将被一一攻破。这种不顾一切的奋力前冲，非常类似于疯狂状态。在自由的领域里，我们不能过于夸张地使用“法则”这个词。但是，当我们遇到一些表示很强的规律性的重要事实时，我们就可以非常方便地使用这个术语了。我们可以把下列这一法则称为“两分法”或“对分法”：它显然是通过把事物的发展趋向分成相互对立、相互作用的两个部分，而使这两种趋向顺利实现发展和进步。我们可以说，最初，这些趋向只不过是同一种趋向的两种精确形象的观点表达。

我们提议把这种必然性要求命名为“双重疯狂法则”，这一法则将产生于这两种相互对立的趋向。当原始趋向被分成两种对立趋向，向其最终目标努力时，这一“双重疯狂法则”就开始存在了——似乎存在这样一个最终目标。同样令我们感到疑惑的是：如果我们不对这种简单趋向进行两分法处理，通过保持推动力与阻力的同时存在，来使它循规蹈矩地发展，难道它不会更顺利地发展吗？这里所说的阻力，显然是一种反向的冲力，但它是虚拟的，而不是实际存在的。这样的话，也不会有陷入荒谬的危险了，还可以确保避免灾难。但是，这样将无法最大限度地保证质和量上的创造性。所以我们必须沿着一个方向坚持到最后，去发现它能创造的一切。当沿着这一方向无法继续前进时，我们可以借助已经取得的经验，回过头来，再沿着被暂时搁置的趋向前进。无疑，从外观上看，这些往复运动似乎表现出两种趋向的对立原则，似乎是一种趋向试图阻挠另一种趋向时受挫，是第二种趋向的彻底失败，也是第一种趋向的报复结果。人们总是喜欢这类戏剧性场面。人类特别热衷于从漫长的历史过程中，选取那些以两个政党、两个社会或两种原则之间的争斗为典型特征的事件。争斗的最终结果是双方轮流取胜。但是，这种斗争只是社会进步的一种浅层表现。事实是，如果允许两种不同观点并存的趋向，把这两种可能性变成推动它前进的实际行为，每一方都会迅速向前跨越，单独占据一切可以利用的发展空间，而另一方则全神贯注地观察着发生的一切，耐心等待机会的到来，只有这种容纳两种不同观点的趋向才能最大限度地在质和量上得到充分发展。如果我们可以提及原始趋向的内涵的话，只有这样，它的内涵才能真正得到发展。实际上，没有人能够说清原始趋向的内涵里到底能流淌出什么。甚至原始趋向本身如果获得理智的话，它也不会知道自己的内涵里到底能流淌出什么。或许原始趋向的内涵可以驱使人们努力前进，并取得令人惊讶的结果。自然界的运行法则也许就是这样吧。自然界为人类上演的各种争斗与其说显示了人类的好斗本性，还不如说揭示了人类的好奇心。正是当这种趋向效仿自然时，正是当它产生原始冲动时，人类的进步才能呈现出某种规律性，并遵守我们所论述的各种法则。当然，我们说，它也不可能非常严格地遵守这些法则。现在，到了我们结束这一漫长插叙的时候了。我们只来说明一下我们所论述的两个法则如何在上述情况中加以运用。

我们在讨论人们对于生活舒适和奢华的关注，显然已经变成人类关注的主要话题。当我们思考对现代生活的关注如何使人的发明创造精神得到发展时，当我们认识到如此众多的科学发明都是对现代科学的运用所产生的结果时，当我们认识到科学的界限注定会得到无限延伸时，我们禁不住相信，人类沿着同一个方向的进步必定是永无止境的。实际上，新的发明创造在不断满足人类的已有需求。但是，人类因此而获得的满足感却从来没有促使人类就此停止前进的脚步。新的需求在不断产生，而且需求程度同样的迫切，需求种类同样的与日俱增。我们看到，人们谋求现代生活的竞赛愈演愈烈，赛场的跑道上聚集的人群越来越密。今天，我们看到了人们争先恐后地追逐现代生活的狂热场面。

但是，难道这样的场面不会使我们眼界大开吗？难道不存在被这种狂热所继承的另一种狂热，沿着相反的方向发展的可能性吗？如果存在的话，我们现在面临的狂热实际上是对它的前进运动的必要补充。事实上，从16世纪或15世纪以来，人类才似乎萌生了追求舒适的物质生活条件的愿望。在整个中世纪，禁欲主义理想一直占主导地位。我们没有必要对其造成的过分夸张进行回顾。它已经达到了疯狂的地步。有人或许会说，禁欲主义仅限于在极少数人中流行，这也是事实。但是，就像神秘主义一样，少数享有殊荣的禁欲主义是由宗教推行的。因此，真正专一的禁欲主义无疑属于例外。在普通民众这里，这种禁欲主义一般会逐渐减弱为对日常存在条件的冷漠。对他们来说，好像全然不存在舒适生活这类概念。这的确令我们感到惊讶。富有和贫穷是一种自然存在状态，没有我们视之为必备的产品盈余。有人指出，如果领主比佃农生活得更好一些的话，我们也只能理解为他享有的食物更多一些。否则的话，领主和佃农的生活几乎没有什么差别。

这里，我们所面临的是两种截然不同的趋向。这两种趋向彼此相继，而且都表现出疯狂的状态。我们可以假定，这两种趋向对应于来自原始趋向的两种相互对立位置的各自聚焦。这样，这一原始趋向就可以通过自身，使它的能力范围所涉及的一切事物在数量和质量上得到发展，甚至使它们得到超越极限的发展。事物可以沿着两条道路交替发展。从一条道路的发展中获得的经验可以被带回到另一条道路，以促进它的发展。这就意味着摆动与进步，通过两种趋向之间的舞动获得进步。在长期经历了日益复杂的生活以后，我们都会期望回归简朴的生活。这种回归显然不是确定不变的。正是因为人类的未来是由人类自己决定的，它就充斥着众多的不确定因素。但是，如果说位于我们面前的只是我们现在可以进行审视的可能性或概率的话，对于过去，我们却不能这样说。我们刚刚指出的这两种相互对立的发展过程实际上源于同一种原初趋向。

实际上，人类思想史的发展历程见证了这一切。从苏格拉底思想中，产生了昔勒尼学派和犬儒学派。这两个学派沿着两个不同的方向发展，成为苏格拉底思想的补充。其中，昔勒尼学派主张，人类应当从生活中获得最大限度的满足；而犬儒学派则主张人类应当学会克制自己的生活欲望。这两个学派又发展成伊壁鸠鲁学派和斯多葛学派。他们的主张分别带有两种不同的趋向：宽松自由的生活和紧张克制的生活。如果人们对这些原则所对应的两种内心态度的共同本质存有丝毫疑问的话，注意下列事实就足以打消疑虑：在伊壁鸠鲁学派本身以及广为人们所知的无节制地追求个人欲望满足的享乐主义中，还存在着一种伊壁鸠鲁式享乐主义。按照伊壁鸠鲁式享乐主义的观点，人类享乐的最高境界就是不需要任何享乐。实际上，这两大原则是传统享乐概念的核心。这里，享乐一词通常用来表示某个既复杂难辨又模棱两可的概念。实际上，也许是人类有意让这样一个概念模糊不清。这样，每个人都可以按自己的方式来随意对它进行解释。但是，不论如何理解它的含义，没有安全感就不会有幸福感。这里，没有安全感指的是，人们无法看到自己可以长期在比较稳定的状态下生活的希望和前景。人们可以在对事物的掌控和对自己的掌控中找到这种安全保障；对于自己的掌控可以使人类摆脱对事物的依赖。在这两种情况下，人类都可以从自己的力量中找到欢乐。这种欢乐可能是一种内在体验，也可能是一种外在表现。内在的体验可以让人产生自豪感，外在的表现则让人显得自负。但实际上，简单和复杂来自于“两分法”，它们往往发展成为“双重疯狂”。事实上，它们具备定期轮流交替发展的所有条件。

回归简朴生活

如果这样的话，正如我们前面论述的，人们回归简单生活是完全可能的。科学本身就可以为我们指明方向。鉴于物理和化学可以帮助我们满足自己的需要，并鼓励我们不断扩大和增加自己的需要，我们就可以想象，生理学和医学可以越来越清晰地揭示人类的需求和欲望无节制地增加所带来的一切危险，和伴随着绝大多数需求的满足而来的一切绝望。我非常喜欢一盘已经烹饪好的肉食美味。但对一位素食主义者来说，尽管他过去和我一样喜欢肉食，现在他一看到肉食可能就会恶心。人们可能会说，我们两人都是正确的，食物的味道和颜色一样，没有什么可争论的。或许我会不由自主地发现，这位素食主义者完全相信自己不会再回到以前的肉食习惯中了，而我却几乎不敢确定我会一直喜欢肉食。他已经历过肉食和素食两种饮食习惯，而我却一直坚持肉食这一种习惯。如果他把注意力全部集中在肉食上，他的厌恶和排斥感会更加强烈，而我对肉食的满足也主要是因为对它的注意。但是，我如果对它给予强烈关注，这种满足感也可能会变成聚光灯下的一线微弱之光。但是我确实相信，如果有确定的实验证明，我这样爱吃肉食直接等于慢性服毒自杀，我喜爱肉食的习惯可能会立即消失。实际上，这种实验结果并不是不可能出现。①

我上学时学到，食物的成分和人体器官对能量摄入的需求已经为人们所知，而且由此，人们可以推断出维持生命所需的充分、必要的食物摄入量。当先生听说这种化学分析没有把“维

① 我们想急于表明，我们对有关这一主题的知识并没有进行专门的研究。我们选择肉食为例，来说明问题，实际上和选择其他任何一种常见食物的效果是一样的。

生素”的含量要求也考虑在内时，他一定会是非常惊讶的。因为食物中的“维生素”含量是维持人体健康所必需的成分。人们或许会发现，众多医学科学尚无法治愈的顽疾的间接根源，就在于我们毫无察觉的一些营养缺陷。现在唯一确定的人类摄取所需营养的手段，就是直接食用未经任何加工的天然食物，或许不经过烹制的食物会更好（天知道是不是这么一回事）。这里，对于获得性习惯可以遗传这一观点的信奉又一次给人造成了危害。人们一般认为，人类的胃已经失去了原有的习性，所以今天我们不可能像原始人那样摄取食物。如果我们把这理解为，我们早在婴儿时期，就已经把人类的一些天然习性蛰伏起来了；到中年时期，我们要想再把这些习性重新唤醒，是很困难的，这的确是事实。但如果说我们生来就被改变了习性，这几乎是不成立的。即使我们的胃已经不同于我们的史前祖先的胃了，这种差异也不仅仅是由于人类自古以来染上的生活习性造成的。

用不了多久，科学将为我们揭示和阐明所有这些问题。我们假定科学可以按照我们所预料的方式来揭示和阐明这些问题：人类食品供给结构的改变将对工业、贸易、农业等造成难以估量的影响。所有这些产业都会因生活的简单化而被大大简缩。那么，人类的其他需求会是什么情形呢？人类在繁殖后代方面的要求还必然会存在。但是，如果我们能够顺其自然的话，繁殖问题很快就会得到解决。现在的问题是，人们围绕着某种被视为原始本性的粗野下流感受，上演了五花八门的生活变奏曲。演奏方式变化如此快捷，以至于任何物体一旦触及某一琴键，都会引发强烈刺耳的声音。于是，人的感官不断地被各种想象所激发。性的诱惑始终是整个人类文明的基调。在这方面，科学同样有发言权。总有一天，它会清楚地把自己要说的话说出来，而且所有的人都必须认真倾听：人类如此寻欢作乐的话，世上将不会再有真正的享乐和幸福。妇女将急切地盼望这一时刻的到来，因为，她们要真正积极地争取与男子平等的权利，而不是像现在这样，被视为一种工具，在音乐家琴弦的指挥下，被动地发出微弱的颤音。

如果这种改变真的发生，人类生活将变得更加简朴、更加富有意义。过去女子为了取悦男子，反过来说，也是为了取悦自己而购买高档奢侈品的需求将在一定程度上成为多余。生活浪费将大大减少，人与人之间的嫉妒和攀比也将大大减少。尽管奢侈、享乐和舒适之间的联系不像人们一般认为的这样密切，三者之间实际上有很多相似之处，是我们人为地为它们分出了等级。人人都想从舒适一步步上升到奢侈。当我们确保享有舒适后，我们还想在舒适的上面再加盖一层享乐；位于最顶层的就是奢侈。但这只是一种纯粹理性主义的心理学分析。这一分析认为，我们的感受和它所指的具体目标是相对应的。由于奢侈的花费要高于简单方便的生活，享乐的花费要高于舒适，所以人们认为，它们应当与某种相应的欲望保持同步。天知道这是一种什么欲望！实际情况是，我们通常为了获取奢侈的生活，才想得到舒适，因为当我们缺少舒适时，对我们来说，它就是一种奢侈；还因为我们想效仿那些能够买得起奢侈品的人，我们要与他们平起平坐。

因此，首要的问题是人的自负心理。只是因为有些美味食品价格昂贵，人们就对它们趋之若鹜！一些所谓具有良好教养的人可以不惜花费几年的努力，到国外去购买香料。令人不可思议的是：在当时极其危险的条件下，这竟然成了人们远航的最终目标；成千上万人竟然为此付出了性命；人们所付出的巨大勇气、精力和冒险精神竟然主要是为了寻找生姜、丁香、胡椒和桂皮。新大陆只不过是人们这些冒险活动中的偶然发现而已。如果它们可以像今天这样在任何一个角落的日用品商店中，花几个便士就可买到，谁还会为得到这些香味持久的调味品而冒如此大的风险呢？当道德家阅读过有关上述事实的资料后，他们能不感到沮丧吗？

但是，反思一下，我们会发现，这些事实中也蕴涵着给人带来希望的因素。永不停息地追求个人舒适、追逐个人享乐、毫无节制地追寻个人奢侈等，所有这一切使我们对人类未来充满了无限焦虑。由于人们似乎可以从中得到切实可靠的满足感，这一切看起来就像被人们疯狂吹起来的气球。然而，一旦气体被突然放出，一切都将化为泡影。我们知道，一种疯狂状态可以引起另一种疯狂状态与之对应。尤其是，今天的情况与过去情况的鲜明对照，对我们来说，可以成为一种警示：我们要慎重对待表面上看起来持久，实际上却瞬间即逝的“香味”。由于今天许多人的最大愿望就是能拥有汽车，让我们想一下汽车可为我们提供的无与伦比的方便，欣赏一下机械动力的神奇力量，憧憬一下汽车的数量无限增加并遍及人类需求的所有领域时的情形！但是我们心里应当想到，不久以后，这些汽车可能就会像某种过时的设备或供人“炫耀”的物品，很少有人问津了。不过，人们不可能完全忽视汽车的作用。我们也认为这是绝对不可能的。汽车未来的命运不至于像今天的丁香和桂皮一样完全失去往日风光。

机械化的真正使命

现在，我们回到我们要讨论的关键问题上来。我们前面引用了机器的发明造成人类对奢侈生活的狂热追求这一典型事例。许多人认为，总体而言，机器的发明导致了人类对奢侈享乐生活的追求，尤其是对纯粹舒适生活的追求。而且，如果人们普遍承认，人类的物质需求将继续无限增加，而且将变得更加迫切，这是因为，人类一旦开始走向机械发明的道路，他就似乎没有理由放弃这一道路了。我们还要补充一点，科学越是发达，科学发现就越能更多地向人们暗示发明创造的线索。在多数情况下，从理论到应用往往只有一步之遥。既然科学无法停止发展的脚步，它看起来的确好像能够永无止境地满足人类过去的需求，并不断创造出更多新的需求。但是我们必须首先确定，发明创造精神是否有必要创造一些人为需求，或者说，在这种情况下，是不是人为需求在引导人们的发明创造精神。

第二种假设实现的可能性更大。它已经被有关机械化起源问题的最新研究所证实。人们回想到这样一种事实：人们似乎总是在发明机器；古人似乎也有杰出的发明表现出来；许多巧妙的机械装置早在现代科学开始发展以前就被人类想到了。后来，人们同样独立发明了不少比较巧妙的机械装置。即使在今天，一位没有接受过任何科学文化教育的工匠，也可以独自想出甚至一些经验丰富的工程师也从来没有想到过的各种改进机械装置的方案。机械发明是一种自然天赋。毫无疑问，只要机械发明仅局限在利用人力、风力或水力等实际有形的自然力量，它的效果就十分有限。只有当人们可以通过简单的释放过程，充分利用自然界中的潜在能量时，机器才能完全发挥其应有的效率。自然界中的这些潜在能量已经积存了几百万年了。这些能量来源于太阳、积淀在煤层、石油等矿藏之中。蒸汽机就是在这个时候被发明的。我们知道，这一发明并不是理论研究的成果。我们还要急于补充的是，人类在机械发明方面取得的进步，最初是非常缓慢的。但一旦借助于科学的力量，机械发明就像插上了翅膀，充分展示出它在人类发展中所占的巨大分量。同样一个正确的事实是，只要人类的机械发明精神仍然停留在自发状态，它就只能局限在狭窄的河道内缓慢发展，两岸有堤坝阻挡。但当人们的机械发明精神与科学相结合时，它就可以得到无限发展。但机械发明精神与科学还不完全是一回事。必要时，这种机械发明精神还可以独立于科学而发展。同样的道理，我们有罗讷河注入日内瓦湖。河水显然将汇入湖水之中。但是，我们还可以看到，当河水离开湖水再流到其他地方时，它会继续独立地保持河流的状态。

正像某些人的认识倾向一样，科学并没有通过自身的发展，把日益增多的人为需要强加给人们。如果真是这样的话，人类将成为一种不断发展的实体，因为科学发展的脚步永远不会停止。事实是，科学只不过提供了人类要求它提供的一切。在这方面，科学从来没有采取过主动行为。人类的发明创造精神所发挥的作用并不总是为了人类的最大利益。它使人类产生了大量新的需求，却并没有努力确保大多数人的已有要求得到满足，当然更不可能满足所有人的已有要求。说得更清楚一些：尽管人类的发明创造精神并没有忽视人的基本需求，但它过分关注人的过剩需求。有人说，基本需要和过剩需求这两个术语很难有明确的定义。对一些人来说属于过剩需求的奢侈品，对其他人来说，可能是基本需求。的确，对这两个术语进行精确细致的区分可能很容易让人不知所措。

但是，在某些情况下，人们可以暂时搁置一下这两个术语的细微差别，而从宏观概括的角度来区分它们。地球上仍有几百万人食不果腹，有些人只能眼睁睁地被饿死。如果耕地的产量能更高些，人们吃不饱饭[①]或被饿死的可能性就会大大减小。所谓产品过剩只不过是人们的一种“错觉”。如果说，在这方面，人们要追究机械化的罪责的话，那是因为，机械化没有尽最大努力帮助农民改善农业生产条件。有人也许会说，现在已经有了不少农业机械化政策和措施，而且这些政策和措施正在被广泛地运用和实施。我同意这种说法。但是，机械化所采取的一切减轻农民负担的措施，科学技术为此所采取的一切增加土地产量的手段，却收效甚微。

我们强烈地感受到，是农业养活了地球上的人类，农业应当主导所有其他产业；在任何情况下，农业都应当是人们最关注的产业。一般而言，工业无须担心在多大程度上满足人类的需求这样的问题。它只需要符合公众的消费偏好，按照产品销售状况来考虑生产的组织安排。正如我们前面表述的，我们希

① 毫无疑问，历史上也有一些时期的“产量过剩”延伸到农产品领域，或者说，“产量过剩”就发端于农产品领域。但这显然不是由于供人类消费的食品过剩造成的。实际情况只不过是，农业生产结构宏观调控措施不力，导致产品失去交易市场。

望看到，有一种理智，能对所有的产业进行有组织的集中安排。它能够妥善协调工农业生产，给予机械化生产合适的产业地位。也就是说，它能够使机械化生产最大限度地为人类造福。因此，当人们对机械化发表反对意见时，常常忽视了自己的最大苦衷。人们应当首先指责机械化把工人变成了机器，而且它导致了生产过程的单调乏味，这让人们的审美感受深受打击。但是，如果机器能为工人带来更多的自由时间，如果工人可以把这些时间用于增加娱乐享受，用于获得一些高雅的生活体验，而不是获得那些随处可见的、低级趣味的娱乐行业提供的所谓生活享受，他就可以选择发展和提高自己的理智。他就不会仅仅满足于按别人强加给自己的要求被动地发展，他也不必把自己的发展局限在非常狭小的范围内，一旦机器生产被废除（这实际上是不可能的），自己还要重返充当机器的命运。

至于生产的单调乏味，如果一个国家的民众认识到，机械化带来的劳动时间和劳动力的节约将允许人们进一步发展理性文化，允许人们真正提高自己的创造性，那么生产的单调乏味这一消极因素也是可以被忽略的。有一位描写美国人生活情况的作家，批评美国人全都清一色地戴黑色礼帽。但是人的头脑比头顶上的帽子重要得多。如果人们允许我按照自己的意愿来武装头脑，我宁愿忍受这种单调乏味，跟所有其他人完全戴一样的帽子。这不是机械化给我们带来的最大痛苦，也不是我们反对机械化的主要理由。我们对于机械化通过最大限度地改善满足人类真正需求的手段来服务于人类，这一点毫无争议。我们主要指责它过分刺激了人为需求、导致了奢侈浪费的生活作风、重视城市开发而破坏乡村发展，最后，加大了雇佣双方和劳资双方之间的分歧，并使双方之间的关系发生彻底变革。

所有这些后果实际上都是可以被纠正的。这样，机器就变成了唯一造福人类的最大施主。然后，人类就要像当初“疯狂”地使生活变得奢侈复杂一样，开始着手“疯狂”地回归简朴生活。回归简朴生活的主动性只能来源于人类本身，因为，启发人类的发明创造精神沿着某一轨道前进的正是人类本身，而不是所谓的环境力量，更不是机器本身所固有的宿命。

但是，这完全是人类本身的意图吗？人类最初所释放的生命冲动的发展方向和工业主义的实际发展方向完全一样吗？如果路线是径直的，路途是遥远的，最初阶段哪怕是一点人们难以觉察的偏差，到最后都可能促成两种截然不同的发展路线。毫无疑问，对后来的机械化起决定作用的一些最初特征轮廓的呈现，与人类最早开始渴望和呼唤民主是同时发生的。这两种趋向之间的联系在18世纪清晰地表现出来。这是“百科全书学派”的明显特征。那么，我们是否可以不认为，是一股民主气息驱使人的发明创造精神永不停息地前进呢？这一发明创造精神随着人类的产生而产生。但是，如果不具备必要的条件范围，它就无法充分发挥作用。当然，谁也没有想过让所有的人享受到奢侈生活，甚至也没有人想过让所有人享受到比较舒适的生活。

但是，或许曾经有过让所有的人享有物质生活保障和个人尊严的愿望。这是人类的自觉愿望吗？我们不相信所谓的历史无意识这样的说法：人类思想的巨大潜流曾经被许多人描述过。这股巨大的思想潜流之所以产生，是因为大多数民众的思想受到个别享有殊荣的杰出人物的感召、推动和指引。这些杰出人物了解自己的所作所为，但是对自己的行为后果却估计不足。

我们在得知这一后果后，就禁不住会把它的情形还原到最初阶段：现实被还原到过去之中，我们仿佛在一面镜子里感知和体验过去发生的情形，这就是我们所说的过去无意识。对现实事件的追忆和反思是许多哲学谬论的根源。我们应当注意，不要把对于民主思想的关注归结于15世纪、16世纪和18世纪（更不能归结于17世纪，17世纪与其他几个世纪迥然不同，被人们视为一种伟大的假设）。这些民主思想可与我们今天的民主思想相媲美。我们也不能把发明创造精神背后所潜藏的想象力归结于这几个世纪。

同样的事实是，宗教改革、文艺复兴和伟大的发明创造冲动先兆或预示都可以追溯到这一时代。这里，很可能存在对当时的基督教理想形式的三种相互关联的反抗运动。但基督教理想照样继续存在着。它就像一个神圣的躯体，到那时为止一直在用同一侧面颊朝向人类。现在人们开始扫视它的另一侧面颊了。不过，人类未必认识到这是同一个躯体上的另一侧面颊。毫无疑问，神秘主义可以引发禁欲主义，但是这两种观念只是少数人特有的。同样肯定的是，纯粹、完美、积极的神秘主义都渴望通过慈善这一本质行为向周围辐射和传播。在一群为饥饿所困扰的人中，神秘主义如何进行传播呢？它的精神力量当然会不断地被冲淡和削弱。

人类只有在某一强有力的工具支撑下，才有可能超凡脱俗。如果他想远离世俗的物质世界，他就必须以物质世界作为支撑和跳板。换句话说，是神秘主义者焕发了机械化的活力。但这一点并没有被人们充分认识到。因为，机械化被错误地引向了迷途。其最终结果是让少数人过上了极尽奢华、舒适的享乐生活，而不是让全人类获得了解放。我们为这样一种意外结果而感到震惊。我们没有看到机械化的本来面目，也没有看到机械化的本质成就。我们可以更进一步思考：如果人类的器官是自然工具，那么人类的生产工具就成人造器官了。工人所使用的单个工具可能是人的手臂的延伸，他们所使用的成套工具设备就是人的整个躯体的延伸了。自然在赋予人类基本的制造工具的理智时，已经为我们备下了在这方面进行扩展的条件。机器要靠石油、煤炭或“白煤”——水力——驱动，它可以把已经积存了几百万年的潜藏能量转换成动力。但是，机器为人类机体组织提供了如此大的扩展空间，为它提供了如此巨大的力量，而且这一力量的大小和强弱在比例上均远远超过人类机体组织，以至于所有这一切必然超出人类的构造规划可预见的范围。这对人类来说，是一次特别意外的好运，是人类在物质上征服自然的一次最大成功。

也许从一开始，人体就有一种精神冲动被释放出来。因而，人的机体就可以不断地自动扩展。人类开掘神奇地下宝藏的大斧猛然一击，[①] 似乎为机体的扩展助长了一臂之力。现在，在这个已经被无限扩展的机体中，人的心灵还保持原来的样子，这颗弱小的心灵就无法充实和支撑庞大的机体了，它的微弱力量也无法引导庞大的机体前进了。因此，两者之间出现了巨大的间隙。众多严重的社会、政治和国际问题正是这一间隙的多种解释形式。这些问题也激发人们为了弥合这一间隙付出了许多盲目无序和毫无成效的努力。现在我们需要做的是重新找回另

① 这里，我们当然采用的是一种比喻说法。实际上，早在蒸汽机使之成为宝藏以前，煤炭就已经为人们熟知了。

一种潜在的能量——道德的力量。所以，我们不要像以前那样，只是说神秘主义者唤醒了机械化。我们还必须说，人类更加庞大的躯体要求有一颗更加宽广的心灵与之匹配，因而我们应当说机械主义意味着神秘主义。机械化过程的起源实际上比我们想象的要神秘得多。只有当被机器逼迫得一再向下弯腰屈膝的人类，能够通过机器的使用，再次成功地直起身来，向上抬头，仰望星空时，人类才为机械化找到了真正的使命和归宿，它才能倾尽全力，为人类服务。

英雄的呼唤

塞里埃先生（Ernest Seilliere）在其一系列长篇论述中，阐明了国家的宏伟抱负是如何要求它承担神圣使命的。他的文章论述深刻，说服力强，令人赞不绝口。他认为，“帝国主义”将自然而然地变成“神秘主义”。他在自己的著作中对“神秘主义”这个术语的含义进行了极为清晰的阐述。如果我们把塞里埃先生[①]所归结的含义赋予“神秘主义”，这当然是无可厚非的。通过对这个术语的关注，通过把这个术语与它产生的原因联系起来，并跟踪它产生的后果和影响，作者对历史哲学的发展做出了难以估量的贡献。但是他本人也许持有这样的观点：按这种方式来理解神秘主义，根据他的描述，实际上也就是通过对帝国主义的理解来思考神秘主义的含义；但这只是对神秘主义这

① 这里，我们只讨论它的部分含义。我们同样也只讨论“帝国主义”一词的部分含义。

一术语真正含义的假冒或仿制，当然更是我们上一章所讨论的“动态宗教”所包含的神秘主义的假冒或仿制。

我们认为，这一假冒或仿制过程是按照下列方式进行的。它借鉴了古代的“静态宗教”，撕下了静态宗教的原有标签。动态宗教便在原有静态宗教的形式上添加了新的标签。在这一模仿过程中，确实不存在所谓欺骗。这种假冒几乎不是故意而为的。因为，我们一定还记得，“静态宗教”对人类来说是很自然的现象，而自然本身不会发生大的改变。我们的先祖们的内在信仰实际上还保持在我们内心的深处。一旦消除了阻力，这些信仰就会重见天日。古代宗教的本质特征之一，是信奉在人类群体与依附于它的神之间存在某种联系这一观念。为了保卫城市，城市之神可以与市民共同战斗。这一信仰实际上与真正的神秘主义思想是不相符的。我的意思是，一些人内心会感到，他们都是上帝对人类实施爱的工具。上帝对全体人类施予同样的爱，并要求人类之间相互仁爱。当这种感受从心灵深处某一最黑暗的角落上升到理性意识的表层，并与现代神秘主义者向世人揭示的真正神秘主义相遇时，它便本能地穿上这层外衣，乔装打扮成了真正的神秘主义。它把古代神灵的民族主义赋予现代神秘主义者所信奉的上帝。从这一意义上来说，帝国主义也就成为神秘主义了。因此，如果我们坚持信奉真正的神秘主义，我们就应当认为它与帝国主义是不相容的。正如我们所描述的，人们最多承认，神秘主义如果不鼓励或倡导一种“权力欲望”的话，它就无法得到传播。这一最高权力不是针对人类的，而是针对世间万物的，其目的是为了保证不再出现少数人凭借自己手中掌握的最高权力对多数人实行统治的现象。

只要我们允许一位神秘天才出现，他将吸引所有的人追随他前进。这些人已经获得了巨大的自我发展，他们的内心世界已经在这位神秘天才那里得到预示和体现。这位天才强烈渴望把人类打造成一个新的物种，或把人类从作为一个物种的需求中解放出来。因为每一个物种的产生都意味着生物进化过程的集体中止，而完整的存在则意味着允许个体生存状态的流动性。一股强烈的生命气息横扫了整个地球，并在自然所允许的范围内，把生物的组织形式推向尽头。自然之中似乎蕴藏着一股既温和柔顺，又桀骜不驯的力量。我们再重复一遍，这里所说的自然是我们赋予生命在原始物质世界中所遭遇的服从与反抗的总和。我们对于“总和”的理解有些类似于生物学家。我们认为这一“总和”似乎可以被赋予生物所具有的意图。

有机体中充满了创造性理智。似乎有一丝直觉环绕在理智周围，这一丝直觉可能是自然最完美的创造。这就是人类机体的创造性。在人类机体中，生命的进化过程已经停止。但是，理智把人类制造工具的水平提高到更加复杂和完善的程度。这一复杂程度甚至超出了自然（自然无法制造机器）的预料；同时，理智还把大量的能量储备注入机器作业过程。这更是自然（自然很少注意经济因素）从未想象到的事情。因此，理智为我们赋予了强大的力量。如果没有这一强大力量，我们的机体也就几乎失去了存在价值。当科学把这一被包围和压缩的力量从具有重量的最小物质微粒中解放出来时，所有的力会聚到一起，就会形成一股无限强大的力量。到那时，所有的物质障碍就几乎全部被清除了。未来前进的道路将被清晰地展现在我们面前：人类将向着那股强烈的生命气息所指的方向前进。这股气息曾经推动生命永不停止地前进，直到最后一刻。如果让神秘英雄人物的召唤重新回到我们中间，我们可能不会全都去追随他了。但我们每个人都应当感觉到，我们应该效仿他们的行为，同时我们还将辨明前方的道路，确保我们所经过的道路是一条康庄大道。同时，对于每一门哲学而言，最高义务的神秘之处将不再有什么神秘可言了：旅程已经开启，它注定会遇到各种障碍。但是，稍事休整，我们将重新上路，以坚强的意志向着我们的既定目标前进！我们需要解释的只是为什么有过停顿，而不是为什么永不停息地前进。

但是，我们或许同样不应该把某一享有殊荣的伟大灵魂的出现看得过重。如果没有他的出现，可能还有其他影响力可以把我们的注意力从那些庸俗的娱乐活动中引开，把我们从自己所奋力追逐的自负虚荣的影子中引开。

心理学方面的研究考察

这是一种什么样的影响力呢？人类发明创造的天赋是如何借助于科学把这些未知的潜在能量置于人的掌控之下的呢？这里，我们提到过物理化学能量，还提到过某一专门研究物质的科学。但是，人类精神研究方面又是一种什么情况呢？精神问题是否也得到了应有的研究和全面的科学调查呢？我们知道这样的科学调查会产生什么结果吗？科学首先关注的是对物质的研究。在科学获得重要性突破的三个世纪中，科学研究的目标只集中于物质的研究。即使今天，当我们对科学这个词不加任何限制性词语时，它就被理解为是关于物质的科学。我们在其他论述中，已经给出了这样理解的原因。我们指出了为什么对物质的科学研究先于对精神的研究。科学研究首先应当满足人类发展最迫切的需求。几何学早已存在，古人在几何学研究方面已经取得重大进展。最重要的是，几何学从数学原理中抽象概括出一切用于解释人类赖以生存的物质世界的规律性。而首先对精神科学进行研究，则是不可取的。不借助物质研究成果，精神科学研究不可能取得物质科学研究所达到的精确性和严谨性，也不可能要求得到物质科学所得到的实际证据。这一切在物质科学中已经从几何学扩展到物理学，从物理学扩展到化学，从化学又扩展到生物学，直到有一天，物质科学的这些研究成果可能反弹到精神科学的研究上来。

然而，另一方面，精神科学因晚于物质科学发展，也遭受了一定的损失，这就为人类理智留出了获得科学支持的时间。理智则把绝对权威性赋予它的日常习惯。比如，它总是习惯于从占据大量空间的角度看待一切事物，习惯于用物质科学的方式解释一切。假定它现在开始把关注的重点转向人的心灵，会是什么情况呢？它会想象，人的内心生活也似乎要在空间中展开。它会把自己保留的对原有物体的印象扩展到新的物体上。这就犯了原子心理学方面的错误：它没有考虑心理状态的相互重叠因素。因而，如果某一门哲学宣称，自己可以直接到达精神，而不必到真正永恒的时间之流中去探寻它，这注定是徒劳。如果我们再假定，我们知道肉体与灵魂之间的关系，那我们面临的困扰会更大。这不仅把形而上学推向错误的路线，而且把科学从对具体事实的观察研究中引开，甚至禁止某些科学的产生，以不懂“教规”的名义把它们逐出“教会”。因为，人们一致认为，与精神活动相伴的物质因素是精神活动的对等物。任何实在都要有空间基础。因此，人们说，对人的心理研究的最大发现是被称为超人的生理学家对人脑相应区域进行研究而取得的成果。

我们应当注意，上述说法只不过是一种纯形而上学的假说，是对客观事实所做出的随意性解释。但是，与这一假说相对立的形而上学理论同样是对客观事实的随意性解释。根据这一理论，每一种心理活动状态都应当借助于人脑的相应活动状态，并把人脑的功能作为其唯一的工具。对于这一形而上学理论而言，心理活动与人脑的活动是同时扩展的；而且在现实生活中，心理活动也对应于人脑的每一个部位。第二种理论实际上受到了第一种理论的影响，它是在第一种理论的不断驱使下形成的。我们试图证明的是，如果我们消除这两种理论已经接受的既有观念，如果我们尽可能严格忠实于事实真相，人体的功能就会截然不同。精神活动的确会有相应的物质实体与之相伴，但这一物质实体只能部分地与精神活动相对应，其余的精神活动则被掩埋在潜意识中。实际上，机体对我们而言，是一种行为手段或工具，同时它也是人类知觉的障碍。

它的作用是，根据每一个不同的具体场景，实施相应的行为动作。正因为如此，它必须清醒地保持下列两种记忆：无法对当前情况提供任何线索的记忆，以及可以感知我们无法控制的目标的记忆。人们也可以把这视为机体的过滤或筛选功能[①]它

① 我们在上文中已经表明，像视觉这类功能是如何得到扩展的。因为相应的感官工具必然促进功能的扩展（参见本书第222页；《物质与记忆》第一章）。

可以使任何可能对人的行为活动真正产生阻碍作用的因素保持在虚拟状态；它可以帮助我们认清前方的道路，以便更好完成即将实施的行为；它可以阻止我们心不在焉地左顾右盼；它还可以从茫茫无边的梦境中，为我们提取出真实的物质生活。总之，我们的大脑既不会有意为我们创造精神想象，也不会把这些精神想象珍藏在记忆中。它只会对它们起限制作用，确保它们有效地发挥作用。所以，人的大脑是“关注生命”的器官。这就意味着，在人体或被人体限制的意识中，必定存在某种设置，这一设置显然是为了从人的感知中过滤出那些人的行为根本无法实现的目标。

如果人体机制出现了故障，如果它一直关闭着的大门错开了一条小的通道，某种“外在”的东西就会乘虚而入。这一“外在”的东西也可能来自“远处”。物理学研究关注的就是这种“外在”的东西给人带来的反常感受。从某种程度上说，物理学研究的对立面就是人的理智。它是以人类所掌握的证据材料为基础的科学，而人类掌握的证据材料可能始终充满了分歧和争议。在我们的眼里，最典型的科学家就是物理学家。他对物质所持有的完全合理的信任态度，对我们来说，已经成为一切科学的共同特征。他的这种态度显然不会蒙骗他。有些调查研究形式要求调查研究人员务必当心，不要被一些研究证据的表面假象所蒙骗。我们不愿继续把这样的调查研究形式视为是科学的。这些调查者提出的质疑令我们感到不安，他们表达的信任更令我们感到不安。我们知道，一个人在多么短的时间内就会放松警惕；我们还知道，从好奇滑落到轻信是多么的容易啊！当然，这也是非常危险的。因此，我们刚才所说的“不愿”，现在就很容易理解了。但是，一些真正的科学家对物理学研究所持的断然否定的立场，我们是永远也无法理解的。除非他们首先把所提供的事实证据确定为“不可能”。如果他们不知道，人们根本想象不出什么办法或手段来确定某一事实是不可能的，他们就说那是“不可能的”，而且他们基本上还是相信那是不可能的。他们之所以如此确信，是因为，他们认为，机体和意识，肉体和精神之间存在的某种确定无疑的关系是不可否认的。

现在我们已经清楚，这种关系纯粹是一种假设。它不是经科学证实的，而是由某种形而上学理论设定的。但事实又为我们暗示了一种完全不同的假设。如果这一假设得到承认，“物理学研究”所记录的现象，或至少其中的某些现象就变得非常可能。因此，当我们知道这些现象还在呆呆地等待人们去研究时，我们会为之感到惊讶。这里，我们不再对前文中讨论过的问题进行论述了。我们只想以一个对所有人来说几乎是确定无疑的事实为例来说明：如果在经过成千上万围绕同一主题所搜集的论证材料的互证以后，“心灵感应现象”还被人们质疑的话，用科学的眼光来看，人类获得的全部证据材料都应当被宣布为无效。果真如此的话，历史将会是什么结局呢？实际情况是，人们必须从“物理学研究”摆在我们面前的成果中做出选择；科学本身无法把它们视为都具有同等价值；它只能大致区分出哪些是基本确定的，哪些仅仅是可能的，或至多有一定可能性的。

但是，即使人类仅保持其中很小一部分被欣然证实的研究成果，也足以使他认识到自己刚刚开始探索的广阔深邃的未知领域是多么神圣啊！假设人类的肉眼可以看到，有一束来自这一未知领域的光线离自己越来越近，他会感到多么的神圣和激动啊！对于在任何情况下，只习惯于接受能够看得见、摸得着的事物的人类来说，这是一个多么重大的转变啊！这时，我们所接触到的信息或许只涉及心灵的内在部分，也就是精神的最低层次。但这就足以把人们所信仰的遥远的外在生活转变为一种生动积极的现实生活。这种遥远的外在生活显然是大多数人经常遇到的，但它主要表现为一些口头表达、抽象意念或没有任何实际效果的行为方式。为了解它的作用程度，我们仅仅看一下自己沉溺于享乐的情形就可以了。如果我们不知道虚无缥缈的享乐生活会为我们带来什么刺激的话，我们就会如此沉溺于其中。这种生活可以让人置生死于不顾。实际上，如果生存问题得到绝对保障的话，我们可能就不会考虑其他事情了。我们对生活的享受将仍然继续下去，但是可能只剩下单调和乏味了，因为生活带给人享乐的强度取决于人们对它关注的程度。达到极致的享乐就像黎明前的灯光一样，让人感到如此的苍白无力。这样的享乐，在人们真正的生活快乐和欣喜面前，就显得更加黯然失色了。

真正的快乐

真正的快乐将来源于简朴的生活，这种生活是通过一种不断蔓延的直觉传播到整个世界的，这种快乐也会自动遵循某种超越的生活观。这一生活观的获得要借助于科学家实验的进一步发展。如果不在精神方面进行如此彻底的洗心革面，我们就只能满足于权宜之计，并服从于越来越多的繁琐可恶的清规戒律。这些清规戒律有时可能会有助于我们避开生活中所遭遇的一系列障碍，这些障碍是自然在人类文明发展道路上所设置的。但是，不论采取权宜之计，还是“洗心革面”式精神革新，我们都必须做出果断选择。人类正在痛苦地呻吟，人类正在绝望地等待，人类在等待他曾经创造的进步力量最终把自己彻底碾碎。人类还没有充分认识到，自己的未来就掌握在自己手中。人类的首要使命是决定生命是否继续在这个地球上延续，决定生命是苟延残喘，还是要付出百部的努力，充分释放生命冲动的能量，在这个桀骜不驯的地球上，完成宇宙的基本天职：它是一台创造神灵的伟大机器。

Two Sources of Religion and Morality

Henri Bergson

图书在版编目（CIP）数据

道德和宗教的两个来源 /（法）亨利·柏格森著；
彭海涛译. -- 北京：北京时代华文书局，2018.2
ISBN 978-7-5699-1553-2

Ⅰ. ①道… Ⅱ. ①亨… ②彭… Ⅲ. ①道德—研究②
宗教—研究 Ⅳ. ①B82 ②B91

中国版本图书馆 CIP 数据核字（2018）第 017243 号

诺奖得主人文译丛：

道德和宗教的两个来源

DAODE HE ZONGJIAO DE LIANG GE LAIYUAN

著　　者 | [法] 亨利·柏格森
译　　者 | 彭海涛

出 版 人 | 王训海
丛书策划 | 邵鹏军
责任编辑 | 周连杰
特约编辑 | 廖　丹
装帧设计 | 格林文化
责任印制 | 刘　银

出版发行 | 北京时代华文书局　http://www.bjsdsj.com.cn
北京市东城区安定门外大街 136 号皇城国际大厦 A 座 8 楼
邮编：100011　电话：010-64267955　64267677
印　　刷 | 三河市祥达印刷包装有限公司　0316-3656589
（如发现印装质量问题，请与印刷厂联系调换）
开　　本 | 880mm×1230mm　1/32　　印　　张 | 12.25　　字　　数 | 247 千字
版　　次 | 2018 年 7 月第 1 版　　印　　次 | 2018 年 7 月第 1 次印刷
书　　号 | ISBN 978-7-5699-1553-2
定　　价 | 60.00 元

版权所有，侵权必究